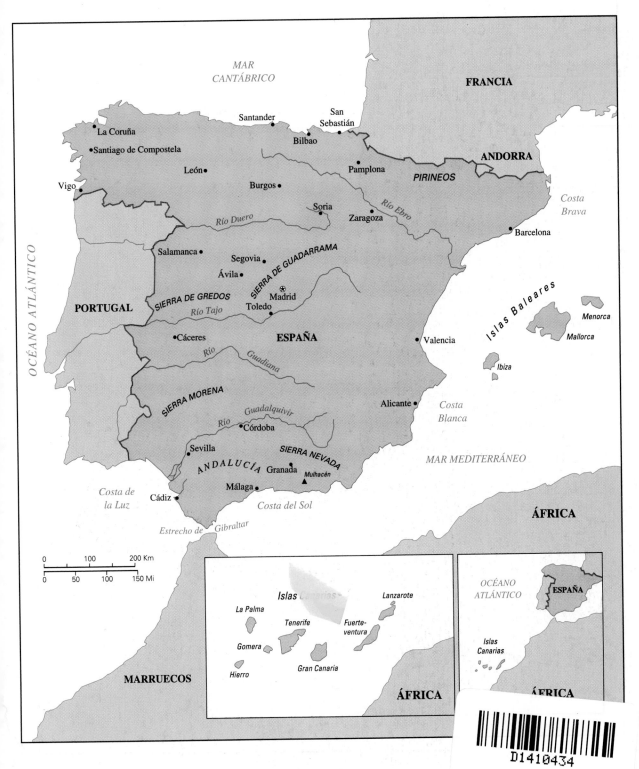

MAR CANTÁBRICO

FRANCIA

Santander
San Sebastián
La Coruña
Bilbao
Santiago de Compostela
Pamplona
ANDORRA
León
PIRINEOS
Burgos
Río Ebro
Costa Brava
Soria
Zaragoza
Vigo
Río Duero
Barcelona
OCÉANO ATLÁNTICO
Salamanca
Segovia
SIERRA DE GUADARRAMA
Ávila
SIERRA DE GREDOS
Madrid
Islas Baleares
PORTUGAL
Río Tajo
Toledo
Menorca
Cáceres
ESPAÑA
Mallorca
Río
Valencia
Guadiana
Ibiza
SIERRA MORENA
Guadalquivir
Alicante
Costa Blanca
Río
Córdoba
SIERRA NEVADA
Sevilla
Granada
MAR MEDITERRÁNEO
ANDALUCÍA
Mulhacén
Costa de la Luz
Málaga
ÁFRICA
Cádiz
Costa del Sol
Estrecho de Gibraltar

0   100   200 Km
0   50   100   150 Mi

MARRUECOS

Islas Canarias
La Palma
Lanzarote
Tenerife
Fuerte-
Gomera
ventura
Gran Canaria
Hierro
ÁFRICA

OCÉANO ATLÁNTICO
ESPAÑA
Islas Canarias
ÁFRICA

ESPAÑA

FUENTES

Conversación y gramática

FUENTES

SECOND EDITION

Conversación y gramática

Debbie Rusch
Boston College

Marcela Domínguez
University of California, Los Angeles
Pepperdine University

Lucía Caycedo Garner
University of Wisconsin–Madison, Emerita

with the collaboration of
Donald N. Tuten   *Emory University*
Carmelo Esterrich   *Columbia College Chicago*

Houghton Mifflin Company   *Boston   New York*

Director, Modern Language Programs: E. Kristina Baer
Development Manager: Beth Kramer
Development Editor: Sandra Guadano
Editorial Associate: Lydia Mehegan
Project Editor: Harriet C. Dishman
Senior Production/Design Coordinator: Jennifer Waddell
Senior Manufacturing Coordinator: Marie Barnes
Associate Marketing Manager: Tina Crowley Desprez

Cover design: Rebecca Fagan
Cover illustration: Tracy Walker

Text Permissions

The authors and editors thank the following persons and publishers for permission to use copyrighted material.

Chapter 2: page 63, Reprinted with permission from *Crónica* (Guatemala). Originally appeared in *El País* (Spain). **Chapter 7:** pages 185–186, Reprinted with permission from the Instituto Costarricense de Turismo, San José, Costa Rica. **Chapter 10:** pages 249–250, Reprinted with permission from *La Nación*, Buenos Aires, Argentina. **Chapter 12:** pages 277–278, Reprinted by permission of the author; 291, Courtesy the Coca-Cola Company.

Credits for the remaining texts and for photos, illustrations, realia, and simulated realia are continued at the end of the book.

Printed in the U.S.A.

Library of Congress Catalog Card Number: 99-71925

ISBN: 0-395-96277-3

4 5 6 7 8 9-QH-03   02   01

Contents

La América precolombina   85

El buen paladar   111

Nuevas democracias   136

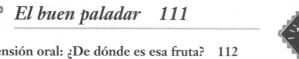

Nuestro medio ambiente   162

La comunidad latina en los Estados Unidos *275*

Reference Section

To the Student

Fuentes: Conversación y gramática and *Fuentes: Lectura y redacción,* Second Edition, present an integrated skills approach to intermediate Spanish that develops both receptive (listening and reading) and productive (speaking and writing) skills simultaneously. The primary objective of the program is to offer you an opportunity to acquire communicative skills while developing an awareness and appreciation of Hispanic cultures.

Fuentes: Conversación y gramática

The following description of the chapter parts includes study suggestions designed to help you get the most out of your study of Spanish.

1. Chapter opener: Each chapter begins with a photograph that introduces the chapter theme and a list of chapter communicative goals (for example, narrating in the past, hypothesizing). These goals reflect what you will actually be able to do upon completing each chapter.

2. Listening activities: A recorded conversation, monologue, radio commercial, or interview with listening comprehension activities follows the opener.

Tips for listening:
• Visualize the speakers in the listening passage.
• Listen for a global understanding the first time you hear the passage and listen for more specific information the second time, as indicated in the activities.
• Remember that you do not need to understand every word of each listening passage.

3. Grammar: Functional grammar explanations in English provide a review of concepts that you studied in the first-year course as well as additional points to expand your understanding. Examples and charts illustrate the main functions, the grammar points, and key information. A series of activities follows each topic so that you apply what you are learning.
   The chapter explanations relating to verb tenses usually contain only the conjugations of regular verbs as a reminder of the forms. Appendix A gives further information about tense formation and charts of forms for you to review as needed.

Tips for grammar study and activities:
• Prepare well before each class, studying a little every day rather than cramming the day before the exam.
• Focus on what you can do with the language or on what each concept allows you to express.
• Work cooperatively in paired and small-group activities.

4. Vocabulary: New vocabulary words and phrases are presented in thematic groups—such as adverbs of time, descriptive adjectives, food, the environment —to make learning easier. An end-of-chapter section provides a wrap-up list of vocabulary with translations or page references to help you study more productively. Appendix E at the back of the book provides basic first-year vocabulary.

Tips for vocabulary study:
- Pronounce words aloud.
- Study new words over a period of days.
- Try to use the new words in sentences that are meaningful to you.

The appendixes at the back of the book provide an important reference tool for consultation and review throughout the course. Appendix A contains verb charts and information on tense formation. This appendix allows you to review irregular present indicative forms when learning the subjunctive, for example, so that you don't need to search through earlier chapters to see where they were presented.

Other appendixes include gender of nouns, object pronouns and their placement, accentuation and syllabication rules, and basic first-year vocabulary. A Spanish-English dictionary follows the appendixes.

Fuentes: Lectura y redacción

Fuentes: Lectura y redacción is designed to help you perfect your ability to read and write in Spanish. It contains lively, up-to-date topics and readings that are coordinated with the topics and grammar presented in ***Fuentes: Conversación y gramática.***

Ancillary Components

Fuentes: Activities Manual

The Workbook portion of the *Activities Manual* allows you to practice the functional grammar and vocabulary presented in ***Fuentes: Conversación y gramática*** in order to reinforce what you learn in class as you progress through each text chapter.

The Lab Manual section provides pronunciation and listening comprehension practice. The lab activities, coordinated with a set of recordings, can be done toward the end of each chapter and prior to any quizzes or exams.

Student Audio CD or Cassette

An audio CD or cassette with recordings of the listening sections at the beginning of the chapters in ***Fuentes: Conversación y gramática*** is provided with the student text in case you want to listen to them outside of class.

Audio CD or Cassettes

A set of recordings to accompany the Lab Manual contains pronunciation practice, listening comprehension activities based on structures and vocabulary presented in *Fuentes: Conversación y gramática,* and a final conversation dealing with the chapter theme. The CDs or cassettes are available for purchase or can be used in your language lab.

Computer Study Modules

A series of computerized exercises covering the structures and vocabulary presented in each chapter of *Fuentes: Conversación y gramática* is available in Macintosh and IBM formats. These exercises can be used to help you perfect language structures and verb forms while receiving immediate feedback.

Fuentes: Web Site

The Web site written to accompany the *Fuentes* program contains activities designed to give you further practice with topics while exploring Spanish-language sites. Although the sites you will access are not written for students of Spanish, the tasks that you will be asked to do are. The site also includes a list of chapter-by-chapter links that can be used to explore additional cultural information on topics you have read about in *Fuentes: Conversación y gramática* and *Fuentes: Lectura y redacción.* The address is http://www.hmco/college/languages.

As you work with the *Fuentes* program, remember that learning a language is a process. This process can be accelerated and concepts studied can be learned more effectively if you study on a day-by-day basis. What is learned quickly is forgotten just as quickly, and what is learned over time is better remembered and internalized.

More important, envision yourself as a person who comprehends and speaks Spanish. Don't be afraid to take risks and make errors; it is part of the learning process. Enjoy your study of the Spanish language and cultures as you progress through the course.

Acknowledgments

The publisher and authors wish to thank the following users and reviewers of the first edition for their feedback and suggestions:

María Acosta Cruz, Clark University
José Luis Boigues-López, Emory University
Joaquim Camps, University of Florida, Gainesville
Glen Close, Wesleyan University
Joseph Collentine, Northern Arizona University
Reyes Fidalgo, University of Massachusetts, Boston
Kathleen Regan, University of Portland
Patricia Scarfone, Orange Coast College
Raymond Watkins, Central Carolina Technical College
Estelita Young, Collin County Community College

We dedicate this book to George and André Garner, Norma and Les Rusch, Pedro and Susana Domínguez, Andrew Miller, Connie Call, and to Rufina Rubio-Madison, whom we remember fondly.

A special heartfelt thanks to our friends, students, and colleagues who played an integral role in the evolution of this project: Ray Harris-Northall (University of Wisconsin–Madison), Robert L. Davis (University of Oregon), Linda C. Fox (Indiana University–Purdue University, Fort Wayne), and Janice Wright (College of Charleston) for their participation in the initial development of the program; Victoria Junco de Meyer, Olga Tedias Montero, Viviana Domínguez, Claudia Steiner, Jorge Caycedo Dávila, Alberto Dávila, and Myriam Diazgranados for their endless help as native consultants; Adán Griego for helping us obtain data and cultural information; our students for letting us *test* material on them; teaching assistants at Boston College and the University of Wisconsin–Madison, for their suggestions and comments; Jenny Jacobsen, Mauricio Souza, and Jeff Stahley for allowing us to interview them for this text; Tim Pyne and Kurt Dorschel, two former students, who sent us material while studying and working in Spanish-speaking countries; and Simona Barello and Nathalie Drouglazet for Italian and French translations.

We are especially grateful to the following people for their valuable assistance during the development and production of this project: Kristina Baer and Beth Kramer for their encouragement and support; Sandy Guadano, our developmental editor, for her astute observations and sound suggestions on all aspects of the text and ancillary material; Harriet C. Dishman and Gloria Oswald for juggling all aspects of production with ease; our proofreader, Grisel Lozano-Garcini; numerous design, art, and production people that participated in the project; Tina Crowley Desprez for her support in marketing the program.

La vida universitaria

▲ Jóvenes universitarias estudian en la biblioteca de una universidad de Santiago de Chile.

COMMUNICATIVE GOALS

- introducing yourself and others
- obtaining and giving information about class schedules
- expressing likes and dislikes
- describing people, places, and things
- expressing future actions

I. Introducing Yourself and Others

▶ *Estudiantes de la Universidad de Costa Rica se saludan.*

Actividad 1: ¡A conocerse! **Parte A:** Completa cada pregunta con la expresión interrogativa apropiada. Usa **cuál, cómo, de dónde, qué, cuántos.**

¿ _____ te llamas?   Me llamo . . .

¿ _____ es tu nombre?   Mi nombre es . . .

¿ _____ es tu apellido?   (Korner.)

¿ _____ se escribe (Korner)?   (Ka, o, ere, ene, e, ere.)

¿ _____ años tienes?   Tengo . . . años.

¿ _____ eres?   Soy de (Chicago).

¿En _____ año (de la   En primero/segundo/
universidad) estás?   tercero/cuarto.

¿ _____ es tu pasatiempo favorito?   Me gusta (jugar al tenis).

Primero and **tercero** drop the final **o** when they precede a masculine singular noun: **estoy en primer año.**

Parte B: Ahora habla con un mínimo de tres personas para averiguar y escribir su nombre, su edad, su origen, en qué año de la universidad están y su pasatiempo favorito.

Actividad 2: Las presentaciones Ahora, presenta a una de las personas de la actividad anterior.

→ Les presento a Jessy Korner, es de Chicago y tiene 20 años. Está en su tercer año de la universidad. Le gusta jugar al tenis.

II. Obtaining and Giving Information About Class Schedules

A. Las materias académicas

Actividad 3: Las materias de este semestre **Parte A:** Marca con una X las materias que cursas este semestre. Si cursas una materia que no aparece en la lista, pregúntale a tu profesor/a ¿**Cómo se dice . . . ?**

_____ alemán

_____ álgebra

_____ anatomía

_____ antropología

_____ arqueología

_____ biología

_____ cálculo

_____ ciencias políticas

_____ computación

_____ contabilidad *(accounting)*

_____ ecología

_____ economía

_____ filosofía

_____ historia

_____ ingeniería

_____ latín

_____ lingüística

_____ literatura

_____ matemáticas

_____ mercadeo/marketing

_____ música

_____ pedagogía

_____ psicología

_____ química

_____ relaciones públicas

_____ religión

_____ sociología

_____ teatro

_____ trigonometría

_____ zoología

materias = asignaturas

Obvious cognates will be presented in thematic vocabulary lists throughout this text, but they will not be translated.

Universidades
Internet

computación = informática
(en España)

Parte B: Ahora, en parejas, averigüen qué materias cursa la otra persona y alguna información sobre esas clases. Usen las siguientes preguntas:

¿Cursas . . . ?

¿Tienes clase de . . . ?

¿Cuántos estudiantes hay en la clase de . . . ?

¿Hay trabajos escritos?

¿Hay exámenes parciales?

¿Hay examen final?

▶ *Dos estudiantes españoles hablan con su profesor de química orgánica.*

¿LO SABÍAN?

En los Estados Unidos es común empezar los estudios universitarios sin saber qué carrera se va a seguir. En el mundo hispano, por lo general, los estudiantes estudian materias generales en la escuela secundaria y luego, es común que entren directamente en una facultad como Derecho, Medicina, Geología o Filosofía y Letras. Por lo tanto, tienen que estar seguros de lo que quieren estudiar y, desde el comienzo, estudian materias relacionadas con su carrera. Para cambiar de carrera, muchas veces es necesario volver a empezar desde el principio. Generalmente se necesitan cinco años para completar el título universitario. Di qué carrera estudias o si no tienes idea todavía.

B. Telling Time

1. To tell at what time an activity or event takes place, use the following formulas:

> **Es a la + una**
> **Es a las + dos, tres,** etc.

A: ¿**A qué hora** es tu clase de matemáticas?
B: **Es a la una** y cuarto.
A: ¿Y **a qué hora** es tu clase de química?
B: **Es a las diez** menos cinco.

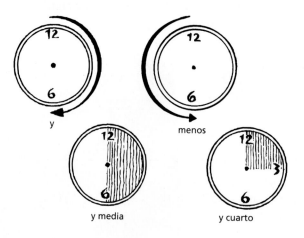

y   menos

y media   y cuarto   menos cuarto

2. To say what time it is, use the following formulas:

> **Es la + una**
> **Son las + dos, tres, etc.**

¿Qué hora es? $\begin{cases} \textbf{Es la una} \text{ menos veinte.} \\ \textbf{Son las cuatro} \text{ y cuarto.} \end{cases}$

Actividad 4: Mi horario **Parte A:** Completa el siguiente horario con las materias que cursas, las horas de tus clases y el nombre del profesor/de la profesora de cada clase.

	lunes	martes	miércoles	jueves	viernes
clase hora profesor/a					
clase hora profesor/a					
clase hora profesor/a					

Parte B: Completa cada pregunta con la palabra interrogativa necesaria.

¿ _____ materias cursas?

¿A _____ hora es tu clase de . . . ?

¿ _____ días tienes la clase de . . . ?

¿ _____ se llama el/la profesor/a? o, ¿ _____ es el/la profesor/a?

Parte C: Ahora, en parejas, usen las preguntas de la Parte B para averiguar el horario de su compañero/a.

III. Expressing Likes and Dislikes

Gustar and Other Verbs

1. To express likes and dislikes you can use the verb **gustar,** applying the following formula.

The pronoun **mí** takes an accent but the possessive adjective **mi** does not: **A mí me gusta esta clase. Mi hermano estudia aquí.**

(A mí)	me	
(A ti)	te	
(A Ud.)	le	
(A él)	le	
(A ella)	le	
(A nosotros)	nos	**+**
(A vosotros)	os	
(A Uds.)	les	
(A ellos)	les	
(A ellas)	les	

gusta + { el/la + *singular noun* / *infinitive(s)*

gustan + **los/las** + *plural noun*

Me **gusta** la clase de historia.	*I like the history class.*
¿Te **gusta** hacer experimentos?	*Do you like to do experiments?*
(A ellos) Les **gusta** ir al cine y comer palomitas.*	*They like to go to the movies and eat popcorn.*
Nos **gustan** las matemáticas.	*We like math.*

*Note: **Gusta,** the singular form of the verb, is used with one or more infinitives even if the infinitive is followed by a plural object.

2. Notice in the following examples that you may use a possessive adjective (**mi, mis, tu, tus,** etc.) or a demonstrative adjective (**este, ese, aquel,** etc.) instead of an article before nouns.

Remember to use either an article, or a possessive or demonstrative adjective before the noun.

Me gusta **la** biología.	*I like biology.*
Me gustan **mis** clases este semestre, pero no me gusta estudiar mucho los fines de semana.	*I like my classes this semester, but I don't like to study much on weekends.*
A mis amigos y a mí nos gusta **esta** residencia estudiantil.	*My friends and I like this dorm.*

3. Other verbs used to express likes and dislikes that follow the same pattern as **gustar** are:

caer bien/mal	to like/dislike someone
encantar	to really like

fascinar	to really like
importar	to matter
interesar	to interest
molestar	to bother, to be bothered by

A los estudiantes no **les cae bien** la profesora de historia.

The students dislike the history professor. (The history professor is disliked by the students.)

Me fascinan los títulos de los libros de mi clase de literatura comparada.

I really like the titles of the books in my comparative literature class. (The titles of the books in my comparative literature class really delight me.)

Nos importa sacar buenas notas.

We care about getting good grades. (Getting good grades matters to us.)

Al profesor Hinojosa **le molestan** los estudiantes que no vienen preparados a clase.*

Professor Hinojosa is bothered by students who don't come to class prepared. (Students who don't come to class prepared bother Professor Hinojosa.)

*Note: Remember that **a + el = al: al profesor Hinojosa,** but **a la profesora Ramírez; al Sr. Vargas,** but **a los Sres. Vargas.**

Actividad 5: Práctica   Parte A: Completa la primera columna con las palabras apropiadas.

a + el = <u>al</u>: al Sr. Ramírez but <u>a</u> <u>la</u> Sra. Ramírez

A _____ nos

A _____ me

_____ _____ Sra. Junco _____

A _____ le

_____ Uds. _____

_____ profesor _____

_____ mis amigos _____

_____ _____ les

_____ Dr. Rodríguez _____

_____ Julia y _____ Pablo _____

_____ Laura y _____ _____ nos

fascina/n
cae/n bien
molesta/n

los colores de la universidad

trabajar los sábados

las clases con muchos estudiantes

la mascota de la universidad

las personas de la residencia

mi compañero/a de cuarto

tomar un examen los viernes

las personas falsas

la gente que duerme en clase

oír música de los años 70

la variedad de gente en esta universidad

Parte B: Ahora, forma oraciones usando un elemento de cada columna. Puedes añadir la palabra **no** si quieres. Luego comparte tus oraciones con el resto de la clase.

→   A nosotros (no) nos molesta trabajar los sábados.

Actividad 6: Tus gustos   Parte A: Lee las ideas incompletas que se dan a continuación y usa por lo menos cuatro de los siguientes verbos para indicar tus gustos: **fascinar, encantar, gustar, caer bien/mal, importar, interesar** y **molestar.**

1. _____ las clases fáciles.

2. _____ mi profesor/a de . . .

3. _____ mi horario de clases este semestre.

4. _____ las clases con trabajos escritos (*papers*) y exámenes.

5. _____ los exámenes finales para hacer en casa.

6. _____ mis compañeros/as de cuarto o apartamento.

7. _____ la gente que bebe mucho alcohol en las fiestas.

8. _____ los profesores exigentes (*demanding*).

9. _____ el costo de la matrícula (*tuition*).

10. _____ participar en el gobierno estudiantil.

11. _____ las fraternidades como ΩΣΔ.

12. _____ (no) tener acceso al correo electrónico.

Parte B: Ahora, en parejas, háganse preguntas como las siguientes:

¿Te gustan las clases fáciles?

Sí, me encantan.   No, no me gustan.   No, me molestan mucho las clases fáciles.

¿Y cómo te caen tus profesores?

Todos me caen bien.   Mi profesor de historia me cae mal.   Me caen bien tres y me cae mal uno.

IV. Describing People, Places, and Things

Use and Formation of Descriptive Adjectives

1. To describe the essence or inherent characteristics of a person, place, or thing, use a form of the verb **ser** + *adjective*.

El estudiante graduado que enseña contabilidad **es brillante.**	The graduate student who teaches accounting is brilliant.
Esta universidad **es fantástica** porque tiene de todo.	This university is fantastic because it has everything.
Las cintas del laboratorio **son** muy **entretenidas.**	The lab tapes are very amusing.

2. With few exceptions, adjectives agree in number (singular, plural) with the nouns they modify. The plural is formed by adding **-s** to adjectives that end in an unaccented vowel (usually **-e**, **-o**, or **-a**) and **-es** to those that end in an accented vowel (usually **-í** or **-ú**) or a consonant. Adjectives ending in **-o** and **-or** agree not only in number but also in gender (masculine, feminine) with the noun they modify. Adjectives ending in **-ista** agree in number only. See the following chart.

Remember that most descriptive adjectives follow the noun they modify.

To review gender of nouns, see Appendix B.

-e		consonante	
interesante	interesant**es**	liberal	liberal**es**

-o, -a		-or	
seri**o**	seri**os**	conservador	conservador**es**
seri**a**	seri**as**	conservador**a**	conservador**as**

-í, -ú		-ista	
israelí	israelí**es**	realista	realista**s**
hindú	hindú**es**		

una clase interesante	unas clases interesantes
una profesora seria	unas profesoras serias
un artículo liberal	unos artículos liberales
el estudiante conservador	los estudiantes conservadores
un profesor realista	unos profesores realistas

The adjective of nationality **español** has four forms: **español, española, españoles, españolas.**

3. Adjectives of nationality that end in **-és** or **-án** drop the accent from the masculine singular and add the appropriate endings to agree in gender and number with the nouns they modify.

| inglé**s** | ingl**eses** |
| ingl**esa** | ingl**esas** |

| alem**án** | alem**anes** |
| alem**ana** | alem**anas** |

4. Adjectives that end in **-z** change **z** to **c** in the plural.

feliz   feli**ces**
capaz   capa**ces**

Actividad 7: ¿Cómo es tu profe?   **Parte A:** Piensa en un/a profesor/a que te cae bien este semestre y marca los mejores adjetivos para describir a esa persona.

_____ admirable

_____ astuto/a

_____ atento/a (*polite, courteous*)

_____ brillante

_____ capaz (*capable*)

_____ cómico/a

_____ creativo/a

_____ divertido/a (*fun*)

_____ encantador/a (*charming*)

_____ estricto/a

_____ honrado/a (*honest*)

_____ ingenioso/a (*resourceful*)

_____ intelectual

_____ justo/a (*fair*)

_____ sabio/a (*wise*)

_____ sensato/a (*sensible*)

_____ sensible (*sensitive*)

_____ tranquilo/a

Parte B: Ahora, habla con otra persona y descríbele a tu profesor/a.

↪   Me cae muy bien mi profesora de teatro porque es muy creativa y . . .

Actividad 8: Lo ideal   En parejas, miren la lista de adjetivos de la Actividad 7 y decidan cuáles son las tres cualidades más importantes para un profesor, una amiga, un político y una doctora. Sigan el modelo.

↪   Un político debe ser . . .

Actividad 9: Me molesta mucho   **Parte A:** Marca los mejores adjetivos para describir la clase que menos te gusta este semestre y al profesor o a la profesora de esa clase. Piensa en la clase y las personas de esa clase.

_____ aburrido/a (*boring*)

_____ cerrado/a (*narrow-minded*)

_____ conservador/a

_____ creído/a (*vain*)

_____ difícil

_____ enorme

_____ exigente (*demanding*)

_____ fácil

_____ grande

_____ insoportable (*unbearable*)

_____ largo/a

_____ lento/a (*slow*)

_____ liberal

_____ rígido/a

Parte B: Ahora, en parejas, quéjense de (*complain about*) la clase que menos les gusta.

↪   No me gusta nada mi clase de . . . porque es . . .

↪   Me molesta la clase porque los estudiantes son . . .

V. Expressing Future Actions

Ir a + Infinitive and the Present Tense

Remember: Infinitives always end in **-ar, -er,** and **-ir.**

1. To talk about the future, use a present-tense form of the verb **ir** + **a** + *infinitive.*

voy	vamos	
vas	vais	} + **a** + *infinitive*
va	van	

Mañana **vamos a comprar** los libros para la clase de literatura.

Tomorrow we're going to buy the books for the literature class.

Voy a ser ingeniero.

I'm going to be an engineer.

2. As you may remember, the present indicative tense is also used to refer to future actions. A time reference is frequently included with the present indicative in these cases.

Voy **dentro de poco.**

I'll go in a little while.

Maribel sale de clase **dentro de diez minutos.**

Maribel is getting out of class in ten minutes.

La ceremonia termina **a las 9:00**, ¿no?

The ceremony finishes at 9:00, right?

Actividad 10: Las clases En parejas, hablen sobre su horario de clases, sus clases y sus profesores. Algunas preguntas útiles son:

¿Qué materias cursas?
¿Cómo es la clase de . . . ?
¿Quién es tu profesor/a de . . . ?
¿Vas a cambiar de clase?
¿Vas a cambiar de sección?
¿Vas a dejar la clase?

¿Vas a trabajar este semestre?
¿Te gusta . . . ?
¿Te caen bien tus profesores?
¿Vas a practicar algún deporte?
¿Vas a estudiar mucho o poco este semestre?

Actividad 11: Sus planes En parejas, hablen de sus planes para el mes que viene. Aquí hay algunas ideas para su conversación: compras, trabajo, estudios, diversiones, deportes, viajes.

→ El mes que viene voy a . . . , ¿y tú?

Actividad 12: En el año 2025 En grupos de tres, escriban tres oraciones sobre cómo va a ser la universidad o su pueblo o ciudad en el año 2025. Usen la imaginación.

→ La ciudad va a tener un problema de tráfico muy serio . . .

La facultad

▶ *Dos jóvenes universitarios en Puebla.*

¿En serio?	Really?
¡No me digas!	Don't tell me! / You don't say! / Wow!
volver a empezar de cero	to start over again from scratch

Actividad 13: La carrera de Mónica Mónica está estudiando en la Universidad de las Américas en Puebla, México, y le cuenta a Ramón cómo le va en sus estudios. Antes de escuchar la conversación, lee las siguientes ideas. Después escucha la conversación y marca las opciones correctas.

1. Mónica estudia . . .

   ____ derecho   ____ biología   ____ medicina

2. Quiere estudiar . . .

   ____ derecho   ____ biología   ____ medicina

3. Para terminar la carrera que ella quiere, se necesitan . . .

   ____ 4 años   ____ 5 años   ____ 6 años

4. Ahora ella tiene . . .

   ____ 19 años   ____ 23 años   ____ 24 años

Actividad 14: Comparaciones Parte A: Antes de escuchar la conversación otra vez, discute las siguientes preguntas sobre la educación universitaria en los Estados Unidos.

1. ¿Cuántos años necesitas para obtener un título universitario?
2. ¿Cuáles de los siguientes títulos puede recibir un estudiante subgraduado?

   sociólogo   médico   profesor universitario de literatura
   ingeniero   abogado

3. Cuando un estudiante comienza la universidad, ¿sabe generalmente qué carrera va a estudiar?
4. ¿Qué ocurre si un estudiante decide cambiar de carrera?

Parte B: Ahora lee las primeras cuatro preguntas. Luego, escucha la conversación y contesta todas las preguntas.

1. ¿Cuántas materias cursó Mónica?
2. ¿Qué problema tiene ella al cambiar de carrera?
3. Cuando Mónica le cuenta a Ramón su problema, él le dice: "¡Qué suerte tienes!" ¿Qué significa este comentario en el contexto de la conversación?
4. ¿Qué título va a recibir Mónica después de cinco años?
5. En muchos países hispanos, los estudiantes reciben el título de arquitecto, ingeniero, sociólogo o abogado después de cinco años de estudio. ¿En qué se diferencia esto de la educación universitaria en los EE.UU.? En tu opinión, ¿cuáles son los pros y los contras de cada sistema?

¿LO SABÍAN?

Cada cultura tiene su propio sentido de humor. Uno de los aspectos interesantes del humor de las personas de habla española es el uso de la ironía. Es común oír a una persona decir exactamente lo contrario de lo que quiere decir cuando el mensaje es obvio. En la conversación, Ramón dice que Mónica tiene suerte cuando es obvio que no tiene nada de suerte. De la misma manera, también se pueden oír frases como las siguientes:

- Al pasar frente a un edificio antiguo: ¡Qué moderno es!
- Al ver pasar a una persona muy alta: ¿Adónde va esa persona sin piernas?

Ahora, inventa oraciones irónicas para describir estos dibujos:

Vocabulario activo

Las materias académicas

See page 3.

Verbos como *gustar*

See pages 6–7.

Adjetivos descriptivos

See pages 8–10.

Vocabulario personal

Expresiones útiles

¿A qué hora es . . . ?	*At what time is . . . ?*
cursar (una clase)	*to take, study (a class)*
¿En serio?	*Really?*
la matrícula	*tuition*
¡No me digas!	*Don't tell me! / You don't say! / Wow!*
volver a empezar de cero	*to start over again from scratch*

To help you focus on the active vocabulary presented in each chapter, this text provides end-of-chapter lists. These will direct you to the specific page where items were presented or will provide a list of words with their translations. Obvious cognates will not be translated in this text, but they will be included in the lists.

There is also a section entitled **Vocabulario personal.** In this section, you may write any new words you have learned in the chapter or in class that you want to remember but that were not formally presented.

Learning Spanish is like learning to figure skate. Each year a skater adds a few moves to his/her routines, but never stops practicing and improving on the basics. As the skater progresses from doing a double to a triple axle, he/she must still polish technique. There are marks for both technical merit and artistic merit. Both must be worked on, and as the skater becomes better in the sport, actual progress is more and more difficult to perceive.

The process of learning a language is depicted in the cone below. In order to learn a foreign language, students must progress vertically as well as horizontally. As one proceeds vertically, one must also cover more distance horizontally. Progress is noted while moving vertically. This includes learning new tenses, object pronouns, etc. (or in skating, landing a new jump for the first time). Horizontal progress is not perceived as easily as vertical. Horizontal progress includes fine tuning what one has already learned by becoming more accurate, enlarging one's vocabulary, covering in more depth topics already presented in a beginning course, and gaining fluency. This progress is like improving scores for artistic merit or consistently skating cleaner programs than ever before. As you pursue your studies of Spanish, remember that progress is constantly being made.

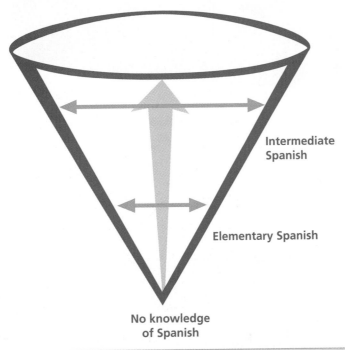

Intermediate
Spanish

Elementary Spanish

No knowledge
of Spanish

Nuestras costumbres

▲ *Un día típico en las calles*
de Buenos Aires, Argentina.

COMMUNICATIVE GOALS

- narrating in the present (part one)
- discussing plans
- describing people
- avoiding redundancies

Una cuestión de identidad

▲ *Dos jóvenes almuerzan en un restaurante en Santiago de Chile.*

llamarle la atención	to attract someone's attention
ser un/a pesado/a	to be a bore
en cambio	instead

Actividad 1: Términos   Parte A: Los términos chicano, mexicoamericano y latinoamericano a veces provocan confusión. Decide qué características de la columna B pueden describir a cada uno de estos grupos. Es posible usar las características más de una vez.

A

chicano:_____

mexicoamericano:_____

latinoamericano:_____

B

a. es ciudadano norteamericano

b. es de Latinoamérica

c. es de ascendencia mexicana

d. habla español

e. habla portugués

f. tiene connotación política

El chicano

Internet

Parte B: Pedro está en Chile y está completando una solicitud para ingresar a una universidad en los Estados Unidos. Le pregunta a su amiga Silvia, que estudió allí, qué significan ciertos términos. Escucha la conversación y compara tu información de la Parte A con lo que dice Silvia.

Actividad 2: Más información   Antes de escuchar la conversación otra vez, lee las siguientes preguntas. Luego escucha la conversación para buscar la información necesaria.

1. Según Silvia, ¿quiénes son el mexicoamericano, el chicano y el latino?
2. ¿En qué se diferencia una universidad de los Estados Unidos de una universidad de Latinoamérica?

¿LO SABÍAN?

Por lo general, en un país hispano, las facultades de una universidad tienden a estar distribuidas por toda la ciudad. Los estudiantes asisten a clase en la facultad y luego se reúnen a estudiar o a charlar en el bar de la facultad o en los cafés cercanos. Las universidades generalmente no tienen clubes, pero sí hay representantes de los partidos políticos que organizan reuniones o manifestaciones políticas. ¿Cómo es la vida de un universitario en los Estados Unidos? ¿Y de un universitario en un país hispano?

I. Narrating in the Present (Part One)

A. Regular and Irregular Verbs

To talk about what you usually do, use the present tense. The regular forms of the present tense are formed as follows:

mirar		comer		recibir	
miro	miramos	como	comemos	recibo	recibimos
miras	miráis	comes	coméis	recibes	recibís
mira	miran	come	comen	recibe	reciben

For further information on how to form the present indicative, including irregular verbs, see page 300.

Paulina y yo **caminamos** a la oficina todos los días.

Paulina and I walk to the office every day.

Como afuera dos veces por semana.

I eat out twice a week.

Roberto y su amigo no **asisten** a clase los viernes.

Roberto and his friend don't attend class on Fridays.

1. The verbs **mirar** (*to look at*) and **escuchar** (*to listen to*) only take **a** when they are followed by a person.

Mientras estudio, **escucho** música clásica.	*While I study, I listen to classical music.*
Siempre **escucho a** mi padre.	*I always listen to my father.*

2. Here is a list of verbs that you can use to talk about what you usually do.

-ar *verbs*

ahorrar (dinero/tiempo)	to save (money/time)
alquilar (videos)	to rent (videos)
charlar	to chat
cuidar (a) niños	to baby-sit
dibujar	to draw
faltar (a clase/al trabajo)	to be absent (from class/work)
flirtear/coquetear	to flirt
gastar (dinero)	to spend (money)
odiar (a + persona)	to hate (+ person)
pasar la noche en vela	to pull an all-nighter
pasear al perro	to walk the dog
sacar buena/mala nota	to get a good/bad grade
trasnochar	to stay up all night

Other common **-ar** verbs are: **caminar, esquiar, hablar (por teléfono), llegar, llevar (a + persona), regresar, preparar, tocar (un instrumento musical), trabajar, visitar (a + persona).**

-er *verbs*

escoger*	to choose
hacer* investigación/una dieta	to do research; to be on a diet

Other common **-er** verbs are: **beber, comer, correr, leer, saber*, vender.**

-ir *verbs*

asistir (a clase/una reunión)	to attend (class/a meeting)
compartir	to share
contribuir**	to contribute
discutir	to argue; to discuss
salir* bien/mal (en un examen)	to do well/poorly (on an exam)

Other common **-ir** verbs are: **decidir, salir*, traducir*, vivir.**

*Note: For spelling changes or an irregular **yo** form, see page 300.
For irregular forms, see verbs that end in **-uir on page 301.

Cuido niños. (*Kids, anybody's kids.*) **Cuido a los niños de mi hermana.** (*Specific child/children*)

Flirtear can take both male and female subjects, while **coquetear** can only take a female subject.

Actividad 3: Un conflicto familiar   Parte A: Una madre tiene problemas con su hijo adolescente y le escribe a Consuelo, una señora que da consejos *(advice)* en un periódico. Elige el verbo y la forma apropiada para cada espacio en blanco de la carta.

asistir
comer
hacer
mirar
preparar
regresar
sacar
ser

escuchar
faltar
flirtear
ir
regresar
sacar
ser

asistir
discutir
escuchar
estar
gustar
llegar
trabajar

saber
ser
ser

Estimada Consuelo:

Estoy divorciada y tengo tres hijos: Carlos, Maricruz y Enrique, de diez, once y dieciséis años respectivamente. Mis dos hijos menores _____ _____ encantadores. _____ _____ notas excelentes. _____ a clase todos los días y _____. Por la tarde, después de la escuela, ellos _____ a la casa, _____ la tarea y _____ la comida en el microondas. Luego _____ mientras _____ televisión.

Mi hijo Enrique, en cambio, _____ muy rebelde. Está en la escuela secundaria, pero a veces _____ a clase por la mañana. En vez de ir a clase, _____ con a un parque con sus amigos y allí ellos _____ las chicas (a veces creo que estos chicos tienen demasiada testosterona). Luego, por la noche, él _____ a casa muy tarde y _____ música rap a todo volumen en su habitación. Por supuesto estudia poquísimo y _____ notas terribles en la escuela.

Yo _____ todo el día en una tienda de ropa y luego _____ a una clase de inglés en un instituto norteamericano. Por lo tanto, _____ a casa tarde después de un día largo y _____ muy cansada. A esa hora generalmente, Enrique _____ esa música rap tan horrible y tan fuerte. Entonces él y yo _____ porque a mí no me _____ la música tan fuerte.

Consuelo, ¿por qué mis hijos menores _____ tan buenos y mi hijo mayor _____ tan rebelde? No _____ qué hacer.

Madre desesperada

Parte B: En grupos de tres, comparen la familia de la madre desesperada con su propia familia. ¿Son iguales o diferentes?

→   A mi madre también le molesta cuando mi hermano escucha música rap.

→   Estos niños pequeños son perfectos, pero en mi familia no es así. Son muy mal educados. Asisten a clase, pero no escuchan a los maestros y no hacen la tarea.

Actividad 4: Una clase aburrida   En grupos de tres, digan qué hacen generalmente los estudiantes cuando están en una clase que es aburrida. Mencionen un mínimo de cinco acciones.

Actividad 5: ¿Qué hacen?   **Parte A:** En parejas, usen la imaginación para decir qué hacen estas personas un día normal.

Parte B: La vida de estas personas se va a cruzar. Describan cómo va a cruzarse la vida de ellos. Comiencen diciendo: **La estudiante va a salir de su casa una noche y . . .**

B. Expressing the Duration of an Action

1. To express how long an action has been taking place, use the following formula:

> **¿Cuánto (tiempo) hace + que +** *verb in present*?
> **Hace +** time expression **+ que +** *verb in present*.

—**¿Cuánto (tiempo) hace que vienes** a este club?

How long have you been coming to this club?

—**Hace cinco años que hago** ejercicio aquí.

I've been working out here for five years.

2. You can also express the duration of an activity by using **desde hace** + *time expression* at the end of a sentence.

Estudio español **desde hace un año.**

Hace un año que estudio español.

\} = *I've been studying Spanish for a year.*

3. When you are not exactly sure of the duration of an action, use **como** or **unos** before the time expression.

Hace **unos/como tres años** que yo no trabajo allí.

I haven't been working there for about three years.

Actividad 6: La entrevista   En parejas, túrnense para entrevistarse y averiguar si la otra persona hace las actividades que se presentan y cuánto tiempo hace que las hace. Sigan el modelo.

→

A: ¿Estudias psicología?

B: Sí, estudio psicología.   B: No, no estudio psicología.

A: ¿Cuánto (tiempo) hace que estudias psicología?

B: Hace (como) tres semanas que estudio psicología.

ahorrar dinero	manejar	hacer esquí acuático
esquiar	tocar un instrumento musical	trabajar
estudiar español	compartir un apartamento	hacer ejercicio
hablar otro idioma	usar computadora	¿ ? ?

C. Stem-Changing Verbs in the Present

There are four types of stem-changing verbs (e > ie; e > i; o > ue; u > ue).

comenzar (e > ie)		volver (o > ue)	
comienzo	comenzamos	vuelvo	volvemos
comienzas	comenzáis	vuelves	volvéis
comienza	comienzan	vuelve	vuelven

pedir (e > i)		jugar (u > ue)	
pido	pedimos	juego	jugamos
pides	pedís	juegas	jugáis
pide	piden	juega	juegan

For formation of stem-changing verbs in the present indicative, see page 301.

A: ¿Qué **piensas** hacer mañana?   *What are you planning to do tomorrow?*

B: **Quiero** jugar al fútbol con mis   *I want to play soccer with my friends.*
amigos.

A: Juan **dice** que **juegas** bien.   *Juan says you play well.*

B: **Suelo** jugar con él los sábados.   *I usually play with him on Saturdays.*

e > ie

cerrar   to close
comenzar (**a** + infinitive)   to begin (to)
empezar (**a** + infinitive)   to begin (to)
entender   to understand
mentir   to lie
pensar **en**   to think about
pensar + infinitive   to plan to
perder (**a** + persona)   to lose (someone)
preferir   to prefer
querer (+ infinitive); (**a** + persona)   to want (to); to love (someone)
tener*   to have
venir*   to come

o > ue

almorzar   to have lunch
costar   to cost
devolver   to return (something)
dormir   to sleep
encontrar (**a** + persona)   to find (someone)
morir(se)   to die
poder   to be able to, can
probar   to taste; to try
soler + infinitive   to do . . . habitually, usually do something
volver   to return, come back
volver a + infinitive   to do something again

e > i

decir*   to say, tell
elegir* (**a** + persona)   to choose, elect (someone)
pedir   to ask for
repetir   to repeat
seguir* (**a** + persona)   to follow (someone)
servir   to serve

u > ue

jugar (**al** + nombre de un deporte)   to play (a sport)

*Note: For spelling changes or an irregular **yo** form, see page 302.

Devolver is a transitive verb (it takes a direct object). Use it to say someone returns something somewhere: **Él va a devolver el suéter a la tienda.** **Volver** is an intransitive verb (it never takes a direct object). Use it to say someone returns somewhere: **Él va a volver a la tienda.**

When talking about someone they know, people are more apt to use **morirse**.

Actividad 7: La respuesta de Consuelo   **Parte A:** Completa la carta que Consuelo le escribe a la madre desesperada de la Actividad 3. Elige el verbo y la forma apropiada para cada espacio en blanco.

comprender
creer
dormir
entender
querer
tener

comenzar
creer
estar
poder
ser
ser
soler
tener
tener

charlar
decir
escuchar
poder
ser

Querida madre desesperada:

Yo también _____ un hijo adolescente y por eso _____ muy bien su problema. Mi hijo _____ que la vida es muy fácil. Por la noche, _____ diez o doce horas y durante el día solamente _____ jugar. No _____ que hay momentos para trabajar y momentos para jugar.

Éste es un problema que _____ todos los padres. (En su caso, señora, _____ difícil porque usted _____ sola.) En general, los adolescentes _____ muchos conflictos y eso es muy común. Su cuerpo _____ a cambiar y hay muchas cosas que ellos no _____ controlar. Asimismo, _____ tener opiniones a veces muy particulares. Por ejemplo, _____ que los adultos _____ idiotas e ignorantes.

Nosotros, los padres, _____ hacer muchas cosas para ayudar a nuestros hijos. Yo, por ejemplo, _____ con mi hijo sobre su escuela y sobre sus amigos. Muchas veces, _____ con mucha paciencia las cosas que él me _____ . La comunicación entre padres e hijos _____ crucial en la adolescencia. Tenga fe y saldrá adelante.

Consuelo

Parte B: Consuelo cree que la solución es una mejor comunicación entre la madre y su hijo. En grupos de tres, comenten qué pueden hacer los padres para tener una mejor comunicación con sus hijos.

→   En mi opinión, los padres pueden . . . Deben . . . Tienen que . . .

Actividad 8: Personas activas   En parejas, hagan listas por lo menos de cinco actividades que las siguientes personas hacen un día normal: una buena deportista, un actor, un político.

Actividad 9: Los fines de semana   **Parte A:** En parejas, túrnense para entrevistarse y averiguar qué hacen los fines de semana. Sigan el modelo.

→   —¿Qué prefieres hacer los fines de semana,
comer en la universidad, pedir comida a
domicilio o almorzar . . . ?
—Prefiero . . .

Preferir:

_____ comer en la
universidad

_____ pedir comida a
domicilio

_____ almorzar y/o
cenar afuera

Dormir:

_____ 7 horas o menos

_____ 8 horas

_____ más de 8 horas

Gastar dinero en:

_____ diversiones

_____ comida

_____ ropa

_____ otras
cosas

Asistir a:

_____ conciertos

_____ eventos deportivos

_____ manifestaciones
políticas

Gustarle:

_____ trasnochar

_____ hablar por teléfono

_____ alquilar videos

Soler:

_____ pasar la noche en vela

_____ ir a fiestas

_____ jugar al (nombre
de un deporte)

Parte B: Ahora compartan la información que averiguaron con el resto de la clase para comparar lo que hace un universitario típico.

Actividad 10: Una ronda de improvisación En parejas, lean la siguiente situación e improvisen una conversación.

> Un padre/Una madre se queja de las cosas que hace y no hace su hijo. Su hijo se queja de las cosas que hace y no hace su padre/madre.

II. Discussing Plans

Quisiera, me gustaría, tener que, and deber

1. To talk about desires, you can use the following phrases:

> **quisiera**
> **me/te/ . . . gustaría** } + *infinitive*

—¿Qué **quisieras ser** en el futuro?	*What would you like to be in the future?*
—**Me gustaría ser** ecologista.	*I would like to be an ecologist.*

2. To extend invitations, you can use **te/le/les gustaría** + *infinitive* or **quisiera/s/n** + *infinitive*. Use of **quisiera** is more polite and formal.

—¿**Te gustaría ir** a una fiesta esta noche?	*Would you like to go to a party tonight? (invitation)*
—Sí, **me gustaría** mucho.	*I would like to a lot. (desire)*

3. To express an obligation, use **tener que** + *infinitive*. To express something you ought to or should do, use **deber** + *infinitive*.

No puedo ir a tu fiesta porque **tengo que estudiar** para un examen.	*I can't go to your party because I have to study for an exam.*
Me gustaría ir, pero **debo limpiar** la casa porque vienen unos amigos esta tarde.	*I would like to go, but I ought to/should clean the house because some friends are coming over this afternoon.*

Actividad 11: ¿Qué te gustaría hacer? Habla con dos o tres compañeros para averiguar cuatro o cinco cosas que les gustaría hacer en las próximas vacaciones y por qué. Sigue el modelo.

→ A: ¿Qué te gustaría hacer en las próximas vacaciones?
B: Me gustaría viajar por España.
A: ¿Por qué por España?
B: . . .

Actividad 12: Las excusas   En parejas, una persona lee el papel A y la otra persona lee el papel B. Sigan las instrucciones para su papel.

A

Invita a tu compañero/a a hacer algo especial contigo esta semana. Debes ser muy insistente. Usa oraciones como: **¿Te gustaría . . . ?, Yo quisiera . . . , ¿Quisieras venir?**

B

Tu compañero/a te cae mal. Si te invita a hacer algo, inventa excusas para no ir. Usa oraciones como: **Me gustaría, pero tengo que . . .**

Actividad 13: Las preferencias   **Parte A:** Este fin de semana te gustaría hacer algo interesante. Mira los siguientes anuncios y numéralos del 1 al 6 (1 = el menos interesante, 6 = el más interesante).

El Rock argentino de Fito Paez

Fito Paez es uno de los músicos más cotizados y relevantes de su país, Argentina. En España es básicamente conocido por compatriotas suyos que están afincados en nuestro país, Ariel y Andrés Calamaro, de Los Rodríguez, siempre han considerado a Fito como una de sus influencias. Acaba de editar el disco "El amor después del amor".

• **Fito Paez.** Lunes 31, 22 horas. Aqualung. Ermita del Santo 48. Entradas: 1.800 pesetas (Madrid Rock).

◆ **PELICULAS EN CARTEL** ◆

● **COMO AGUA PARA CHOCOLATE.** *1992. 2h. Lauren. Drama. Méx.* Dir.: Alfonso Arau. Con Marco Leonardi, Lumi Cavazos y Regina Torne. En el México de la revolución, una chica ve como su madre no sólo le impide tener relaciones con un chico, sino que propone a su hermana mayor para que se case con él. Ella es una espléndida cocinera y es la encargada de hacer diariamente la comida a madre y hermanas. *Madrid, Fuencarral.* Periferia: *Las Rozas.*

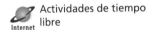
Actividades de tiempo libre

PIRANDELLO 2
Ventura Rodríguez -7
(Plaza España)   Tel: 547 63 12
                      541 59 37
Todas las noches 1 15 h

PRESENTA:

el humor de **ADOLFO**

Jueves, viernes y sábados tarde Baile para mayores de 25 años

▲ *Un capricho salsero*

La sala Puerto Plata se ha consolidado como uno de los locales madrileños que con más mimo cuida la música de salsa. Con bastante frecuencia Puerto Plata está acogiendo en su escenario a artistas representantes de este estilo que, si bien no tienen un nombre que se conozca masivamente, ofrecen un cúmulo de calidad que no es conveniente ignorar. Este es el caso de Monchy y la Orquesta Capricho.

• **Monchy y la Orquesta Capricho.** Sábado 5 y domingo 6, 23 horas. Puerto Plata. Calle Orense 14.

Domingo 6 de junio
Madrid, 19 h
Corrida de toros

Curro Romero
Curro Vázquez
Julio Aparicio
(FUERA DE ABONO)

Toros de Aldeanueva

Escultura y dibujo

La escultura y el dibujo conjugan a la perfección en la muestra "Una exposición de escultura moderna con dibujo". Al reunir esta colección se ha tenido en cuenta el tamaño pequeño y medio de la escultura para explicar el proceso dentro de un diálogo con los dibujos. La muestra reúne una veintena de nombres entre los que destacan: Manolo Hugué, Angel Ferrant, Miró, Tapies, Oteiza, Susana Solano, Miquel Navarro, etc.

• **"Una exposición de escultura moderna con dibujo".** Real Academia de S. Fernando. Alcalá 13.

Parte B: En parejas, intenten ponerse de acuerdo *(agree)* adónde van a ir por la noche. Sigan el modelo.

> A: ¿Te gustaría escuchar rock?
> B: De verdad no me gusta mucho el rock. Quisiera . . .
> A: A mí no me gusta . . . , pero ¿no te gustaría . . . ?

III. Describing People

La familia real española

A. El árbol genealógico de Valeria

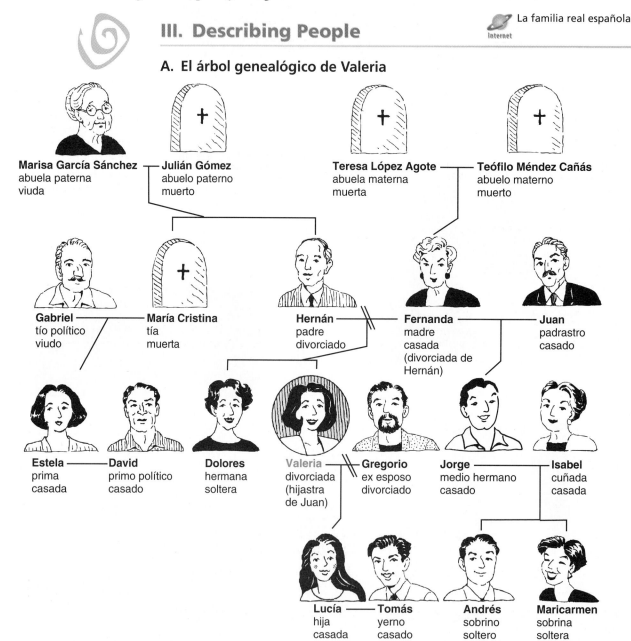

Marisa García Sánchez
abuela paterna
viuda

Julián Gómez
abuelo paterno
muerto

Teresa López Agote
abuela materna
muerta

Teófilo Méndez Cañás
abuelo materno
muerto

Gabriel
tío político
viudo

María Cristina
tía
muerta

Hernán
padre
divorciado

Fernanda
madre
casada
(divorciada de
Hernán)

Juan
padrastro
casado

Estela
prima
casada

David
primo político
casado

Dolores
hermana
soltera

Valeria
divorciada
(hijastra
de Juan)

Gregorio
ex esposo
divorciado

Jorge
medio hermano
casado

Isabel
cuñada
casada

Lucía
hija
casada

Tomás
yerno
casado

Andrés
sobrino
soltero

Maricarmen
sobrina
soltera

padres = parents

parientes = relatives

Note both **ser** and **estar** can be used with **soltero/a, casado/a,** and **divorciado/a.** When **ser** is used, it means *a married/single/divorced man/woman:*

Él **es** casado. = *He is a married man;*

Él **está** casado con Ana. = *He is married to Ana.*

Más parientes

el/la bisabuelo/a	great grandfather/mother
el/la hermanastro/a	stepbrother/sister
el/la hijo/a adoptivo/a	adoptive son/daughter
el/la hijo/a único/a	only child
la madrastra	stepmother
el/la nieto/a	grandson/daughter
la nuera	daughter-in-law
el pariente político	relative in-law
el/la suegro/a	father/mother-in-law

Remember: All possessive adjectives agree in number with the noun they modify and **nuestro** and **vuestro** also agree in gender.

mi/s	nuestro/a/os/as
tu/s	vuestro/a/os/as
su/s	su/s

Actividad 14: La familia de Estela   En parejas, miren nuevamente el árbol genealógico y túrnense para hacerse preguntas sobre los parientes de Estela.

→   —¿Quiénes son los padres de Estela?
　　　—Sus padres son . . .

Actividad 15: Las definiciones   **Parte A:** En parejas, una persona da definiciones para las siguientes palabras y la otra persona cubre la lista y adivina qué palabra es.

→   —Es el hijo de mi padre, pero no de mi madre.
　　　—Es tu medio hermano.

1. bisabuelo
2. nuera
3. cuñada
4. hijo único
5. suegro
6. nieta

Parte B: Ahora cambien de papel.

1. hijastro
2. sobrina
3. yerno
4. madrastra
5. parientes
6. hijo adoptivo

Actividad 16: ¿Y tu familia?   **Parte A:** En parejas, una persona describe a su familia mientras la otra persona dibuja el árbol genealógico correspondiente.

→   Mi bisabuelo se llama Pedro y es viudo. Mi bisabuela está muerta. Mis abuelos son . . .

Parte B: Ahora, hablen con otra persona y descríbanle el árbol genealógico que acaban de hacer de su compañero/a.

→   El bisabuelo de Greg se llama . . .

B. Las ocupaciones

ama de casa   artesano/a   camarero/a   carpintero/a

cartero   científico/a   contador/a

contador = contable (España)

enfermero/a   escritor/a   mujer/hombre de negocios

plomero = fontanero (España)   lavaplatos   plomero   químico/a

Otras ocupaciones

actor/actriz	director/a de cine
arquitecto/a	doctor/a
artista	ecologista
cajero/a	electricista
chofer	ingeniero/a
dentista	mecánico/a

In Spain **chófer** (not **chofer**) is preferred.

médico/a   político
militar   psicólogo/a
operador/a   taxista
piloto   vendedor/a
policía

Note: Use the indefinite article **un/a** with occupations only when an adjective or a qualifying phrase is present: Es ingeniero; Es **un** ingeniero **excelente**; Es **un** ingeniero **de primera categoría.**

1. For some occupations, the context or the article indicates gender: **Mi cuñado es policía; el artista/la artista; el lavaplatos/la lavaplatos.**

2. Historically, not many women have been active participants in certain occupations, but the Spanish language is catching up with societal changes. The terms used to refer to a woman for occupations such as **cartero, chofer, piloto, plomero, policía, político,** etc., are still evolving. People tend to say, for instance, **la mujer piloto** or simply **la piloto.** The former seems to be more common. Words with an accepted feminine form are indicated in the vocabulary list.

Actividad 17: ¿Qué hace?   En parejas, averigüen qué ocupación tienen los miembros de la familia de la otra persona.

—¿Qué hace tu padre?

—Mi padre es abogado.

—Mi padre es abogado, pero no tiene trabajo. Está desempleado (*unemployed*).

—Mi padre es abogado, pero tiene 70 años y está jubilado (*retired*).

Actividad 18: ¿Qué te gustaría ser?   Habla con dos o tres compañeros para averiguar qué les gustaría ser en el futuro y por qué.

Actividad 19: Hablemos de trabajo   En grupos de tres, clasifiquen las ocupaciones ya presentadas en las siguientes categorías y expliquen por qué las ponen en esas categorías.

a. cuatro ocupaciones que son creativas
b. cuatro ocupaciones en las cuales generalmente se gana poco dinero
c. cuatro ocupaciones que les interesan
d. cuatro ocupaciones que no les interesan para nada

▲ Tiene cara redonda, ojos color café y bigotes. Tiene el pelo negro y lacio.

C. Descripción física

Forma de la cara

cuadrada	square
ovalada	oval
redonda	round
triangular	triangular

Color de ojos

azules	blue
color café	brown
negros	black
pardos	hazel
verdes	green

Color y tipo de pelo

tener pelo castaño/canoso/negro	to have brown/gray/black hair
ser pelirrojo/a o rubio/a	to be a redhead or a blond
tener permanente	to have a permanent
tener pelo lacio (liso)/ondulado/rizado	to have straight/wavy/curly hair
ser calvo/a	to be bald
tener cola de caballo/flequillo/trenza(s)	to have a ponytail/bangs/braid(s)

Señas particulares

la barba	beard
los bigotes	mustache
la cicatriz	scar
los frenillos	braces
el lunar	beauty mark
las patillas	sideburns
las pecas	freckles
el tatuaje	tattoo

Actividad 20: ¿Quién tiene esto? **Parte A:** Mira a tus compañeros y escribe el nombre de las personas que tienen las siguientes características:

pelo lacio y largo
un lunar en la cara
cara ovalada
una cicatriz
pelo rizado
un tatuaje
ojos color café
pecas
barba o bigotes
cola de caballo o trenza(s)

Parte B: En grupos de tres, comparen sus observaciones.

Actividad 21: ¿Eres observador? En parejas, miren la cara de la otra persona con mucha atención. Después sigan las instrucciones de su profesor/a.

Actividad 22: Hispanos famosos En parejas, cada persona mira dos de las fotos y la información correspondiente y le cuenta a su compañero/a cómo son las personas, de dónde son y qué ocupación tienen. Usen la imaginación para decir qué hacen un día típico.

▶ *Loretta Sánchez*
mexicoamericana
diputada de California en el
Congreso de los EE.UU.

◀ *Elena Poniatowska*
nació en Francia, vive en
México desde los 11 años
periodista y escritora

▶ *Carlos Valderrama*
colombiano
jugador profesional de
fútbol

◀ *Cameron Díaz*
norteamericana de padre
cubanoamericano
actriz y modelo

IV. Avoiding Redundancies

Subject and Direct-Object Pronouns

Read the following conversation and state what is unusual.

A: ¿Agustín cocina tacos?
B: No, Agustín no cocina tacos porque no sabe preparar tacos.
A: ¿Cuándo va a aprender a cocinar tacos Agustín?
B: No sé cuándo va a aprender a cocinar tacos Agustín.

Obviously there is a great deal of repetition in the conversation. Two ways of avoiding repetition are (1) substitute a subject pronoun (**yo, tú, Uds.,** etc.) for the subject or omit the subject altogether and (2) substitute direct-object pronouns for direct-object nouns.

A: ¿Agustín cocina tacos?
B: No, no los cocina porque no sabe prepararlos.
A: ¿Cuándo los va a aprender a cocinar?
B: No sé cuándo (él) los va a aprender a cocinar.

1. A direct object usually receives the action of the verb directly. It answers the question *whom* or *what*. Notice that when the direct object refers to a specific person or to a loved animal, the personal **a** precedes it.

No encuentro **las llaves.**   *I can't find the keys.*

No encuentro **a mi hijo.**   *I can't find my child.*

No encuentro **a mi perro.**   *I can't find my dog.*

Note: The personal **a** is not used when the direct object is an unspecified person, and it is not usually used after the verb **tener.**

Busco un hombre de 1 metro 80   *I'm looking for a man 5 feet 11 inches*
   para esta película.   *tall for this movie. (indefinite)*

Busco **a** un hombre de 1 metro 80   *I'm looking for a man 5 feet 11 inches*
   que vi ayer en este café.   *tall whom I saw yesterday in this coffee*
                                        shop. (specific)

Tengo una hermana.   *I have a sister.*

2. The direct-object pronouns are:

me	nos
te	os
lo, la	los, las

Sentences with direct objects	Sentences with direct-object pronouns
Anoto **el teléfono del consultorio médico.**	Lo anoto.
Carlos ve **a la doctora** una vez por año.	Carlos **la** ve una vez por año.
	La doctora **me/te/os/nos** ve una vez por año.

3. Use direct-object pronouns:

    a. before a conjugated verb
        La ve una vez por año.
        La quiere ver.
        La va a ver.

    b. after and attached to the infinitive
        Quiere **verla.**
        Va a **verla.**

Actividad 23: Miniconversaciones   **Parte A:** Completa estas miniconversaciones con **a, al, a la, a las, a los,** o deja el espacio en blanco cuando sea necesario.

> Remember:
> **a + el = al;**
> **de + el = del.**
> This activity includes more uses of **a** besides the personal **a.**

1. —¿Vas _____ cenar con Germán esta noche?
   —No, pero mañana sí.

2. —Buscamos _____ Felipe Yepes. ¿Sabe Ud. dónde está?
   —No tengo idea.

3. —¿Tu hija continúa con sus clases de ballet?
   —Sí, pero tiene un problema, pues odia _____ sus compañeritos.

4. —Todos los años visitamos _____ las islas del Caribe durante las vacaciones.
   —Y ¿este año no van _____ ir?

5. —¿Qué haces todos los días en el trabajo?
   —Escribo _____ cartas, mando _____ faxes, preparo _____ documentos y atiendo _____ clientes.

6. —¿Puedes venir _____ mi casa esta tarde?
   —Me gustaría, pero tengo que pasear _____ Lulú, el perro de mi prima.

7. ¿Vas _____ ver _____ Sr. Loprete y _____ la Sra. Guerra esta tarde?
   —_____ ella sí, pero _____ él no.

Parte B: En parejas, escojan una de las miniconversaciones y continúenla. Intenten crear una conversación de un mínimo de ocho líneas.

Actividad 24: La redundancia La siguiente historia contiene redundancias de sujeto y complemento directo que están en bastardilla *(italics)*. Léela y después intenta reescribirla para que sea más aceptable.

Generalmente llego al trabajo a las nueve de la mañana, preparo café, bebo *el café* y leo las noticias (creo que no es saludable leer *las noticias* pues *las noticias* me causan dolor de estómago). Luego voy a mi computadora Mac, pero *mi computadora* no es muy buena porque *la computadora* es muy lenta y a veces tengo que despertar *la computadora*. Mis compañeros de trabajo que usan IBM no aprecian *mi computadora*, y aunque yo les explico, *mis compañeros de trabajo* no entienden. Un día voy a invitar *a mis compañeros* a usar *mi computadora* por un tiempo y así van a ver lo fácil que es usar mi máquina.

A eso de las cinco de la tarde, voy a clase en la Facultad de Ciencias Económicas. Casi no puedo escuchar la información y anotar *la información* porque estoy muy cansado después de mi día de trabajo (a veces pienso en dejar *mi trabajo* y dedicarme a estudiar). Por suerte, algunos de los profesores son muy activos y sus clases son muy interesantes pues *los profesores* enseñan *estas clases* con mucho entusiasmo y, como resultado, los estudiantes disfrutan *estas clases*.

A eso de las once de la noche llego a casa totalmente exhausto.

Actividad 25: ¿Lo comen? En parejas, pregúntenle a su compañero/a si los siguientes grupos hispanos hacen las acciones que se indican. Sigan el modelo.

→ los uruguayos / beber mate

—¿Los uruguayos beben mate?
—Sí, lo beben.

1. los argentinos / bailar tango
2. los cubanos / escuchar música de mariachis
3. los españoles / comer tacos
4. los venezolanos / bailar flamenco
5. los mexicanos / comer frijoles
6. los colombianos / exportar flores

Actividad 26: ¿Te llaman? En parejas, averigüen si les pasan las siguientes cosas.

→ —¿Te llaman por teléfono tus padres?

—Sí, me llaman mucho. —No, no me llaman nunca.

1. sus padres: llamarlo/la por teléfono / visitarlo/la en la universidad
2. sus amigos: venir a visitarlo/la de otra universidad / invitarlo/la a cenar / criticarlo/la por algo
3. sus profesores: verlo/la fuera de las horas de oficina

Actividad 27: El jefe no nos escucha En grupos de tres, piensen en los jefes que han tenido y en otros jefes que conocen. Después, formen oraciones explicando cómo son los jefes en general. Sigan los modelos.

→ Generalmente, no **nos ven** fuera de las horas laborales.

→ Muchos de los jefes no **nos ven** fuera de las horas laborales, pero hay algunos que sí **nos ven**. Algunos incluso salen a tomar algo con nosotros.

1. escucharlos atentamente cuando Uds. hablan
2. respetarlos
3. conocerlos bien
4. considerarlos parte importante de la compañía
5. dejarlos salir temprano del trabajo en ocasiones especiales
6. invitarlos a tomar algo después del trabajo

Actividad 28: Presente y futuro **Parte A:** En parejas, miren a los miembros de esta familia y discutan las siguientes ideas:

a. cómo son físicamente
b. qué hace cada uno un día normal
c. qué cosas en particular tienen que hacer hoy
d. dónde les gustaría pasar sus próximas vacaciones
e. qué odian y por qué lo odian

Parte B: Describan a la persona de su familia que más admiran o a la más extraña (*strange*). Deben darle una descripción muy completa a su compañero/a. Incluyan su aspecto físico, su ocupación, qué hace un día normal y por qué la admiran o creen que es extraña.

Vocabulario activo

Verbos

Ver página 19.

Verbos de cambio de raíz

Ver página 23.

La familia

For additional family members see page 29.

abuelo/a	*grandfather/mother*
cuñado/a	*brother/sister-in-law*
esposo/a	*husband/wife*
ex esposo/a	*ex husband/wife*
hermano/a	*brother/sister*
hijo/a	*son/daughter*
hijastro/a	*stepson/daughter*
madre	*mother*
materno/a	*on your mother's side*
medio/a hermano/a	*half brother/sister*
padrastro	*stepfather*
padre	*father*
padres	*parents*
parientes	*relatives*
paterno/a	*on your father's side*
primo/a	*cousin*
primo/a político/a	*cousin-in-law*
sobrino/a	*nephew/niece*
tío/a	*uncle/aunt*
tío/a político/a	*uncle/aunt-in-law*
yerno	*son-in-law*
casado/a	*married*
divorciado/a	*divorced*
estar muerto/a	*to be dead*
soltero/a	*single*
viudo/a	*widower/widow*

Vocabulario personal

Ocupaciones y otras expresiones

actor/actriz	doctor/a	operador/a
arquitecto/a	ecologista	piloto
artesano/a	electricista	policía
artista	mecánico/a	político
carpintero	médico	psicólogo/a
dentista	militar	taxista

ama de casa	*housewife*
cajero/a	*cashier*
camarero/a	*waiter/waitress*
cartero	*mail carrier*
chofer	*chauffeur, driver*
científico/a	*scientist*
contador/a	*accountant*
director/a de cine	*movie director*
enfermero/a	*nurse*
escritor/a	*writer*
hombre/mujer de negocios	*businessman/woman*
ingeniero/a	*engineer*
lavaplatos	*dishwasher*
plomero	*plumber*
químico/a	*chemist*
vendedor/a	*sales person*
estar desempleado/a	*to be unemployed*
estar jubilado/a	*to be retired*

Descripción física

Ver página 32.

Expresiones útiles

¿Cuánto (tiempo) hace + que . . . ?	*How long have you . . . ?*
debo . . .	*I ought to/should . . .*
en cambio	*instead*
llamarle la atención	*to attract someone's attention*
me gustaría . . .	*I would like to . . .*
quisiera . . .	*I would like to . . .*
ser un/a pesado/a	*to be a bore*
tengo que . . .	*I have to . . .*

CAPÍTULO

2

La vida cotidiana

▶ *Una mañana típica en una calle de Zunel, Guatemala.*

COMMUNICATIVE GOALS

- narrating in the present (part two)
- describing and comparing
- obtaining and giving information

La invitación para esta noche

◀ *Dos jóvenes charlan en una calle de Bogotá, Colombia.*

Bogotá
Internet

tener prisa	to be in a hurry
divertirse un montón	to have a ball/a lot of fun
¡Ya voy!	I'm coming!

Actividad 1: Adivina   **Parte A:** Antes de escuchar una conversación entre dos jóvenes, lee el título, mira la foto, lee las expresiones nuevas y trata de adivinar la siguiente información:

1. quién va a invitar a quién
2. qué tipo de invitación es
3. para qué hora es la invitación
4. si la otra persona va a aceptar o no la invitación

Parte B: Ahora escucha la primera conversación entre Laura, una colombiana, y Bill, un norteamericano, para corregir o confirmar tus predicciones.

Actividad 2: Más información   Mientras escuchas otra conversación, pero ahora en la casa de Laura, busca esta información:

1. a qué hora llega Bill a la casa de Laura
2. quién abre la puerta
3. qué está haciendo Laura cuando llega Bill
4. qué le ofrece la otra persona a Bill
5. qué ocurre con la comida

A diferencia de los norteamericanos, muchos hispanos tienden
a ver el tiempo de un modo menos
estricto. Por ejemplo, no está mal
visto llegar cinco minutos tarde a
una reunión de negocios. Por otro
lado, cuando se organiza una cena,
la puntualidad no es importante; es

más, el anfitrión o la anfitriona no
espera que los invitados lleguen a la
hora indicada sino, por lo menos,
treinta minutos después. Por ese
motivo, Laura comenta que Bill llegó
temprano cuando en realidad él
llegó diez minutos después de la
hora de la invitación.

Actividad 3: La puntualidad   En parejas, túrnense para preguntarle a la otra
persona sobre las siguientes ideas asociadas con la puntualidad.

1. Si tienes una cena a las 18:00, ¿a qué hora llegas a la cena?
2. Si estás cursando una clase que empieza a las 10:00, ¿a qué hora llegas a clase?
   ¿A qué hora llega tu profesor/a?
3. Si tienes una entrevista de trabajo a las 9:15, ¿a qué hora llegas?
4. ¿A qué hora llegas a tu trabajo si empieza a las 8:00?
5. Si tienes cita con el médico a las 11:30, ¿a qué hora llegas? ¿A qué hora te ve el
   médico?
6. Si tienes una fiesta a las 20:00, ¿a qué hora llegas a la fiesta?
7. Dentro de las normas de la sociedad norteamericana, ¿te consideras una persona puntual?

I. Narrating in the Present (Part Two)

A. Reflexive Pronouns

In the conversation at Laura's house, she said, **"Me pongo los zapatos . . . "** to
indicate she was going to put her shoes on. She used a verb with a reflexive pronoun to convey this thought.

1. To indicate that someone does an action to him or herself you must use a reflexive pronoun. Compare the following sentences:

Me despierto a las 8:00 todos los días.	Todas las mañanas **despierto** a mi padre a las 8:00.
Mi padre **se baña** por la noche.	Mi padre **baña** a mi hermanito por la noche.
Los niños siempre **se cepillan** el pelo por la mañana.	El niño **cepilla** al perro una vez por semana.

Remember: Definite articles
(el, la, los, las) are frequently
used with body parts.

In the first column, the use of reflexive pronouns indicates that the subject doing the action and the object receiving the action are the same. In the second column, subjects and objects are not the same, therefore reflexive pronouns are not used.

2. The reflexive pronouns are:

me	acuesto	**nos**	acostamos
te	acuestas	**os**	acostáis
se	acuesta	**se**	acuestan

Remember that the following sentences are both correct:

Se va a acostar tarde. / Va a acostar**se** tarde.

To review the placement of reflexive pronouns, see page 313.

3. Here is a list of reflexive verbs that you can use to talk about your daily routine.

acostarse (ue)
afeitarse (la barba/las piernas/etc.)
arreglarse *(to make oneself presentable)*
bañarse
cepillarse (el pelo/los dientes)
despertarse (ie)
desvestirse (i, i)
dormirse (ue, u)
ducharse
lavarse (el pelo/las manos/la cara/etc.)
maquillarse *(to put on makeup)*
peinarse
ponerse + *item of clothing*
prepararse (para)
quitarse + *item of clothing*
secarse (el pelo/la cara/etc.)
sentarse (ie)
vestirse (i, i)

Stem-changing verbs will be followed by **ue, ie, i, u** in parentheses to indicate what change takes place. Note that some verbs have a second change, which you will study in the next chapter.

arreglar = to fix (as in a car motor)

arreglarse la cara = to put on makeup

arreglarse el pelo = to fix one's hair

dormir = to sleep

dormirse = to fall asleep

Actividad 4: Tu rutina   En parejas, describan cuatro o cinco actividades de su rutina de la mañana y de su rutina de la noche. Usen verbos de la lista anterior y mencionen algunos de los productos que usan. Sigan el modelo.

→   Por la mañana yo me despierto a las 6:15 con mi reloj Sony, pero me levanto a las 6:45. Después . . .

Actividad 5: Los fines de semana   En parejas, háblenle a la otra persona de cuatro cosas que generalmente hacen los fines de semana y de tres cosas que van a hacer este fin de semana.

→   En general, los fines de semana me levanto tarde, pero este fin de semana voy a levantarme temprano porque . . .

Actividad 6: La salud   **Parte A:** En parejas, entrevisten a la otra persona para ver si tiene una vida sana y marquen las respuestas en la siguiente lista. Sigan el modelo.

cuerdo/a = sane
sano/a = healthy

→ —¿Fumas?
    —Sí, fumo mucho. / No, nunca fumo. / etc.

	Siempre/Mucho	Generalmente	A veces	Nunca
beber alcohol	——	——	——	——
soler comer frutas y verduras	——	——	——	——
despertarse tarde	——	——	——	——
dormirse con la luz encendida	——	——	——	——
escuchar música a todo volumen	——	——	——	——
practicar deportes	——	——	——	——
fumar	——	——	——	——
cepillarse los dientes después de comer	——	——	——	——
pasar noches en vela	——	——	——	——
salir cuatro noches por semana	——	——	——	——
tener dolores de cabeza	——	——	——	——
ducharse con agua muy caliente	——	——	——	——

Parte B: Ahora, mira las respuestas y dile al resto de la clase si la otra persona lleva una vida sana. Justifica tu respuesta.

→ Liz (no) lleva una vida sana porque . . .

B. More Verbs That Need Reflexive Pronouns

Here are some verbs that do not indicate actions performed upon oneself, but need reflexive pronouns in order for them to have the meanings listed here.

aburrirse (de)	to become bored (with)
acordarse (ue) (de)	to remember
caerse	to fall down
callarse	to shut up
darse cuenta (de)	to realize
despedirse (i, i) (de)	to say good-by (to)
divertirse (ie, i)	to have fun, to have a good time
equivocarse	to err, to make a mistake
interesarse (por)	to take an interest (in)
irse (de)	to go away (from), to leave
ocuparse (de)	to take care (of)
olvidarse (de)	to forget (about)
preocuparse (de, por)	to worry (about); to take care (of)

quejarse (de)	to complain (about)
reírse (i, i) (de)	to laugh (at)
reunirse (con)	to meet (with)
sentirse (ie, i)	to feel

Actividad 7: ¿Te ríes cuando . . . ?   En parejas, túrnense para hacerle preguntas a la otra persona y averiguar si se ríe en las siguientes situaciones. Sigan el modelo.

→ alguien / hacerte cosquillas (*tickles you*)

—¿Te ríes cuando alguien te hace cosquillas?

—Sí, me río.   —No, no me río.

1. un profesor / contar / un chiste *(joke)* malo
2. tú / estar / nervioso/a
3. una persona / estar / vestida con ropa rara
4. tú / oír / un chiste sobre otra religión
5. tú / oír / un chiste sobre otra nacionalidad
6. una persona / caerse / por la calle
7. otras personas / reírse
8. ???

Actividad 8: ¿Cómo son Uds.?   **Parte A:** En parejas, túrnense para entrevistar a la otra persona y así formar su perfil psicológico.

1. aburrirse con novelas románticas
2. divertirse solo/a o en compañía de otros
3. acordarse del cumpleaños de sus amigos
4. preocuparse por los demás (*others*)
5. sentirse mal si está solo/a
6. aceptar sus errores cuando se equivoca en la vida
7. olvidarse de ir a citas
8. interesarse por la salud de sus familiares

Parte B: Ahora díganle a la clase cómo es la persona que entrevistaron. Justifiquen su respuesta.

→ Tom es una persona muy sociable porque . . .

Actividad 9: Las reacciones   **Parte A:** Primero, lee las siguientes situaciones. Segundo, elige uno de los adjetivos de la lista para describir cómo te sientes en cada situación y escríbelo en la primera columna. Después, pon una X en la segunda o la tercera columna para indicar si te callas o te quejas.

Adjetivos: **enojado/a, fatal, frustrado/a, impaciente, irritado/a, nervioso/a, preocupado/a,** etc.

	Me siento . . .	Me callo	Me quejo
si no me gusta el servicio de un restaurante	_____	_____	_____
si una persona fuma en la sección de no fumar	_____	_____	_____
si estoy en un avión y el niño que está detrás de mí me está molestando	_____	_____	_____
si un profesor me da una nota que me parece baja	_____	_____	_____
si a todos les dan aumento de sueldo en mi trabajo menos a mí	_____	_____	_____

si alguien cuenta un chiste ofensivo   _____   ____   ____

si mis vecinos ponen música a todo volumen   _____   ____   ____

si no puedo matricularme en una clase   _____   ____   ____

Parte B: En parejas, comparen y discutan sus respuestas. Justifiquen por qué se quejan o se callan.

Actividad 10: Un poco de imaginación   En grupos de tres, imagínense que estas dos personas son sus amigos y contesten las preguntas que siguen.

1. ¿Cómo se llaman y dónde trabajan?
2. ¿Qué hace el hombre para divertirse? ¿Y la mujer?
3. ¿Quién se divierte más?
4. ¿Dónde se aburren ellos?
5. ¿Se preocupan por su apariencia física?
6. ¿Se dan cuenta de los comentarios de los demás o no se preocupan por esas cosas?
7. ¿Cuál de los dos se interesa por la política? ¿Por qué?
8. ¿Cuál de los dos se olvida de pagar las cuentas a tiempo?

present participle = **gerundio**

C. Describing Actions in Progress: *Estar* + Present Participle

1. To refer to an action in progress, you can use the present indicative or a form of **estar** + *present participle*.

¿Qué **está** haciendo Pepe?
- **Prepara** la tarea.
- **Está** prepar**ando** la tarea.

¿Qué hac**es**?
- **Me seco** el pelo.
- **Me estoy** secando el pelo
- **Estoy** secándome el pelo.

To review placement of reflexive and direct-object pronouns, see page 313.

2. Regular present participles are formed as follows:

bail**ar** → bail**ando**   llover → llov**iendo**   conduc**ir** → conduc**iendo**

To review formation of the present participle, see page 302.

3. In Spanish **estar** + *present participle* can only refer to actions in progress. To describe a state or the result of an action use **estar** + *past participle*. Compare the following examples.

Él **está** sent**ándose**.
(He is sitting down; i.e., he's in the process of sitting down, an action is in progress.)

Él **está** sentado al lado de María Elena.
(He is seated/is sitting next to María Elena.)

Actividad 11: En otra parte   Di qué hora es y qué está haciendo la gente en este momento en las siguientes partes del mundo.

1. en el este de los Estados Unidos
2. en el oeste de los Estados Unidos
3. en Europa
4. en Hawai

Actividad 12: En la oficina pública Di lo que están haciendo los empleados de esta oficina. ¿Crees que ésta es una escena típica de una oficina pública?

En muchos países hispanos, existe el estereotipo del burócrata ineficiente que trabaja en las oficinas del estado. Con frecuencia, los programas cómicos de radio y televisión y las tiras cómicas de los periódicos critican la ineficiencia, una característica que se considera típica del empleado público. Di si existe un estereotipo de los empleados del gobierno en los Estados Unidos.

D. Repetitive or Continuous Actions

The following verbs are frequently followed by a present participle to express the repetitiveness or continuity of an action.

continuar/seguir pasarse la vida/el día/etc. vivir	+ present participle

Mi madre **se pasa el día mirando** la televisión con mi padre, pero dice que son felices.

My mother spends the day watching TV with my father, but she says they're happy.

Si ese profesor **sigue/continúa humillando** a mi hijo, voy a hablar con el director de la escuela.

If that teacher keeps on humiliating my son, I'm going to talk with the principal of the school.

El perro del vecino **vive ladrando.**

The neighbor's dog barks incessantly.

Note: These verbs cannot be followed by an infinitive in Spanish:
continúa hablando . . . = *he/she continues to speak . . .*

Actividad 13: Los vecinos   Te pasas el día espiando a tus vecinos por la ventana. Habla de las cosas que constantemente hacen ellos. Usa el verbo que aparece entre paréntesis.

→   El hermano menor de Paco juega al fútbol todos los días. (pasarse la vida)

El hermano menor de Paco **se pasa la vida jugando** al fútbol.

1. Doña María canta constantemente. (pasarse el día)
2. Robertito, su hijito, llora mucho. (vivir)
3. El Sr. Gómez lee muchísimos libros. (pasarse la vida)
4. La Sra. Gómez habla y habla por teléfono. (vivir)
5. Marisa todavía fuma. (continuar)
6. Rafaela, su hermana, se prueba ropa frente al espejo todo el tiempo. (vivir)
7. Ana todavía lee una novela de Stephen King. (seguir)

Actividad 14: ¿Y tú?   Nadie tiene una familia perfecta. Di cinco o seis cosas que hacen constantemente tú y tu familia.

→   Mi hermana se pasa la vida durmiendo en el sofá.

Actividad 15: Trabaja y trabaja   Muchas personas de otras culturas creen que el norteamericano se pasa la vida trabajando. Habla sobre las siguientes ideas:

1. tu opinión sobre este estereotipo
2. el número de horas por semana que trabajan tus padres, parientes o amigos
3. si trabajan para vivir o viven para trabajar
4. el estereotipo del hispano en lo que al trabajo se refiere

Actividad 16: Carta de Buenos Aires   Parte A: Carlos recibe una carta de Hugo, un amigo que estudia en Buenos Aires. Elige el verbo y la forma apropiados para cada espacio en blanco de la carta. ¡Ojo! Pueden ser infinitivos, verbos conjugados o gerundios.

cursar
estudiar
participar
sentarse
ser
tener

dar
enseñar
estar
estudiar
levantarse
llamarse
llevarse
salir
salir
ser
trabajar

abrir
acostarse
cerrar
encontrar
estar
estar
ir
preferir
salir
tomar
vestirse

Buenos Aires, 5 de septiembre de 2000

Querido Carlos:

Finalmente _____ a escribirte unas líneas para contarte un poco sobre mi vida en Baires (como la llaman algunos). _____ en la Universidad de Belgrano, solamente por un trimestre, en un programa que la universidad _____ conjuntamente con la UCLA. Las materias que _____ son psicología del aprendizaje y metodología de la enseñanza. Los profesores _____ un poco más formales y serios que en Los Ángeles y los estudiantes aquí _____ más que allá.

_____ con una chica que _____ muy simpática y yo _____ muy bien con ella. Ella _____ de maestra en una escuela primaria y _____ ciencias sociales. Nosotros no _____ durante la semana porque los dos tenemos que _____ temprano y durante el día _____ muy ocupados. Luego yo me paso la tarde _____ para mis cursos mientras ella les _____ clases particulares de guitarra a unos vecinos.

En cambio, los fines de semana Daniela y yo _____ a comer con amigos y a veces a bailar. Por lo general, las discotecas no _____ hasta las doce de la noche y _____ a las siete de la mañana. Los jóvenes _____ con ropa muy moderna y bailan mucho. A veces, después de la discoteca, la gente _____ el desayuno en algún café, y por supuesto, todos _____ abiertos a esa hora. A la gente joven le gusta _____ mucho por la noche y _____ tarde. Tú puedes _____ lugares abiertos para tomar algo a cualquier hora de la noche (o mejor dicho de la mañana). Yo, por lo general, _____ volver a casa más temprano porque de otro modo al día siguiente _____ totalmente exhausto.

→

cambiar
conocer
hablar
reunirse
saber
sentarse
ser

escribir
estudiar

Aunque llevo poco tiempo en Buenos Aires, en la universidad
_____ a mucha gente y a veces nosotros
_____ en un café a estudiar para algún examen.
Otras veces _____ a charlar horas y horas de
cualquier cosa, aunque el tema más popular _____
la política. La gente se pasa el día _____ de
política. Tú _____ que la situación aquí está estable, pero puede _____ en cualquier momento y por
lo tanto siempre hay algo de qué hablar.
    Bueno, Carlitos, tengo que seguir _____ para
el examen. Espero que estés bien y . . . me puedes
_____ si tienes ganas . . .

Saludos a tu familia.
Un abrazo de

Parte B: En parejas, hablen sobre un mínimo de seis de las actividades que un estudiante típico de los Estados Unidos hace fuera de clase.

➡ El estudiante típico va a fiestas con sus amigos los fines de semana . . .

II. Describing and Comparing

A. Las prendas de vestir

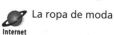
La ropa de moda
Internet

el botón

el cuello

la solapa

el sostén

la cremallera/
el cierre

el frac/smoking

la suela   el cordón

los calzoncillos

el vestido de fiesta

Más ropa

el anorak	parka
el cinturón	belt
el chaleco	vest
la gorra	cap
el impermeable	raincoat
la sudadera	sweatsuit; sweatshirt

Para hablar de la talla

grande ↔ **pequeño/a**

holgado/a *(loose)* ↔ **ajustado/a** *(tight)*

largo/a ↔ **corto/a**

Para hablar de cómo te queda la ropa

—¿Cómo **me queda** esta blusa?   *How does this blouse fit me?*
—No **te queda** bien.   *It doesn't fit you well.*

—¿Y los pantalones **me combinan**   *And do the pants match these shoes?*
  con estos zapatos?
—Sí, **te combinan** muy bien.   *Yes, they match very well.*

En la tienda

estar de moda	to be in style
estar pasado/a de moda	to be out of style
una ganga	a good buy
una liquidación	a sale
la marca	brand name
el mostrador	counter
mostrar (ue)	to show
el probador	dressing room
probarse (ue)	to try on
una rebaja	a sale
estar rebajado/a	to be on sale
la vitrina	store window

la vitrina (Hispanoamérica) =
el escaparate (España)

Actividad 17: ¿Cómo te queda?   En parejas, digan cómo les quedan las siguientes prendas. Sigan el modelo.

→   Si me pruebo un suéter talla mediana, me queda
     grande/pequeño/bien/ajustado/holgado.

Para mujeres
1. unos zapatos número 35
2. un abrigo talla 44
3. un vestido talla 36
4. una blusa talla 38

Para hombres
1. unos zapatos número 41
2. una camisa talla 40
3. un frac talla 54
4. una sudadera talla mediana

TALLAS DE MUJER					
Zapatos		**Vestidos y abrigos**		**Blusas**	
EE.UU.	Métrico	EE.UU.	Métrico	EE.UU.	Métrico
5, $5\frac{1}{2}$	35	4	32	4	36
6	36	6	34	6	38
$6\frac{1}{2}$, 7	37	8	36	8	40
$7\frac{1}{2}$	38	10	38	10	42
8	$38\frac{1}{2}$	12	40	12	44
$8\frac{1}{2}$	39	14	42	14	46
9	40	16	44	16	48

TALLAS DE HOMBRE					
Zapatos		**Trajes**		**Camisas**	
EE.UU.	Métrico	EE.UU.	Métrico	EE.UU.	Métrico
$7\frac{1}{2}$	38	36	46	14	36
8	39	38	48	$14\frac{1}{2}$	37
$8\frac{1}{2}$, 9	40	40	50	15	38
$9\frac{1}{2}$, 10	41	42	52	$15\frac{1}{2}$	39
$10\frac{1}{2}$, 11	42	44	54	16	40
$11\frac{1}{2}$, 12	43	46	56	$16\frac{1}{2}$	41
$12\frac{1}{2}$	44	48	58	17	42

Actividad 18: ¿Iguales o diferentes?   En parejas, una persona mira solamente la columna A y la otra mira la columna B. La persona A debe definir las palabras impares y la persona B debe definir las palabras pares sin usar la palabra que define. Al escuchar a su compañero/a, digan si la palabra que tienen bajo ese número es igual o diferente. Recuerden que no pueden utilizar la palabra en la definición.

A

1. la cremallera
2. la ganga
3. el cordón
4. el sostén
5. el probador
6. el anorak

B

1. la sudadera
2. la ganga
3. la suela
4. la gorra
5. el probador
6. el chaleco

Actividad 19: Ropa perfecta para cada ocasión   En grupos de tres, describan detalladamente la ropa que generalmente llevan las siguientes personas.

1. un profesor en una clase universitaria
2. una abogada en la corte
3. una cantante de rock en un concierto
4. un jugador de golf
5. una persona que corre por el parque

Actividad 20: La compra   En parejas, A trabaja en una tienda y B es un/una cliente. Cada uno debe leer sólo las instrucciones para su papel.

Estudiante A

Tú trabajas en una tienda y ganas comisión por la venta de las siguientes prendas de vestir: pantalones a cuadros rojos y morados, gorras de cuero con lunares rosados, chalecos azules de seda y cinturones negros de plástico. Convence al/a la cliente de que compre algo. Algunas frases útiles son: **¿Quiere probarse . . . ? ¿Qué talla quiere? Le queda . . . Es una ganga.**

Estudiante B

Necesitas ponerte algo especial para ir a un concierto de rock y después conocer a los padres de un amigo. No te gusta comprar ropa pues nunca tienes idea de cómo se combina. Pruébate dos o tres cosas y pídele ayuda al/a la vendedor/a. Algunas frases útiles son: **¿Cómo me queda? ¿Cuánto cuesta . . . ? ¿Me combina el . . . con . . . ? Me queda un poco grande/ajustado/. . .**

Actividad 21: Me interesa la moda   En parejas, entrevisten a la otra persona para averiguar cuánto le interesa la moda. Luego cuéntenle al resto de la clase.

→ gustarle / comprarse / ropa que está de moda

—¿Te gusta comprarte ropa que está de moda?
—No, no me interesa.

1. saber / qué ropa está de moda
2. mirar / revistas de ropa como *Vogue* o *GQ*
3. gustarle mirar / vitrinas
4. dónde / comprarse / ropa
5. comprar / por catálogo
6. cuántas veces por mes / ir / de compras
7. buscar / ofertas en el periódico
8. saber combinar / la ropa
9. importarle / la marca de ropa que lleva
10. llevar / ropa que está pasada de moda

Comprarse can be used instead of **comprar** to indicate that you buy something for yourself: **Nunca me compro ropa.**

¿LO SABÍAN?

Aunque los países de habla española crean su propia moda, por lo general, también se sigue la moda de Europa y de los Estados Unidos. Dos diseñadores hispanos conocidos internacionalmente son Carolina Herrera, de Venezuela, y Óscar de la Renta, de la República Dominicana. Como en los Estados Unidos, la moda, generalmente, se difunde a través de las revistas, los periódicos, la televisión y los desfiles de moda. En países como México, las telenovelas también influyen en la moda. Hay gente que tiende a comprar ropa como la que llevan los personajes de la telenovela más popular del momento. Di qué factores influyen en la moda de los Estados Unidos. ¿Quiénes son algunas personas que influyen en la moda de los jóvenes?

Actividad 22: A discutir   A continuación hay dos refranes populares en español. En grupos de tres, discutan el significado de cada refrán y digan cuál de los dos creen Uds. que refleja mejor la verdad.

Aunque la mona se vista de seda, mona se queda.

El hábito no hace al monje.

B. The Past Participle as an Adjective

1. Use **estar** + *past participle* to indicate the result caused by an action.

Action	Result
Los padres **se preocupan** porque sus hijos no sacan buenas notas en la escuela.	**Están preocupados.** *They are worried.*
Pablo **pone** la mesa para comer.	La mesa **está puesta.** *The table is set.*

2. Regular past participles are formed as follows:

comprar → comprado/a	vender → vendido/a	vestir → vestido/a

Note: The past participle functions as an adjective and agrees in gender and number with the noun it modifies:

    Él está preocupad**o**.   **Ellas** están preocupad**as**.

3. Some irregular past participles that are frequently used as adjectives include:

abrir → abierto/a	poner → puesto/a
escribir → escrito/a	resolver → resuelto/a
hacer → hecho/a	romper → roto/a
morir → muerto/a	ver → visto/a

Remember that the past participles of verbs such as **des***hacer* and **pre***ver* are generally formed like the verbs they contain:

descomponerse (some countries in Hispanic America) = **averiar** (Spain)

descom*ponerse*	to break down	**descompuesto/a**	broken
des*hacer*	to undo	**deshecho/a**	undone
dis*ponerse* a	to get ready to	**dispuesto/a**	willing
en*volver*	to wrap	**envuelto/a**	wrapped
pre*ver*	to foresee	**previsto/a**	foreseen
re*volver*	to mix	**revuelto/a**	mixed

For a more complete list, see page 309.

Actividad 23: En el centro comercial   **Parte A:** Completa estas conversaciones que escuchas en un centro comercial, usando **estar** + *el participio pasivo (past participle)* de los siguientes verbos: **abrir, descomponerse, envolver, hacer, prever, romper, vender.**

1. —Señor, ¿me podría dar ese anorak?
   —No, perdón, señor. Ese anorak ya _____ .

2. —¿Y ese ruido? ¿Qué ocurrió?
   —Por suerte no hay personas heridas, pero el cristal de la vitrina _____ .

3. —Quisiera saber cuándo va a ser la próxima liquidación.
   —Bueno, no estoy seguro, pero creo que _____ para el mes que viene.

4. —Perdón, señora. Pero, ehhhhh, su cremallera _____ .
   —¡Ay! Muchas gracias, señorita. ¡Qué vergüenza!

5. —¿Qué necesita?
   —Quiero devolver esta cámara porque _____ , pero afortunadamente está bajo garantía.

6. —Necesito que prepare el informe sobre las ventas de este mes.
   —El informe ya _____ .
   —Muy bien. La felicito.

7. —¿Están listos los paquetes?
   —Sí, ya _____ en papel de regalo.

Parte B: En parejas, escojan una de las conversaciones y continúenla.

Actividad 24: La escena   Mira la siguiente escena y usa **estar** + *participio pasivo* para describir lo que ves.

C. The Comparative

1. To compare people, things, or actions that are different, use the following formulas:

más/menos	+	noun/adjective/adverb	+	que
verb	+	más/menos	+	que

Juan Luis Guerra da **más conciertos que** Rubén Blades.

Juan Luis Guerra gives more concerts than Rubén Blades.

Gloria Estefan es **menos famosa que** Mariah Carey.

Gloria Estefan is less famous than Mariah Carey.

Óscar trabaja **más rápidamente que** Carolina.

Oscar works faster than Carolina.

En clase, Gabriela **habla más que** Ana.

Gabriela speaks more than Ana in class.

2. Some adjectives have regular and irregular comparative forms. The irregular forms sometimes convey a different shade of meaning.

Mayor/menor can be translated as *greater/lesser* when referring to things: **mayor/ menor importancia.**

bueno	**más bueno**	*nicer, kinder*	**mejor**	*better*
malo	**más malo**	*naughtier*	**peor**	*worse*
grande	**más grande**	*larger (in size)*	**mayor**	*older (person)*
pequeño	**más pequeño**	*smaller (in size)*	**menor**	*younger*

Felicia debe tener el dormitorio **más grande** porque ella es **mayor que** Alfredo.

Felicia should have the bigger bedroom because she's older than Alfredo.

Use **no . . . más que** to mean *only* when preceding a quantity. **No tengo más que cincuenta pesos.** *I have only fifty pesos.*

3. When making a comparison with an expression of quantity use **más/menos de** before the quantity.

No puede costar **más de mil** pesos.

It can't cost more than one thousand pesos.

4. When you want to compare people, things, or actions that are equal, use the following formulas.

tan + *adjective/adverb* + **como**

Ella es **tan sensible como** su esposo.

She is as sensitive as her husband.

Ella trabaja **tan rápidamente como** él.

She works as quickly as he does.

tanto/a/os/as + *noun* + **como**

Ella trabaja **tantas horas como** su esposo.

She works as many hours as her husband.

Él tiene **tanta paciencia como** ella.

He has as much patience as she does.

verb + **tanto como**

Las mujeres **trabajan tanto como** los hombres.

Women work as much as men.

5. When the persons or things that you are comparing are not equal, but pretty similar, use **casi** before **tan** and **tanto/a/os/as.**

Ella es **casi tan eficiente como** él.

She is almost as efficient as he is.

Actividad 25: ¿Ciudad o pueblo? **Parte A:** Compara la ciudad o pueblo donde vives con Los Ángeles, Chicago o Nueva York. Habla de los aspectos indicados en la siguiente lista.

→ En Nueva York hace menos frío que en . . .

→ La ciudad de Nueva York es más interesante que . . .

1. calor
2. divertido/a
3. oportunidades de trabajo
4. peligroso/a
5. contaminación
6. tranquilo/a
7. tráfico
8. más espacio
9. desastres naturales
10. transporte público

Parte B: Elige una ciudad y convence a un/a compañero/a de que viva en ella. Usa expresiones como: **Es mejor vivir en . . . porque . . . , Es preferible vivir en . . . porque . . .**

Actividad 26: ¿Más o menos de tres veces? **Parte A:** En parejas, averigüen si su compañero/a hace las siguientes cosas más o menos de tres veces por semana y pídanle que explique su respuesta. Sigan el modelo.

→ —¿Comes pizza más o menos de tres veces por semana?
—Como pizza más de tres veces por semana. Voy a Pizzería Uno cinco veces por semana porque me encanta la pizza.

1. comer pizza
2. trabajar con la computadora
3. hablar por teléfono a larga distancia
4. tomar bebidas con cafeína
5. usar tarjeta de crédito
6. usar transporte público
7. hacer ejercicio
8. mirar telenovelas
9. sacar dinero del banco

Parte B: Díganle a su compañero/a si están preocupados porque hacen estas cosas más o menos de tres veces por semana. Justifiquen su respuesta.

D. The Superlative

When you use the comparative, you compare two elements: **El dóberman es más grande que el cócker.** When using the superlative, you compare people or things with others in a group: **Ese dóberman es el perro más grande de este concurso.**

1. To form the superlative, use the following formula:

> el/la/los/las (*noun*) **más**
> el/la/los/las (*noun*) **menos** } + *adjective* (+ de . . .)

Montserrat Caballé **es la cantante de ópera más famosa del** mundo hispano.

Montserrat Caballé is the most famous opera singer in the Hispanic world.

Portillo es **el mejor lugar de** Chile para esquiar.*

Portillo is the best place in Chile to ski.

*Note: **Mejor** (*best*) and **peor** (*worst*) usually precede the noun they modify.

2. When you describe someone or something that is one of the most or least, but not the most or the least, use the following formula:

> uno/a de los/las (*plural noun*) **más**
> uno/a de los/las (*plural noun*) **menos** } + *plural adjective* (+ de . . .)

Jimmy Smits es **uno de los actores más famosos de** los Estados Unidos.

Jimmy Smits is one of the most famous actors in the United States.

Actividad 27: ¿Cómo son?   **Parte A:** En parejas, túrnense para contarle a la otra persona sobre cuatro o cinco miembros de su familia y cómo se comparan entre sí. Usen las palabras que se presentan. Sigan el modelo.

→ Mi hermano Ron es {
el más tímido de mi familia.
el menos tímido de mi familia.
uno de los más tímidos de mi familia.
casi tan tímido como yo.
más tímido que yo.

Remember: The most intelligent <u>in</u> my family = **El más inteligente <u>de</u> mi familia.**

atento/a
cerrado/a
divertido/a
tranquilo/a
intelectual
conservador/a

tímido/a
inteligente
inflexible
práctico/a
tolerante
chistoso/a

Parte B: Di cuál es tu pariente favorito y por qué.

Actividad 28: El mundo hispano Mira los datos que se encuentran en estos recortes de periódico. Después di ocho oraciones usando el comparativo o el superlativo.

→ Barcelona es una de las ciudades de España con más habitantes.

→ El Aconcagua es la montaña más alta del hemisferio occidental.

Madrid
Internet

Remember to use **uno de los/una de las más** . . . to express *one of the most* . . .

se estima que el número de habitantes seguirá creciendo, lo cual significa que las autoridades van a tener que aumentar los impuestos y que los propietarios

Madrid	3.103.000
Barcelona	1.705.000
Valencia	744.000
Sevilla	800.000

mestizo = gente que tiene mezcla de sangre europea e indígena.

Hemisferio occidental

Montaña	Altura (metros)	País
Aconcagua	7021	Argentina, Chile
Ojos de Salado	6885	Argentina, Chile
Bonete	6872	Argentina, Chile
Tup	6800	Argentina
Falso Azufre	6790	Argentina, Chile
Veladero	6780	Argentina

GRUPOS RACIALES DOMINANTES

Honduras: 90% mestizos, 7% amerindios, 2% negros, 1% blancos
El Salvador: 94% mestizos, 5% amerindios, 1% blancos
Nicaragua: 69% mestizos, 17% blancos, 9% negros, 5% amerindios
Panamá: 70% mestizos, 14% negros, 10% blancos, 6% amerindios

Islas caribeñas	Kilómetros²
Cuba	114.525
Hispaniola	76.029
Jamaica	11.424
Puerto Rico	8.800

Hispaniola = la República Dominicana y Haití

▲ *Una playa muy atractiva en Punta Cana, República Dominicana.*

Actividad 29: ¿Qué opinan?   En grupos de tres, reaccionen a estas ideas. Usen oraciones como: **(No) Estoy de acuerdo porque . . .**

1. Las playas de México son las mejores del mundo.
2. Las bebidas alcohólicas causan más muertes que el tabaco.
3. Las mujeres son más sentimentales que los hombres.
4. Las escuelas públicas son tan buenas como las privadas.
5. Los hombres tienen más aptitud para aprender matemáticas que las mujeres.
6. Entre los idiomas extranjeros, el español es el idioma más importante para aprender en los Estados Unidos.
7. Ted Koppel es el comentarista que entiende mejor que nadie los problemas de este país.

III. Obtaining and Giving Information

¿Qué? and *¿cuál?*

1. In general, the uses of **qué** and **cuál** parallel English uses of *what* and *which*, except in cases where these words are followed by **ser.**

> ¿**Qué** te ocurre?
> ¿**Qué** haces mañana?
> ¿**Cuál** le gusta más?
> ¿**Cuáles** de estos impermeables prefieren?

2. Use **qué + ser** to ask for a definition or for group classifications.

> —¿**Qué** es un impermeable?
> —Es un abrigo ligero para la lluvia. (*definition*)

> —¿**Qué** eres, demócrata o republicano?
> —No, soy del Partido Verde. (*group classification*)

Note: The question ¿**Qué es eso/esto?** is used to ask for the identification of an unknown object or action.

> —¿**Qué** es eso?
> —Es un Frisbee, abuela. Lo usan los niños para jugar. (*identification*)

3. In all other instances not covered in points 1 and 2, use **cuál(es)** with **ser.**

¿**Cuál** es tu número de teléfono?	*What's your telephone number?(Which, of all the numbers in the world, is your phone number?)*
¿**Cuál** es tu dirección?	*What's your address?(Which, of all the addresses in the world, is your address?)*
¿**Cuáles** son tus zapatos?	*Which (of all the shoes) are your shoes?*

Compare the following questions:

—¿**Qué** es tarea?

—La tarea es un trabajo escrito que da el profesor para hacer en casa.

—¿**Cuál** es la tarea?

—La tarea para mañana es hacer las actividades 4 y 5 del libro de ejercicios.

Notice that the question on the left is asking for a definition of what homework is while the one on the right is asking about a specific homework assignment.

Note: A noun can follow both **qué** and **cuál/es**, although **qué** + *noun* is more common: **¿Qué vestido te vas a poner esta noche?**

Actividad 30: ¿Cuánto sabes?   **Parte A:** Completa las siguientes preguntas con **qué** o **cuál/es.**

1. ¿ _____ es el país más grande de Suramérica y _____ idioma hablan allí?

2. ¿ _____ es el idioma que hablan en Belice y dónde está ese país?

3. ¿ _____ es una guayabera y en _____ países se lleva?

4. ¿ _____ es el país más pacífico de Centroamérica y cómo se llama su ex presidente que ganó el premio Nóbel de la Paz?

5. ¿ _____ es el nombre de la mujer argentina que sirvió de inspiración para una obra de Broadway y una película?

6. ¿ _____ son los dos países suramericanos que llevan el nombre de dos personajes históricos?

7. ¿ _____ es la montaña más alta de América?

8. ¿ _____ es un "taco" en España? ¿Y en México?

9. ¿ _____ es el lago navegable más alto del mundo?

10. ¿ _____ son las dos capitales de Bolivia?

11. ¿ _____ moneda usan en México?

12. ¿ _____ de las islas del Caribe es la más grande?

Parte B: En parejas, túrnense para hacer y contestar las preguntas anteriores. Si no saben la respuesta, digan **No sé. / No tengo idea. ¿Lo sabes tú?**

¿LO SABÍAN?

En el mundo hispano y en la mayoría de los países del mundo, los estudiantes aprenden que hay cinco continentes y no siete como enseñan los libros de los Estados Unidos. Los cinco continentes son América, Europa, Asia, África y Oceanía. Por eso, en español normalmente no se habla de "las Américas" sino de "América" como un solo continente. Observa el uso de la palabra "América" en el número 7 de la Actividad 30. Di cómo se traduce la siguiente oración que se podría escuchar en los Estados Unidos: "Mount McKinley is the tallest mountain in America".

Actividad 31: ¿Víctima del estrés?   **Parte A:** Mucha gente es víctima del estrés en la vida cotidiana. Haz el siguiente test para averiguar si eres víctima del estrés.

T E S T

por María Dueñas

¿Víctima del estrés?

1. ¿Empieza usted cosas que deja a medias (*leave unfinished*)?

a) Sí, últimamente actúa de una forma dispersa y sin organización.

b) Alguna vez le pasa algo así, pero se esfuerza por organizarse.

c) No, usted es metódico y concienzudo (*conscientious*), aunque tenga muchas cosas que hacer.

2. ¿Ha sentido última-mente dolores de cabeza, molestias en el estómago, cansancio o malestar ge-neral inmotivados?

a) Sí, ha sufrido alguno de estos síntomas en la última temporada.

b) Quizá algo, pero sabe que se evita durmiendo lo necesario y ajustando su ritmo de vida diaria.

c) No, ni últimamente ni antes.

3. ¿Le falta memoria?

a) Muchísima; desde hace cierto tiempo se le olvida todo.

b) Tiene algún olvido, pero no es algo llamativo ni excede lo normal.

c) No, o por lo menos no más de lo habitual.

4. ¿Tiene la sensación de que no le alcanza tiempo?

a) Sí, es agobiante (*exhausting*); parece que el tiempo se le escapa.

b) Alguna vez, generalmente porque tenía mucho trabajo.

c) No.

5. ¿Duerme mal?

a) Sí, últimamente le cuesta coger el sueño (*fall asleep*) y/o se despierta por la noche.

b) A veces, muy esporádicamente.

c) No, duerme perfectamente; cualquiera diría que como un tronco.

6. ¿Está ahora más torpe (*clumsy*), se le caen objetos, se olvida de las cosas, se mancha (*spill things on yourself*)?

a) Sí, parece como si no se fi-jase o no viese las cosas.

b) Más o menos, lo mismo de siempre.

c) No, en absoluto.

7. ¿Se arregla menos que antes?

a) Sí, ahora sale de su casa vestido/a de cualquier manera, sin echarle ningún vistazo a su apariencia personal.

b) Depende de la prisa que tenga.

c) No, cuida su aspecto exte-rior como siempre.

EVALUACIÓN

Predominio A
En estos momentos su ansiedad es evidente, le ha desbordado y superado. La situación se le ha escapado de las manos y síquica y físicamente empiezan a aparecer quejas. Ahora es víctima del estrés.

Predominio B
Aunque el estrés le ataca y ha podido sufrirlo en el pasado, ahora le está haciendo frente adecuadamente. Además, ha puesto en marcha los recursos necesarios para que la tensión no pueda con usted.

Predominio C
La palabra estrés no figura en su diccionario particular. Como a cualquiera, se le presentan situaciones, pero usted simple-mente las evita o las reduce a acontecimientos normales.

Parte B: En grupos de tres, discutan las siguientes preguntas.

1. ¿Qué es el estrés?
2. ¿Cuáles son tres causas del estrés?
3. ¿Cuáles de los síntomas del estrés, que menciona el test, son más frecuentes?
4. ¿Qué otros síntomas que no aparecen en el test existen?
5. ¿Cuándo sienten Uds. estrés?
6. ¿Qué síntomas sienten Uds. cuando tienen estrés?

Vocabulario activo

Verbos que usan pronombres reflexivos

Ver páginas 42–44.

Participios pasivos irregulares

Ver página 55.

Expresiones útiles

el chiste	*joke*
divertirse un montón	*to have a ball/a lot of fun*
tener prisa	*to be in a hurry*
¡Ya voy!	*I'm coming!*

Las prendas de vestir

Ver páginas 50–51.

el botón	*button*
los calzoncillos	*boxer shorts; briefs*
el cordón	*shoelace*
la cremallera/el cierre	*zipper*
el cuello	*collar*
el frac/smoking	*tuxedo*
la solapa	*lapel*
el sostén	*bra*
la suela	*sole*
el vestido de fiesta	*evening dress*

Vocabulario personal

Los conquistadores españoles

▶ Vista de la ciudad de Granada desde la Alhambra en España.

COMMUNICATIVE GOALS

- narrating in the past (part one)
- stating time and age in the past

Un anuncio histórico

◀ *La estrella mora.*

el lunes	on Monday
los lunes	on Mondays
(año) clave	key (year)

llave = key (as in a car key)

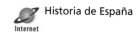 Historia de España

Actividad 1: Algo de historia   **Parte A:** Da la siguiente información antes de escuchar un anuncio comercial.

1. ciudades, países o zonas geográficas que relacionas con las siguientes religiones: el islam, el judaísmo y el catolicismo
2. religión que asocias con:

   - el *Torah*, la *Biblia*, el *Corán*
   - Mahoma, los reyes Fernando e Isabel de España, Maimónides
   - una iglesia, una sinagoga, una mezquita

Parte B: Mientras escuchas el anuncio comercial, escribe los años en que ocurrieron los siguientes acontecimientos:

1. Los moros invadieron la Península Ibérica. _711_
2. Pelayo ganó la primera batalla contra los moros. _718_
3. Los judíos, los moros y los cristianos pudieron estudiar y trabajar juntos entre los años _1252_ y _1284_
4. Comenzó la Inquisición Española. _1478_
5. Los Reyes Católicos expulsaron a los moros de la Península Ibérica. _1492_

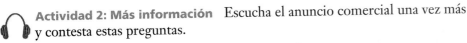

Actividad 2: Más información   Escucha el anuncio comercial una vez más y contesta estas preguntas.

1. ¿Qué otro nombre se usa en España para musulmán?
2. ¿Quién fue el rey español entre 1252 y 1284?
3. ¿Con qué otro nombre se conoce a Fernando y a Isabel?
4. El anuncio comercial habla de la Península Ibérica. ¿Sabes qué países forman esa península?
5. ¿Cuántos años estuvieron los moros en la Península Ibérica?

I. Narrating in the Past (Part One)

A. The Preterit

1. As you studied in previous Spanish courses, in order to speak about the past you need both the preterit and the imperfect. This chapter will focus on the use of the preterit. In general terms, the preterit is dynamic and active and is used to move the narrative along while talking about the past. The preterit forms of regular verbs are as follows:

entrar		vender		vivir	
entré	entramos	vendí	vendimos	viví	vivimos
entraste	entrasteis	vendiste	vendisteis	viviste	vivisteis
entró	entraron	vendió	vendieron	vivió	vivieron

To review formation of the preterit tense and irregular forms, see pages 302–304.

▶ *Mucha gente no pone acentos en las mayúsculas porque la regla dice que es opcional ponerlos. Por eso dice aquí EL LEYO, y no ÉL LEYÓ. ¿Cuál fue el último libro que leíste tú?*

EL LEYO
UN EXCITANTE LIBRO
DE PIRATAS

ELLA LEYO
UN CUENTO UN
POCO TRISTE

EL LEYO
UNA NOVELA DE AMOR
MUY ROMANTICA

EL NO LEYO
NADA

YO ESTUVE EN LA FERIA
DEL LIBRO DE BUENOS AIRES

2. Timelines can help you understand the uses of and relationships between different tenses. Examine the timelines as you read the examples. Use the preterit in the following circumstances:

    a. To denote an action that was performed and completed in the past.

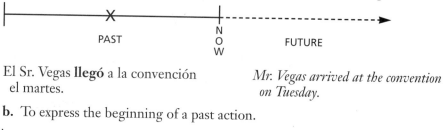

PAST   NOW   FUTURE

El Sr. Vegas **llegó** a la convención el martes.

Mr. Vegas arrived at the convention on Tuesday.

    b. To express the beginning of a past action.

La clase **comenzó** a las 9:00.

The lecture began at 9:00.

Iniciaron las negociaciones diplomáticas en la O. N. U.

Diplomatic negotiations began at the United Nations.

O. N. U. = Organización de las Naciones Unidas

c. To express the end of a past action.

La convención **terminó** el viernes.   *The convention ended on Friday.*

Las negociaciones **duraron hasta**   *The negotiations lasted until yesterday*
ayer por la madrugada.   *at daybreak.*

d. To express an action that occurred over a specific period of time. This time period is, many times, overtly expressed in the sentence.

La convención **duró cuatro días.**   *The convention lasted four days.*

Estuvieron en Asunción **toda la semana.**   *They were in Asuncion all week.*

Actividad 3: Analiza   Examina las siguientes oraciones sobre la historia de España y la colonización del continente americano. Primero, subraya *(underline)* los verbos en el pretérito y segundo, indica cuál de los gráficos explica mejor el uso del pretérito en cada oración. (La actividad continúa en la página siguiente.)

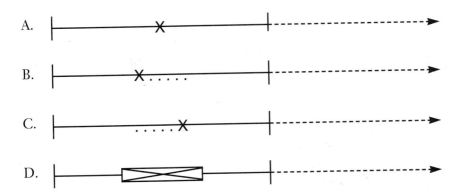

1. _____ Isabel, junto con Fernando, gobernó una España unida desde 1492 hasta su muerte.

2. _____ En 1502, empezó la colonización de las Antillas.

3. _____ Isabel la Católica murió en Medina del Campo en 1504.

4. _____ Desde 1510 hasta 1512, Juan Ponce de León fue gobernador de Puerto Rico.

5. _____ En 1513, Juan Ponce de León inició la búsqueda de la Fuente de la Juventud en lo que hoy en día es la Florida.

To review large numbers, see page 317.

6. _____ En 1521, Hernán Cortés derrotó a los aztecas en la región que actualmente es México.

7. _____ Francisco Pizarro capturó a Atahualpa, el último emperador inca, en 1532.

8. _____ Pizarro completó la conquista del Imperio Inca en 1535.

9. _____ Los españoles llegaron a Texas en 1720.

10. _____ En 1769, los clérigos españoles comenzaron a fundar misiones en California para llevar la palabra de Dios a los indígenas.

11. _____ En 1898 terminó la dominación española del continente americano.

12. _____ Los españoles dominaron partes de Hispanoamérica y de los Estados Unidos durante más de cuatrocientos años.

Actividad 4: Los siglos XV a XIX   Completa los siguientes cuadros históricos con acciones en el pasado para aprender más sobre los siglos XV a XIX y sobre la participación española en la historia mundial.

> Remember the following letter combinations when spelling preterit forms: hard **c** sound = ca **que** qui co cu (to**qué**);
>
> hard **g** sound = ga **gue** gui go gu (pa**gué**);
>
> **s/z** sound = za **ce** ci **zo** zu (em**pecé**, hi**zo**).

En las colonias

1496   Los españoles _____ la primera ciudad española en América, Nueva Isabela, que hoy en día es Santo Domingo. (fundar)

1500   Juan de la Cosa _____ el primer mapa de América. (hacer)

1521   Fernando de Magallanes _____ a las Islas Filipinas y así _____ una época de colonización española. (llegar, empezar)

1525   Esteban Gómez _____ por la costa norteamericana. (navegar)

1528   Saavedra _____ Carolina del Norte y Carolina del Sur. (explorar)

1548   Martínez de Irala _____ Argentina y _____ a los Andes. (cruzar, llegar)

1560   _____ Colocolo, jefe de los indígenas araucanos de Chile. (morir)

1607   Los jesuitas _____ a construir misiones en Paraguay. (empezar)

1783   _____ Simón Bolívar, el gran Libertador del norte de Suramérica. (nacer)

En el continente europeo

1478   Los Reyes Católicos _____ la Inquisición
española para obtener unidad religiosa dentro del país. (iniciar)

1503   Los españoles _____ la Casa de Contratación
para recibir el oro del continente americano. (establecer)

1516   Carlos I (Carlos V del Imperio Romano) _____
al trono de España. (subir)

1580   El rey Felipe II _____ Portugal y España. (unir)

1588   Los ingleses _____ a la Armada Invencible de España
en el Canal de la Mancha. (vencer)

1589   Los ingleses _____ Lisboa y La Coruña. (atacar)

1616   _____ Miguel de Cervantes, autor de *El
ingenioso hidalgo Don Quijote de la Mancha*. (morir)

1648   Los Países Bajos _____ su independencia de España.
(lograr)

1898   España _____ sus últimas colonias: Cuba, Puerto
Rico y las Islas Filipinas. (perder)

Actividad 5: Guerras   En grupos de tres, busquen en la columna de la derecha
el año o los años que corresponden a cada una de las siguientes guerras y digan
cuándo comenzaron y terminaron estas guerras.

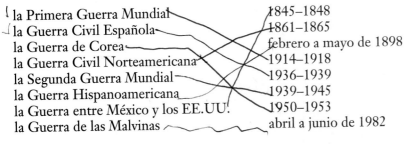

The Spanish-American War has different names in different countries: **Guerra con los EE.UU.** (Spain), **Guerra de Independencia** (Cuba), **Guerra Hispanoamericana** (Puerto Rico).

las Islas Malvinas = The Falkland Islands

Actividad 6: Tu historia   **Parte A:** Haz una lista de cuatro a cinco acontecimientos históricos que tuvieron lugar durante tu vida hasta el año pasado. Incluye por ejemplo: guerras, elecciones, muerte de personas famosas, accidentes graves (nucleares o desastres naturales como terremotos, erupciones volcánicas), actos de terrorismo, asesinatos, inventos, etc.

Parte B: Ahora, en parejas, háganse preguntas para ver si la otra persona sabe en qué año ocurrieron los acontecimientos que escribieron.

→   A: ¿En qué año fue la guerra con Iraq?
B: Fue en . . .

A: ¿En qué año no jugaron la Serie Mundial de béisbol?
B: No jugaron la Serie Mundial en . . .

Actividad 7: ¿Qué hiciste? **Parte A:** En parejas, túrnense para preguntarle a su compañero/a si hizo las siguientes actividades el fin de semana pasado.

→ —¿Miraste televisión el fin de semana pasado?

—Sí, miré televisión.　　　　—No, no miré televisión.

Sí

1. alquilar un video　　　　　　　　　　　　　_____
2. comer afuera y pedir un plato caro　　　　　_____
3. conocer a alguien　　　　　　　　　　　　_____
4. dormir hasta muy tarde _durmió_　　　　　_____
5. hacer una llamada de larga distancia　　　　_____
6. jugar un deporte con pelota　　　　　　　　_____
7. leer una noticia interesante　　　　　　　　_____
8. limpiar su cuarto　　　　　　　　　　　　_____
9. tocar un instrumento musical　　　　　　　_____
10. pagar una cuenta　　　　　　　　　　　　_____
11. pensar en los próximos exámenes　　　　　_____
12. decidir estudiar en vez de salir　　　　　　_____
13. ir a una fiesta　　　　　　　　　　　　　_____
14. ver una película en el cine　　　　　　　　_____
15. vestirse con ropa elegante　　　　　　　　_____

Parte B: Ahora, cuéntenle a otra persona algunas de las cosas que hizo su compañero/a y algunas cosas que hicieron los dos.

B. Meanings Conveyed by Certain Verbs

In Spanish, certain verbs may convey a different meaning in the preterit than they do in the present, when translated into English. The meaning conveyed by the preterit in Spanish reflects the nature of the preterit itself, in that it moves the narration along by indicating a completed action or the beginning or end of an action.

	Present	Preterit
conocer (a + *person*)	to know (someone or someplace); to be acquainted with	met for the first time/began to know (someone or someplace)
saber (+ *information*)	to know (something)	found out (something)

Conocí a su padre el viernes pasado, pero todavía no lo **conozco** muy bien.

I met his father last Friday, but I still don't know him very well.

Ayer **supe** la verdad sobre Joaquín. Ahora **sé** que es una persona deshonesta.		*Yesterday I found out the truth about Joaquín. Now I know he's a dishonest person.*

	Present	Preterit
no querer (+ *infinitive***)**	not to want (to do something)	refused and <u>didn't</u> (do something)
no poder (+ *infinitive***)**	not to be able (to do something)	was/were not able <u>and didn't</u> (do something)

Él **no quiso** pagar el alquiler y ahora **no quiere** mudarse.		*He refused to pay the rent, and now he doesn't want to move out.*
No pude localizar a Joaquín; voy a intentar otra vez mañana.		*I wasn't able to locate Joaquín; I'm going to try again tomorrow.*

	Present	Preterit
tener que (+ *infinitive***)**	to have to (do something)	had to <u>and did</u> (do something)

La prisionera **tuvo que** decirle a su abogado toda la verdad.		*The prisoner had to and did tell her lawyer the whole truth.*
Tengo que estudiar para un examen, pero estoy cansada.		*I have to study for an exam, but I'm tired.*

Actividad 8: Este semestre   Da la siguiente información sobre el principio de este semestre.

1. Nombra a tres personas a quienes conociste el primer día de clases.
2. ¿Cuándo supiste los nombres de tus profesores, el semestre pasado o al principio del semestre?
3. ¿Intentaste entrar en una clase y no pudiste? Si contestas que sí, ¿cuál fue?
4. ¿Cuáles son dos cosas que tuviste que hacer cuando llegaste a la universidad?

Actividad 9: ¿Qué tal la fiesta?   En parejas, cuéntenle a su pareja sobre la última   **pareja** = pair; partner
fiesta a la cual asistieron. Hablen sobre los siguientes puntos.

1. cómo supiste de la fiesta
2. adónde fuiste
3. quién hizo la fiesta
4. cómo fuiste (caminaste, fuiste en metro/coche)
5. una persona a quien conociste
6. quiénes más asistieron
7. qué sirvieron para beber/comer
8. tres cosas que hiciste
9. si lo pasaste bien o mal
10. si sueles ir a muchas fiestas

C. Indicating When Actions Took Place: Time Expressions

1. To move the narration along in the past, use adverbs of time and other expressions of time that tell when an action took place. Some common expressions and adverbs include:

de repente	suddenly
a las tres, cuatro, etc.	at three, four o'clock, etc.
anoche	last night
anteanoche	the night before last
ayer	yesterday
anteayer	the day before yesterday
el lunes/fin de semana/mes/ año/siglo pasado	last Monday/weekend/month/year/century
la semana/década pasada	last week/decade
en (el año) 1588	in (the year) 1588
en el 98	in '98

Anteanoche pasé cinco horas en la biblioteca.

The night before last I spent five hours in the library.

En 1588, la Armada Invencible perdió una batalla contra los ingleses.

In 1588, the Invincible Spanish Armada lost a battle against the English.

2. To express how long ago an action took place, use the following formula:

Que is frequently omitted in speech.

> **Hace** + *period of time* + **(que)** + *verb in the preterit*
> *Verb in the preterit* + **hace** + *period of time*

Hace casi cinco siglos (que) los europeos **probaron** el chocolate por primera vez.

Los europeos **probaron** el chocolate por primera vez **hace casi cinco siglos.**

Europeans tried chocolate for the first time almost five centuries ago.

3. Use the following expressions with the preterit tense to denote how long an action occurred:

desde . . . hasta . . .	from . . . until . . .
por*. . . años/semanas/horas	for . . . years/weeks/hours
durante*. . . años/semanas/horas	during . . . years/weeks/hours

El dominio español de Hispanoamérica duró **desde finales del siglo XV hasta finales del siglo XIX.**

The Spanish dominance of Hispanic America lasted from the end of the 15th century until the end of the 19th century.

*Note: It is common to specify a time period with or without **por** or **durante**:
Estudié en Ecuador **por/durante dos meses.** Estudié en Ecuador **dos meses.**

Actividad 10: ¿Qué hizo?   En parejas, túrnense para contar lo que Uds. creen que hizo su profesor/a ayer. Usen cada una de estas expresiones de tiempo en cualquier orden: **ayer, primero, después, más tarde, luego, por la tarde, durante dos horas, a las cinco, por la noche.** Tachen (cross out) las expresiones al usarlas.

Actividad 11: Averiguaciones   Usa la siguiente información para hacerles preguntas a tus compañeros. Escribe sólo el nombre de los que contesten que sí. Al hacer las preguntas, usa el pretérito o el presente según la información que busques.

→   —¿Asististe a un concierto de música rap el fin de semana pasado?

—Sí, asistí a un concierto. (escribe   —No, no asistí a ningún concierto.
el nombre de la persona)

Nombre

ir a la oficina de un profesor el semestre pasado

cursar 4 materias este semestre

hacerse un examen médico/dental el mes pasado

ir al laboratorio de idiomas la semana pasada

hacer ejercicio ayer durante 30 minutos

tener que ir a la oficina de un decano el semestre
    pasado

dejar de salir con alguien el mes pasado

hacer experimentos en un laboratorio cada
    semana

comprar libros usados al principio del semestre

generalmente discutir (argue) con su compañero/a
    de habitación

tener un/a estudiante de posgrado como profesor/a
    el semestre pasado

pasar una noche en vela el semestre pasado

Actividad 12: ¿Cuánto hace?   En parejas, túrnense para preguntarse cuánto hace que hicieron las siguientes cosas.

→   A: ¿Cuánto tiempo hace que fuiste al cine con un amigo?
    B: Hace tres días que fui al cine. / Fui al cine anteanoche.
    A: ¿Qué viste?
    B: . . .

1. alquilar un video
2. invitar a alguien a cenar
3. conducir
4. enojarse con alguien
5. ir a otra ciudad
6. venir a esta universidad
7. olvidarse de algo importante
8. faltar a una clase
9. gastar más de cien dólares en algo
10. ? ? ?

D. Indicating Sequence: Adverbs of Time

1. In order to narrate a series of actions, it is necessary to use words that indicate when the actions occurred in relation to other actions. The following words are used to express sequence:

antes	before
antes de + *infinitive*	before *verb* + ing
primero, segundo, tercero, etc.	first, second, third, etc.
más tarde/luego	later, then
después	later, then, afterwards
después de + *infinitive*	after *verb* + ing
tan pronto como/en cuanto	as soon as
inmediatamente	immediately
enseguida	at once
finalmente	finally
al terminar	after finishing

*Preposition + infinitive: después **de** volver*

Enseguida may be written as one word or two: **en seguida.**

*Do not use **entonces** when sequencing events.*

2. It is common to use **más tarde, luego,** and **después** when sequencing events.

Primero fuimos al cine y { **más tarde** / **luego** / **después** } salimos a cenar.

*First we went to the movies and **then** we went out to eat.*

Actividad 13: Un día terrible   En parejas, creen una historia sobre el día terrible que tuvo un amigo de Uds. usando las expresiones de la columna A en el orden en que aparecen y las acciones de la columna B en un orden lógico.

A	B
1. Esta mañana . . .	ponerse dos zapatos de diferente color
2. En cuanto . . .	salir de la casa tarde
3. Luego . . .	llegar a clase
4. Después . . .	entrar en la ducha / quemarse con agua caliente
5. Más tarde . . .	levantarse tarde
6. Tan pronto como . . .	correr a clase cansadísimo/a
7. Enseguida . . .	tomar el autobús equivocado
8. Finalmente . . .	bajar del autobús / caerse

Actividad 14: Tu día ayer   En grupos de tres, cuéntenle a sus compañeros con muchos detalles qué hicieron ayer. Usen palabras como: **primero, luego, después.**

Actividad 15: Unas vacaciones En parejas, una persona usa la caja A y la otra usa la caja B para hablar del viaje que hizo cada uno. Al hablar incluyan palabras como: **primero, luego, después.**

◄ *Una pirámide maya en Tikal, Guatemala.*

A

- ir a Cancún, México
- hacer excursiones en autobús a Tulum cerca de Cancún y a Tikal en Guatemala:
  - visitar las ruinas mayas
  - comprar artesanías
- salir a bailar una noche
- pescar un día en el Caribe

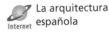
La arquitectura española

B

- ir a Puerto Banús en la Costa del Sol, España
- hacer una excursión a Granada:
  - caminar por la Alhambra y el Generalife
  - visitar la catedral y las tumbas de Isabel y Fernando
  - ver bailar flamenco a los gitanos
- esquiar un día en el Mediterráneo
- comer en un restaurante árabe

◄ *El patio de los leones en la Alhambra, un palacio moro en Granada, España.*

Actividad 16: Sus vacaciones En parejas, usen las siguientes ideas para contarle a su compañero/a sobre sus últimas vacaciones. Recuerden usar palabras como: **primero, luego, después.**

- adónde fuiste
- cuánto tiempo estuviste
- con quién fuiste
- cuánto costó
- cómo viajaste
- qué lugares visitaste
- qué cosas hiciste
- a quién conociste

E. Past Actions That Preceded Other Past Actions: The Pluperfect

When narrating in the past, one frequently refers to an action that preceded another action in the past. Spanish uses the pluperfect tense (*had + past participle*) to express an action that occurred before another. To form the pluperfect tense (**pluscuamperfecto**), use a form of the verb **haber** in the imperfect + *a past participle:*

haber		
había	habíamos	
habías	habíais	} + past participle
había	habían	

To review the formation of past participles, see page 308.

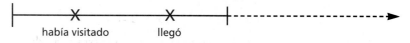

había visitado   llegó

Leif Ericsson ya **había visitado**   *Leif Ericsson had already visited*
América cuando **llegó** Colón.   *America when Columbus arrived.*

Note: **Ya** is frequently used before the pluperfect to emphasize that an action had *already* occurred before another took place.

Actividad 17: La vida de Cervantes   Miguel de Cervantes Saavedra tuvo una gran influencia no sólo en la literatura española sino en la literatura universal. Lee primero con cuidado su información biográfica y después forma oraciones sobre su vida usando las ideas de la página siguiente. ¡Ojo! Algunos verbos deben estar en el pretérito y otros en el pluscuamperfecto.

It is possible to use the present tense instead of the preterit to narrate in the past. This is called the **presente histórico**.

turcos = Turks

Argel = Algiers, the capital of Algeria

Miguel de Cervantes Saavedra	
1547	Nace en Alcalá de Henares, España
1569	Va a Italia
1571	Lucha contra los turcos en la Batalla de Lepanto; pierde el uso de la mano izquierda
1575	Los turcos capturan a Cervantes, lo ponen en una cárcel
1575–1580	Trabaja como esclavo en Argel en una cárcel turca
1580	Sale de la cárcel turca de Argel
1605	Publica la primera parte de *El ingenioso hidalgo Don Quijote de la Mancha*
1615	Publica la segunda parte de *Don Quijote*
1616	Muere en Madrid

→   1547 nacer en Alcalá de Henares
    En 1547 nació en Alcalá de Henares.

→   los turcos capturar a Cervantes / estar en Italia
    Cuando los turcos capturaron a Cervantes, él ya había estado en Italia.

1. 1547 nacer en Alcalá de Henares
2. estar en una cárcel turca / ir a Italia
3. los turcos capturar a Cervantes / perder el uso de la mano izquierda
4. publicar la primera parte de *El ingenioso hidalgo Don Quijote de la Mancha* / trabajar como esclavo
5. 1575–1580 estar en una cárcel turca
6. 1580 salir de la cárcel
7. morir en 1616 / publicar la segunda parte de *Don Quijote*

Actividad 18: ¿Y tu vida?   Contesta estas preguntas sobre tu vida.

1. ¿Ya habías sacado el permiso de manejar cuando empezaste el tercer año de la escuela secundaria?
2. ¿Habías aprendido a leer antes de empezar el primer grado de la primaria?
3. ¿Habías visitado la universidad cuando viniste aquí para estudiar?
4. ¿Habías conocido a tu profesor/a de español antes de tomar esta clase?

Actividad 19: La línea de tu vida   **Parte A:** En la siguiente línea marca un mínimo de cinco años importantes de tu vida. Algunas posibilidades son: el año en que naciste, el año en que recibiste un premio o tu equipo ganó una competencia, el año en que trabajaste por primera vez. Marca los años, pero no escribas qué hiciste esos años.

Parte B: En parejas, muéstrense su línea y pregúntense sobre las fechas importantes de su vida. Usen expresiones como:

¿Qué pasó en . . . ?, ¿En que año (terminaste la escuela secundaria)?, ¿Ya habías . . . cuando . . . ?

Parte C: Ahora hablen de la vida de su compañero/a diciendo oraciones como la siguiente:

→   Ella ya **había estudiado** un poco de español cuando **fue** a México por primera vez.

Notice some of the endings that are frequently used in each category.

F. La conquista

Acciones	Hechos	Personas
civilizar	la civilización	
colonizar	la colonización	el/la colonizador/a
conquistar	la conquista	el/la conquistador/a
crear	la creación	el/la creador/a
descubrir	el descubrimiento	el/la descubridor/a
dominar	la dominación	el/la dominador/a
encontrar	el encuentro	
explorar	la exploración	el/la explorador/a
explotar	la explotación	el/la explotador/a
exportar	la exportación	el/la exportador/a
expulsar	la expulsión	
fundar	la fundación	el/la fundador/a
importar	la importación	el/la importador/a
invadir	la invasión	el/la invasor/a
inventar	la invención	el/la inventor/a
libertar	la libertad	el/la libertador/a
navegar	la navegación	el/la navegante
vencer *(to defeat)*		el/la vencedor/a

Actividad 20: Asociaciones Di qué palabras de la lista anterior asocias con las siguientes personas, entidades o cosas y por qué.

1. Cristóbal Colón *descubridor*
2. Alejandro Graham Bell *inventor*
3. Alberto Einstein *inventor*
4. Hernán Cortés *conquistador*
5. la compañía Honda *fundación*
6. los moros *los invasores*
7. Juan Ponce de León
8. el petróleo *la exportación*
9. la electricidad *invención*
10. Madame Curie *inventora*

Actividad 21: Las definiciones **Parte A:** En parejas, una persona define las siguientes palabras y la otra persona cubre la lista y adivina qué palabra es. En la definición no se pueden usar palabras derivadas de la palabra que tienen que definir. Algunas frases útiles son: **Es una persona que . . . , Es la acción de . . . , Es un verbo que . . . , Es el acto de . . .**

→ —Es el acto de traer productos de otros países para vender en este país.
—Importar.

1. el/la explorador/a
2. la invención
3. dominar
4. el/la explotador/a
5. el descubrimiento
6. expulsar

Parte B: Ahora cambien de papel.

1. el/la navegante
2. la fundación
3. la libertad
4. el/la colonizador/a
5. invadir
6. vencer

Actividad 22: ¿Positiva o negativa? En grupos de tres, miren la lista de vocabulario de la página anterior y digan si las palabras tienen una connotación positiva, negativa o ambas connotaciones y por qué.

→ Exportar

—La palabra exportar tiene una connotación positiva para mí porque exportar es bueno para la economía de un país.

Actividad 23: ¿Cuánto saben? En parejas, túrnense para preguntarle a la otra persona sobre las siguientes ideas relacionadas con los Estados Unidos.

1. quiénes / colonizar / la Florida
2. quiénes / explorar / Quebec, Wisconsin y Michigan
3. quiénes / fundar / la ciudad de Salt Lake
4. qué metal precioso / descubrir / los norteamericanos / en San Francisco en 1848
5. cuál / ser / la invención / más importante de Tomás Edison
6. qué cosas / exportar / los Estados Unidos / hoy día
7. qué cosas / importar / los Estados Unidos / hoy día

II. Stating Time and Age in the Past

The Imperfect

You saw how the preterit is used to move the narrative along. In this section you will see how the imperfect sets the background or scene for past events. Time and age, in a broad sense, help provide background information.

1. To tell time in the past, use **era/eran** + *the time*.

A: ¿Qué hora **era** cuando empezó la clase?

B: **Era** la una y cuarto.

What time was it when the class started?
It was a quarter after one.

A: ¿Qué hora **era** cuando terminó?

B: **Eran** las dos y pico.

What time was it when it ended?
It was a little after two.

2. To state someone's age in the past, use a form of the verb **tener** in the imperfect + *age*.

The word **años** is necessary when expressing age: **Ramón tenía 18 años.**
Ramón was 18 (years old).

Ramón **tenía 18 años** cuando sacó el permiso de manejar.

Ramón was 18 when he got his driver's license.

Actividad 24: Un día típico   **Parte A:** Mira la lista de acciones. Tacha las cosas que no hiciste ayer. Si ayer fue domingo, tacha las cosas que no hiciste el viernes pasado.

levantarte	~~llegar tarde a clase~~	~~ir a la biblioteca~~
ducharte	almorzar	salir con amigos
~~desayunar~~	volver a casa	acostarte
ir a tu primera clase	estudiar	comer pizza

Parte B: En parejas, intercámbiense las listas. Pregúntenle a su compañero/a qué hora era cuando hizo las cosas de la lista que no están tachadas. Miren el modelo e intenten variar sus preguntas.

➡ —¿Qué hora era cuando te levantaste?   —¿A qué hora te levantaste?
   —Eran las ocho y media cuando me   —Me levanté a las ocho y
      levanté.   media.

Actividad 25: Tenía . . .   Contesta estas preguntas sobre tu familia.

1. ¿Cuántos años tenían tus padres cuando se conocieron?
2. ¿Cuántos años tenía tu madre cuando tú naciste? ¿Y tu padre?
3. ¿Tienes un/a hermano/a menor? ¿Cuántos años tenías cuando nació?
4. ¿Tienes un/a hermano/a mayor? ¿Cuántos años tenía cuando tú naciste?
5. ¿Tienes un/a hijo/a o un/a sobrino/a? ¿Cuántos años tenías tú cuando nació?
6. ¿Cuántos años tenías cuando te graduaste de la escuela secundaria?
7. ¿Cuántos años tenías cuando sacaste el permiso de manejar?

Actividad 26: La historia de la conquista   En parejas, una persona cubre el cuadro A de la página siguiente y la otra persona cubre el cuadro B. Háganse preguntas para intercambiar la siguiente información y completar su cuadro sobre personajes famosos de la conquista:

a. cuándo nacieron
b. dónde nacieron
c. qué cosas importantes hicieron
d. cuándo murieron y qué edad tenían
   cuando murieron

➡ A: ¿Cuándo nació Ponce de León?
   B: Nació en . . . ¿Cuándo murió
      Ponce de León?
   A: Murió en . . .

▲ *Grabado al aguafuerte del inca Atahualpa a los pies de Francisco Pizarro.*

A

	Fechas	Nacionalidad	Datos importantes
Juan Ponce de León	____–1521	_____	_____, fundar San Juan, _____
Isabel la Católica	1451–____	española	ser reina de Castilla y Aragón, _____
_____	1451–____	italiano	_____, hacer expediciones a América del Sur y América Central desde 1497 hasta 1503
Cabeza de Vaca	1490–____	_____	ser explorador, explorar el sudoeste de los Estados Unidos y llegar al Golfo de California, _____
Juan S. Elcano	____–1526	español	_____, _____
Francisco Pizarro	1471–____	_____	ser líder de la conquista del Perú desde 1530 hasta 1535

B

	Fechas	Nacionalidad	Datos importantes
Juan Ponce de León	1460–____	español	ser gobernador de Puerto Rico desde 1510 hasta 1512, _____, explorar la Florida en 1513
Isabel la Católica	____–1504	_____	_____, expulsar a los moros de España en 1492
Américo Vespucio	1451–1512	_____	ser explorador, hacer expediciones a _____ y _____
_____	____–1557	español	ser explorador, _____ y _____, ser gobernador de Paraguay desde 1541 hasta 1542
Juan S. Elcano	1460–____	_____	comandar una nave de Magallanes, ser el primero en circunnavegar la tierra en 1522
Francisco Pizarro	____–1541	español	_____

Vocabulario activo

Adverbios y expresiones de tiempo

Ver página 74.

Palabras para indicar secuencias

Ver página 76.

Expresiones útiles

(año) clave	*key (year)*
el lunes	*on Monday*
los lunes	*on Mondays*
ya	*already*

Vocabulario personal

La conquista

Ver página 80.

la batalla	*battle*
la búsqueda	*search*
los cristianos	*Christians*
la guerra	*war*
los judíos	*Jews*
los moros	*Moors*

La América precolombina

▲ *Pequeña estatua de la diosa Chihuateteo en Veracruz, México.*

COMMUNICATIVE GOALS

- narrating in the past (part two)
- expressing changes in physical, mental, or social states
- describing people and things
- indicating the beneficiary of an action

La leyenda del maíz

Había una vez . . .	Once upon a time there was/were . . .
¿A que no saben . . . ?	Bet you don't know . . . ?
No saben la sorpresa que se llevó cuando . . .	You wouldn't believe how surprised he/she was when . . .

Actividad 1: ¿Qué sucedió?   Parte A: La locutora de un programa de radio para niños va a contar una leyenda tolteca sobre cómo llegó el maíz a la tierra. El protagonista de la leyenda se llama Quetzalcóatl. Antes de escucharla, en grupos de tres, miren los dibujos que también cuentan la leyenda e intenten adivinar qué sucedió.

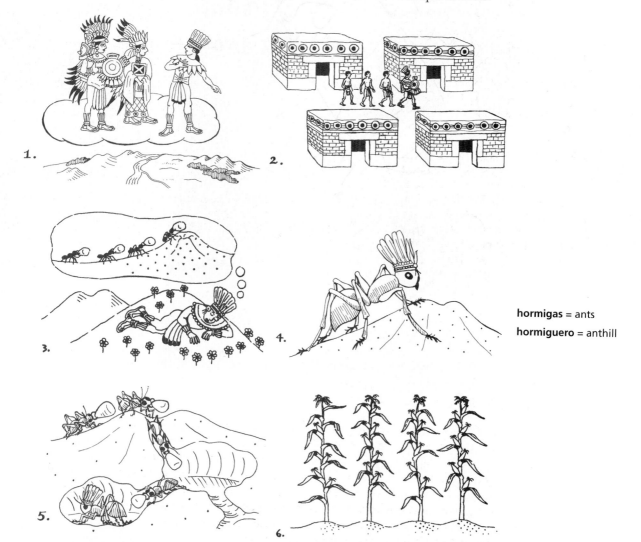

hormigas = ants

hormiguero = anthill

Parte B: Ahora escuchen la leyenda para confirmar o corregir su interpretación y para resumir lo que pasó.

Parte C: Escuchen la leyenda otra vez y agreguen (*add*) detalles, especialmente sobre cómo consiguió Quetzalcóatl los granos de maíz y qué hizo con ellos.

Actividad 2: Los regalos   Discutan cuál de los cinco regalos de los dioses fue el mejor para los toltecas y expliquen por qué. Después, decidan cuál de los cinco regalos les interesó más a los españoles durante su dominación de Hispanoamérica y por qué.

Leyendas mexicanas
Internet

¿LO SABÍAN?

Quetzalcóatl ocupa un lugar de mucha importancia en la mitología mexicana. En una leyenda se le atribuye la creación de la raza humana. Se dice que descendió de la tierra de los muertos y encontró unos huesos, vertió (*shed*) su propia sangre sobre ellos y así creó a los seres humanos. También se dice que les enseñó a los habitantes de la tierra a tejer telas, a hacer mosaicos y a cortar y pulir el jade. Además inventó el calendario y les enseñó a los seres humanos la astronomía. Algunas leyendas cuentan que Quetzalcóatl era de color blanco y que tenía barba. Por eso, cuando Cortés llegó a México, Moctezuma, que era el líder azteca, creyó que había vuelto Quetzalcóatl, el dios de las plumas. Esto le facilitó a Cortés la conquista de México. Describe un personaje mitológico de gran importancia en el folclore norteamericano.

▲ *Cabeza de piedra del dios Quetzalcóatl en la antigua ciudad de Teotihuacán, que está en las afueras de la ciudad de México.*

I. Narrating in the Past (Part Two)

A. Preterit and Imperfect: Part One

In Chapter 3 you reviewed narration in the past using the preterit. You learned to use the preterit to refer to a completed past action or to focus on the beginning or end of past actions. You have also reviewed the use of the imperfect to tell time and age in the past. In Spanish, the imperfect is also used to refer to ongoing past actions or states. In the legend the narrator states: "**. . . los toltecas eran muy, muy pobres y, entonces, todas las noches Quetzalcóatl iba a una montaña y les pedía ayuda a sus padres.**" Here **eran** denotes an ongoing past state while **iba** and **pedía** indicate ongoing past actions.

1. The imperfect is formed as follows:

estar		hacer		dormir	
estaba	estábamos	hacía	hacíamos	dormía	dormíamos
estabas	estabais	hacías	hacíais	dormías	dormíais
estaba	estaban	hacía	hacían	dormía	dormían

For irregular forms, see page 304.

2. Use the imperfect:

    a. to describe past actions or states in progress in which neither the beginning nor the end of the action or state matters. Compare the following examples:

Ayer a las cinco **me bañaba**. *Yesterday at five o'clock I was taking a bath (action in progress).*

Ayer a las seis **estaba** muy cansado. *Yesterday at six I was very tired (state in progress).*

Ayer a las siete **escribía** una carta. *Yesterday at seven I was writing a letter (action in progress).*

Ayer a las cinco **me bañé**. *Yesterday at five o'clock I took a bath (onset of action—began to take a bath).*

Ayer **terminé** de trabajar a las seis. *I finished working yesterday at six (end of an action).*

Tardé tres días en escribir una carta. *I spent three days writing a letter (set time limit).*

    b. to describe two or more actions in progress that occurred simultaneously. Use **mientras** or **y** to connect two clauses containing simultaneous ongoing actions.

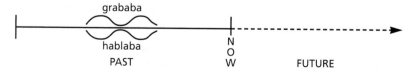

El policía **grababa** la conversación **mientras** el testigo **hablaba**.

The policeman was recording the conversation while the witness was speaking.

Los niños **miraban** la televisión **mientras hacían** la tarea.	*The children were watching TV while they were doing homework.*
Yo **tocaba** la guitarra **y** tú **cantabas.**	*I was playing the guitar and you were singing.*

Note: Past actions in progress can also be expressed using the imperfect progressive. It gives greater emphasis to the ongoing nature of the action than the imperfect. Form it by using the imperfect of **estar** + *present participle.*

Los niños **estaban mirando** la televisión **mientras** su padre **estaba preparando** la comida.	*The children were watching TV while their father was preparing dinner.*

c. to describe an action in progress in the past that was interrupted by another action. Use the preterit for the interrupting action and **cuando** to connect the two clauses. Compare the following sentences:

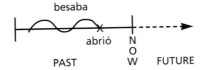

Mi novio me **besaba cuando** mi padre **abrió** la puerta. *My boyfriend was kissing me (action in progress) when my father opened the door (interrupting action).*	**Cuando** mi padre **abrió** la puerta, mi novio me **besó**. *My boyfriend kissed me when my father opened the door. (First my father opened the door, then my boyfriend kissed me.)*
Cuando empezó el terremoto, yo **dormía.** *When the earthquake began (interrupting action), I was sleeping (action in progress).*	**Cuando empezó** el terremoto, **me levanté** y **corrí** a la calle. *When the earthquake began (onset of an action), I got up (completed action) and ran to the street (completed action).*

Note: The imperfect progressive can also be used to express a past action in progress that was interrupted.

Ellas **estaban caminando** por la calle **cuando** las vi.	*They were walking down the street when I saw them.*

Actividad 3: ¿Qué hacías? En parejas, túrnense para preguntarle a la otra persona sobre su pasado. Hagan preguntas como: **¿Qué hacías/estabas haciendo ayer a las 2:30 de la tarde?, ¿Dónde estabas . . . ?**

1. ayer a las diez de la mañana
2. en esta época el año pasado
3. en junio hace dos años
4. a las nueve de la noche el sábado pasado
5. en noviembre del año pasado
6. en agosto del año pasado

Actividad 4: Acciones simultáneas En parejas, digan qué hacía cada vecino en su apartamento e inventen lo que hacía su pariente mientras tanto.

→ la señora del 3° B / hablar por teléfono, / su hija / ? ? ?

Mientras la señora del 3° B hablaba/estaba hablando por teléfono, su hija jugaba/estaba jugando en el baño con el lápiz de labios.

1. el Sr. Pérez del 1° B / mirar televisión, / su esposa / ? ? ?
2. el niño del 5° A / hacer la tarea, / su hermana / ? ? ?
3. la mujer del 7° C / dar a luz (*give birth*) en su casa, / su esposo / ? ? ?
4. la niña del 3° B / tocar el piano, / su profesora de piano / ? ? ?
5. la abuelita del 4° A / dormir, / sus nietos traviesos (*mischievous*) / ? ? ?

Actividad 5: La fiesta de último momento A las ocho de la noche, Esteban decidió hacer una fiesta. Llamó a sus amigos y les dijo que fueran a su casa inmediatamente, así, tal y como estaban. Lee cómo fue cada persona y adivina lo que hacía cuando llamó Esteban.

→ Enrique fue con pantalones cortos, camiseta y pesas.

Enrique hacía ejercicio/estaba haciendo ejercicio cuando Esteban lo llamó.

1. Rosa fue con pijamas.
2. Carlos tenía solamente parte de los bigotes.
3. Antonio fue con una guía de televisión.
4. Clara fue con una toalla solamente.
5. Fernando y Marcos llevaban delantales de cocina y cucharas de madera.
6. Humberto fue con el pelo mojado y un secador de pelo.
7. Andrés llevaba sólo un zapato.
8. Laura e Isabel fueron con pintura en la cara y con brochas (*paint brushes*).

Actividad 6: Situaciones En parejas, combinen las acciones de la columna A con las acciones de la columna B para contar qué les ocurrió a diferentes personas de su clase de español cuando estaban haciendo ciertas cosas. Sigan el modelo.

→ afeitarse   cortarse la luz

John se afeitaba cuando se cortó la luz.

A	B
1. ducharse	morder a una persona
2. caminar por la calle	explotar
3. manejar por la autopista	caerse
4. cocinar un huevo en el microondas	ver a su novio/a con otro/a
5. bajar las escaleras	chocar con otro carro
6. pasear al perro	acabarse el agua caliente

B. Preterit and Imperfect: Part Two

You have been practicing the use of the imperfect to refer to past actions or states that were in progress. In this section you will review other uses of the imperfect.

Read this narration of a children's story.

> Jack y Jill *salieron* de casa a buscar agua y *subieron* una cuesta. El pobre Jack *se cayó* y *se rompió* la coronilla y Jill *se cayó* también. Nunca *recogieron* el agua.

Now read the following version of the same story.

> Jack y Jill *salieron* de casa a buscar agua y *subieron* una cuesta. La cuesta **era** muy grande y **había** muchas piedras que **dificultaban** la subida. Jack y Jill no **llevaban** botas de montaña ni **tenían** cuerdas ni otros aparatos para poder subir. El pobre Jack no **era** muy atlético y *se cayó*. Jill tampoco **tenía** mucha coordinación y, por eso, *se cayó* también. Nunca *recogieron* el agua.

había = there was/were

In the preceding paragraph, the verbs in bold print are in the imperfect and the ones in italics are in the preterit. Which tense is used to describe or set the scene? Which is used to move the action along? If you answered imperfect to the first question and preterit to the second, you were correct. It is by combining the two that you can convey your thoughts about past events.

Use the imperfect:

a. to set the scene or background of a story. In Chapter 3 you learned how to set the scene by stating the time an action occurred or by telling the age of a person. A past scene can also be set by describing people, places, and things or by describing ongoing emotions and mental states.

Eran las once de la noche y todo **estaba** oscuro.	*It was eleven at night and everything was dark. (time and place)*
La puerta de la casa **estaba** abierta y **había** cristales rotos por todos lados.	*The door to the house was open and there was broken glass everywhere. (things)*
Yo **tenía** tanto miedo que temblaba de los nervios.	*I was so scared I was shaking from nervousness. (ongoing emotion)*
Él **tenía** 75 años, pero trabajó ese día más de lo que su jefa **esperaba**.	*He was 75, but he worked more that day than his boss expected. (age and boss's ongoing mental state)*

b. to describe habitual or repetitive actions in the past.

Todos los días Paco me **miraba** en clase, pero nunca me **decía** nada.	*Every day Paco looked at me in class, but he never said anything.*

A verb that is always used in the imperfect is **soler** since it is only used to describe past habitual actions. It can be translated as *used to* and is followed by an infinitive. **Solía llevar mi almuerzo a la escuela.**

A la hora de comer él **se sentaba** con sus amigos en una mesa cerca de mí. Siempre **pasaba** por mi lado cuando **entraba** en la cafetería.

At lunch he used to sit with his friends at a table near me. He always passed by my side when he entered the cafeteria.

Look at the following time expressions and decide which are generally followed by a verb in the imperfect. The answer is at the bottom of the page.

a. siempre
b. a menudo
c. con frecuencia
d. una vez
e. todos los días
f. dos veces
g. de repente
h. durante mi niñez
i. muchas veces

▲ *El águila, la serpiente y el cacto forman parte de la bandera mexicana.*

Answer: a, b, c, e, h, i

Actividad 7: Cómo vivían los aztecas Para enterarte sobre la vida de los aztecas, completa este párrafo con el pretérito o el imperfecto de los verbos indicados.

 Cultura azteca
Internet

comenzar

ser
hablar
adorar
hacer
tener, asemejarse

construir
ver

pensar
fundar
estar
llegar
unirse

contar
perder
morirse
traer

La civilización azteca ——————— en México doscientos años antes de la Conquista. El gobierno que tenían los aztecas ——————— una monarquía elegida y la lengua que ——————— era el náhuatl. Esa civilización ——————— a una multitud de dioses y sus líderes religiosos ——————— muchos sacrificios humanos. ——————— a ——————— numerosos templos que ——————— las pirámides de Egipto.

Los aztecas ——————— Tenochtitlán en una isla porque un día uno de sus líderes religiosos ——————— , en ese preciso lugar, un águila en un cacto devorando una serpiente, y ——————— que se cumplía la profecía hecha por un dios. ——————— esa capital en 1428. El imperio

Los aztecas ——————— unido por la fuerza y no por la lealtad; azteca ——————— , algunas ciudades descontentas con los líderes ——————— a él en contra del por eso cuando Cortés ——————— a él en contra del imperio azteca. En el siglo XVI, la sociedad azteca, que ——————— con ocho millones de habitantes, ——————— más de la mitad de la población ya que muchísimos ——————— de viruela, una enfermedad que ——————— del Viejo Mundo los españoles.

Actividad 8: Los mayas y los incas   En parejas, una persona debe leer la información sobre la vida de los mayas y la otra la información sobre los incas. Luego, cuéntenle los datos a su compañero/a usando el imperfecto.

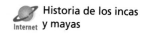 Historia de los incas y mayas

Los mayas	Los incas
habitar la península de Yucatán en el sur de México y Centroamérica	vivir en Perú, Bolivia, Ecuador y el norte de Chile y Argentina
comer maíz, tamales, frijoles e insectos	tener una red de caminos excelente
tener calendario, poder predecir los eclipses del sol y de la luna	usar la piedra y el bronce
	hacer telas a mano
emplear una escritura jeroglífica con más de 700 signos	cultivar la papa y el maíz
	no tener escritura, todo trasmitirse por tradición oral

Actividad 9: El barrio de tu infancia   En parejas, describan cómo era el barrio donde vivían cuando eran niños, usando las ideas que se presentan a continuación.

→   Mi barrio era muy bonito porque tenía muchos árboles y era tranquilo.

barrio	rural, urbano, casas, edificios, tiendas, centros comerciales, parques
amigos	descripción física, lugares favoritos para jugar
vecinos	personas interesantes o raras
robos (thefts)	muchos, pocos
casa	moderna o vieja, color, número de habitaciones
habitación	número de camas, compartir con un/a hermano/a
pertenencias	cosas favoritas y por qué

Actividad 10: Antes de venir aquí   En parejas, hablen de las ideas que tenían de esta universidad antes de venir. Usen frases como: **yo creía . . . , sabía . . .**

→   Yo creía que las clases eran muy fáciles.

1. clases / ser / difíciles o fáciles
2. profesores / ser / muy o poco exigentes con los estudiantes
3. tener que estudiar / mucho o poco
4. gente / ser / amigable o esnob
5. gente / ser / muy conservadora o liberal
6. existir / una buena o mala facultad de _____
7. tener / un programa de deportes bueno o malo
8. ofrecer / un programa extracurricular bueno o malo
9. haber / muchos o pocos estudiantes en las clases

La gente takes a singular verb in Spanish.

Remember: **facultad** = academic department (English) or school (Law)

Actividad 11: La vida antes de la tecnología   En grupos de tres, digan por lo menos una o dos cosas que hacía la gente cuando no existía ninguno de los siguientes inventos. Luego, digan cuáles son las ventajas y desventajas de cada uno.

→   Cuando no existía el disco compacto, la gente escuchaba música con grabadoras o estéreos. La calidad de la grabación no era . . .

1. el televisor
2. el avión
3. el plástico

4. la electricidad
5. la computadora

Actividad 12: En el cielo   Un grupo de animales está en el cielo contando cómo murió cada uno. Cada animal trata de impresionar a los otros con su cuento. En parejas, usen la imaginación para completar lo que dijo cada uno y después compartan sus respuestas con la clase.

C. Preterit and Imperfect: Part Three

1. To express a past plan that did not materialize use the imperfect of **ir** + **a** + *infinitive*. This construction can be used to give excuses.

Los hombres de Cortés **iban a volver** a España con mucho oro, pero los aztecas mataron a muchos de ellos.

Cortes' men were going to return to Spain with a lot of gold, but the Aztecs killed many of them.

Iba a ir a la fiesta, pero nevaba mucho.

I was going to go to the party, but it was snowing a lot.

2. Because the imperfect and the preterit express different aspects of the past, they may convey different meanings with certain verbs when translated into English. In these cases the imperfect emphasizes the ongoing nature of the state while the preterit emphasizes the onset or end of an action. These verbs or verb phrases include:

	Imperfect	Preterit
conocer (a + *person***)**	knew (someone or some place); was acquainted with	met/began to know (someone or some place)
saber (+ *information***)**	knew (something)	found out (something)
no querer (+ *infinitive***)**	didn't want (to do something)	refused and <u>didn't</u> (do something)
no poder (+ *infinitive***)**	was/were not able (to do something)	was/were not able <u>and</u> <u>didn't</u> (do something)
tener que (+ *infinitive***)**	had to (do something), was supposed to (do something) but didn't necessarily do it	had to <u>and did</u> (do something)

Pablo **no quería** ir a la fiesta, porque estaba muy cansado y además no **conocía** a nadie.

Pablo didn't want to go to the party because he was very tired and besides he didn't know anyone.

Ella **tenía que** llamar a sus padres a larga distancia, pero **no pudo** comunicarse.

She had to call her parents long distance, but she wasn't able (didn't manage) to get through.

El jueves falté a clase y el viernes cuando llegué, **supe** que había examen.

I was absent from class on Thursday and when I got there on Friday, I found out there was an exam.

Conocí a mis compañeros de español el lunes y el martes ya **sabía** todos los nombres.

I met my classmates from Spanish class on Monday, and on Tuesday I already knew all their names.

Cuando tú tenías 10 meses, **no podías** comer solo.

When you were 10 months old, you were not able to eat by yourself.

Actividad 13: Tenía todas las buenas intenciones Ayer tus amigos y tú iban a hacer muchas cosas, pero todos tuvieron diferentes problemas. Usa la información de la página siguiente para decir cuáles eran sus intenciones y por qué no las llevaron a cabo.

➡ Íbamos a esquiar en el lago, pero no pudimos prender el motor del bote.

Intenciones

1. hacer un picnic
2. ir a una fiesta
3. comprar el libro de trigonometría
4. estudiar para el examen
5. jugar un partido de tenis
6. sacar un libro de la biblioteca
7. pagar la cuenta de la luz por correo

Problemas

no tener estampilla　　llover

estar cansados

invitarlos a una fiesta

no haber más en la librería

no tener el carnet de estudiante

quedarse dormidos

Actividad 14: Miniconversaciones　　**Parte A:** Completa las conversaciones con el pretérito o el imperfecto de los verbos indicados.

1. —Me presentaron al novio de María, pero yo ya lo _____ muy bien. (conocer)
   —¿Dónde lo habías conocido?
   —Es mi ex novio.

2. —Pedro _____ llamar al dentista para cancelar la cita. (tener que)
   —¿Y?
   —Se olvidó por completo.

3. —El sábado fui a una fiesta.
   —¿_____ a alguna persona interesante? (conocer)
   —Sí, _____ a una muchacha encantadora. (conocer)

4. —Cuando vivía con mis padres, _____ llegar a casa tarde. (no poder)
   —Yo tampoco. _____ estar en casa antes de las diez. (tener que)

5. —Cuando era niña, _____ ser doctora. (no querer)
   —Pero ahora que casi eres doctora, te gusta la medicina, ¿no?

6. —¿Por qué no fuiste a la fiesta el sábado?
   —_____ estudiar, y ahora estoy muy preparado para el examen. (tener que)

7. —Mi abuelo _____ tocar la trompeta. (saber)
   —Sí, recuerdo. Era genial.

8. —¿Por qué no trabajó Rosa ayer?
   —Su esposo estaba enfermo, así que ella _____ cuidarlo. (tener que)

Parte B: En parejas, escojan una de las conversaciones y continúenla. Mantengan una conversación por lo menos de diez líneas usando el pretérito y el imperfecto dentro de lo posible.

Actividad 15: La semana pasada   En parejas, digan tres cosas que tenían que hacer y que no hicieron la semana pasada y por qué. Luego digan tres cosas que sí tuvieron que hacer. Piensen en cosas como las siguientes:

dejar una clase	devolver un video
hacer fotocopias	mandar un fax
comprar . . .	pagar una cuenta de luz/gas/etc.
llamar a sus padres/un amigo	limpiar su apartamento/habitación
estudiar para la clase de . . .	empezar a escribir un trabajo

Actividad 16: Recuerdos   **Parte A:** Todos tenemos un recuerdo triste, traumá-tico, raro o gracioso. Lee la siguiente historia y decide si la situación fue triste, traumática, rara o graciosa. Luego intenta explicar el uso del pretérito y del imper-fecto en esta historia.

El 15 de febrero era mi cumpleaños y para celebrar mis ocho añitos fui con mis padres y mis abuelos a una cafetería al aire libre. Allí yo estaba sentada en una silla al lado de las escaleras. Como estábamos de vacaciones, yo pensé que no me iban a dar tarta, cuando de repente mi madre me dijo: "¿Quieres acompañarme a la pastelería para comprarte la tarta?" Cuando escuché a mi madre, me levanté con mucho entusiasmo, justo cuando el camarero bajaba las escaleras y mi cabeza dio contra su bandeja. Oí un ruido horrible y todo le cayó encima al pobre camarero: la chaqueta del señor ya no era blanca, sino que estaba cubierta de Coca-Cola, café y helado y había vasos rotos por el suelo. Empecé a llorar, pero por suerte, el señor no se enojó y no tuvimos que pagar nada. Todavía recuerdo ese día cada vez que veo la chaqueta blanca de los camareros.

> cake = **tarta** (Spain), **torta/ pastel** (Hispanic America)

Parte B: En parejas, túrnense para contar situaciones tristes, traumáticas, raras o graciosas usando el pretérito y el imperfecto. Incluyan muchos detalles. Usen estas ideas como guía.

- cuántos años tenías
- cómo eras
- dónde estabas
- adónde fuiste y con quién

- qué hacías
- qué ocurrió
- cómo te sentiste después

Actividad 17: Una leyenda   Al principio de este capítulo escuchaste una leyenda tolteca sobre el maíz. En grupos de tres, usen la imaginación para crear una leyenda sobre cómo apareció el búfalo en los Estados Unidos. Utilicen los siguientes puntos como guía.

- quién era el personaje principal de la leyenda
- qué hacía en su vida diaria
- qué quería para su gente

- qué ocurrió un día
- después de crear al búfalo, cómo lo empezaron a utilizar los seres humanos para mejorar su vida

II. Expressing Changes in Physical, Mental, or Social States

1. Some reflexive verbs in Spanish indicate a change in physical, mental, or social state. Study the following chart and notice that the state resulting from this change is expressed with **estar** + *adjective*.

	Action	Resultant State
acostumbrarse (a) *to become accustomed (to)*	Él **se acostumbró** rápidamente **a** su nuevo trabajo. *He quickly became accustomed to his new job.*	Él **está acostumbrado a** su nuevo trabajo. *He's accustomed to his new job.*
enojarse *to get angry*	Ella **se enojó.** *She got angry.*	Ella **estaba enojada.** *She was angry.*

2. Here is a list of verbs that indicate a change in physical, mental, or social state.

Physical		
drogarse	*to get high*	estar drogado/a
emborracharse	*to get drunk*	estar borracho/a
enfermarse	*to get sick*	estar enfermo/a

Mental		
aburrirse	*to become bored*	estar aburrido/a
acostumbrarse	*to become accustomed*	estar acostumbrado/a
enamorarse (de)	*to fall in love (with)*	estar enamorado/a (de)
enojarse	*to get angry*	estar enojado/a
irritarse	*to become irritated*	estar irritado/a
preocuparse (de/por)	*to become worried (about)*	estar preocupado/a (de/por)

Social		
casarse (con)	*to get married (to)*	estar casado/a (con)
comprometerse (con)	*to get engaged (to)*	estar comprometido/a (con)
divorciarse (de)	*to get divorced (from)*	estar divorciado/a (de)

3. The following verbs also indicate changes in state and are the equivalent of *to become.*

    a. Hacerse and **llegar a ser** are used to indicate changes in social status or occupation. **Llegar a ser** expresses a change that occurs over time. Common phrases include: **hacerse/llegar a ser rico, famoso, político, presidente.**

Ella **se hizo rica** vendiendo productos de Mary Kay. Ahora maneja un Cadillac rosado.	*She became rich selling Mary Kay products. Now she drives a pink Cadillac.*
Después de muchos años en la política, mi tía **llegó a ser senadora.**	*After many years in politics, my aunt got to be a senator.*

b. **Ponerse** is used to express a mental, physical, or emotional state. This change is usually sudden and temporary. Common phrases include: **ponerse furioso, histérico, colorado, triste, contento.**

Él **se puso furioso** después de la entrevista.	*He got mad after the interview.*

c. **Volverse** is used to express a gradual change in mental or emotional states. Common phrases include: **volverse loco, pesimista.**

Su esposa lo dejó y con el tiempo **se volvió loco.**	*His wife left him and in time he went crazy.*

Actividad 18: ¿Qué hicieron?   Elige verbos de la siguiente lista para decir qué hicieron las personas en las situaciones que se dan a continuación.

aburrirse	drogarse	enfermarse
acostumbrarse	emborracharse	enojarse
divorciarse	enamorarse	preocuparse

→   La muchacha bebió demasiado en la fiesta y **se emborrachó.**

1. El niño rompió el jarrón *(vase)* preferido de sus padres y ellos . . .
2. Eran las seis de la mañana y el compañero de habitación de Pedro no había llegado. Pedro . . .
3. Nosotros fuimos a ver una película malísima y salimos del cine antes del final porque . . .
4. Paco y Lucía estaban casados, pero no se llevaban nada bien y tenían muchos problemas. Por eso ellos . . .
5. En el instante en que Romeo conoció a Julieta, él . . .
6. Fuiste a las montañas en invierno, hacía un frío terrible y no llevaste abrigo. Por lo tanto . . .

Actividad 19: ¿Qué ocurrió?   En parejas, túrnense para hablar de lo que les ocurrió a las personas en cada situación. Usen los siguientes verbos: **hacerse, llegar a ser, ponerse** y **volverse.**

→   Cuando no le dieron el puesto, Carlos **se puso muy triste.** Por eso ayer cuando lo vi, estaba triste.

1. Cuando su novio vio a María con otro muchacho, ella . . . ; tenía la cara como un tomate.
2. Nadie sabe por qué la señora mató a su esposo con un cuchillo a medianoche. Se cree que la señora . . .

3. La mujer trabajó muchísimo toda la vida y por fin consiguió lo que quería, ella . . .
4. Éramos muy optimistas, pero a mi novio y a mí nos ocurrieron tantas cosas malas en la vida que finalmente . . .
5. Cuando el avión comenzó a moverse bruscamente, los pasajeros . . .
6. Beatriz estudió ciencias políticas para . . . Ahora es una de las especialistas en relaciones exteriores más importantes de su país.

Actividad 20: ¿Qué hizo? En parejas, Uds. van a inventar una historia sobre lo que hizo una persona de la clase el fin de semana pasado. Usen la imaginación e incorporen en la historia estas frases, en cualquier orden.

la policía
mientras tanto
se puso furioso/a

estaba acostumbrado/a
eran las diez cuando

normalmente
de repente

III. Describing People and Things

A. Descriptive Adjectives

The following adjectives are frequently used with the verb **ser** to describe personality traits.

Cognados obvios

Review other adjectives for describing people in the Preliminary Chapter.

idealista
impulsivo/a
optimista

paciente
pesimista

prudente
realista

Otros adjetivos

acogedor/a	welcoming, warm
atrevido/a	daring (*negative connotation*)
audaz	daring (*positive connotation*)
caprichoso/a	capricious; naughty
cariñoso/a	loving, affectionate
celoso/a	jealous
espontáneo/a	spontaneous
holgazán/holgazana	lazy
juguetón/juguetona	playful
malhumorado/a	moody, ill-humored
tacaño/a	stingy, cheap

tacaño/a = cheap (unwilling to spend money)

barato/a = cheap (inexpensive)

Actividad 21: ¿Cómo eras de adolescente?   En parejas, escoge tres adjetivos que describan tu personalidad cuando eras adolescente y díselos a la otra persona. Dile también si en la actualidad tienes o no esas características.

→   Cuando yo era adolescente era muy celoso, pero ahora . . .

Actividad 22: Lo positivo y lo negativo   En grupos de tres, escojan tres adjetivos de la lista anterior y digan qué es lo positivo y lo negativo de poseer esas características.

→   Si una persona es muy tacaña no tiene muchos amigos, pero probablemente sí tiene mucho dinero.

B. *Ser* and *estar* + Adjective

To describe, you can use **ser** and **estar** followed by adjectives. The following rules will help you remember when to use which:

1. Use **ser** + *adjective* when you are describing the *being*, that is, when you are describing physical, mental, or emotional characteristics you normally associate with a person, or physical characteristics you associate with a thing.

Pablo **es** tan **alto** como su padre.	*Paul is as tall as his father.*
La presidente **es** una persona **inteligente**.	*The president is an intelligent person.*
La esposa de Raúl **es (una persona)** muy **celosa**. Él no puede ni mirar a otra mujer.	*Raul's wife is (a) really jealous (person). He can't even look at another woman.*
Mi apartamento **es (un lugar) muy moderno**.	*My apartment is (a) very modern (place).*

2. Use **estar** + *adjective* when describing the *condition* or *state of being* of a person, place, or thing.

Nosotros **estamos muy cansados**.	*We are very tired.*
El agua **está muy fría**.	*The water is very cold.*
Mi primo siempre **está enojado** con alguien de la familia.	*My cousin is always mad at someone in the family.*

Siempre is frequently used with **estar**. **Siempre está preocupado/borracho/ enfermo/etc.**

3. Adjectives that are normally used with **ser** to describe the characteristics of a person or thing may be used with **estar** to indicate a change of condition.

ser + adjective Being	estar + adjective Change of Condition
Mi marido **es (un hombre) muy cariñoso.** *My husband is (a) very affectionate (man).*	Estás **muy cariñoso** hoy, ¿qué quieres? *You're really affectionate today; what do you want?*
Eres (una persona) muy elegante. *You are (a) very elegant (person).*	Me encanta tu corbata, **estás muy elegante.** *I love your tie; you look especially elegant.*
El gazpacho **es** una sopa española **fría.** *Gazpacho is a cold Spanish soup.*	Camarero, esta sopa **está fría.** *Waiter, this soup is cold.*

4. Some adjectives convey different meanings, depending on whether they are used with **ser** or **estar**. Remember that **ser** is used to describe the *being* and **estar** the *condition* or *state of being*.

ser + adjective Being	estar + adjective Condition or State of Being
La película **es aburrida.** *The movie is boring.*	Nosotros **estamos aburridos.** *We are bored.*
Mi hijo **es listo.** *My son is smart.*	Mi hijo **está listo.** *My son is ready.*
El niño **es muy despierto.** *The child is very alert.*	El niño **está despierto.** *The child is awake.*
El gazpacho **es bueno** porque tiene muchas vitaminas. *Gazpacho is good because it has a lot of vitamins.*	El gazpacho **está muy bueno,** quiero más. *The gazpacho tastes really good (today), I want some more.*
Es viva. *She's smart/sharp.*	**Está viva.** *She's alive.*

está muerta = she's dead

Actividad 23: Ser o estar   **Parte A:** Completa las nueve conversaciones que siguen usando **ser** o **estar.**

1. —Quiero presentarte a mi amiga Teresa.

   —Bien. Háblame de ella.

   —_____ muy interesante y _____ espontánea.

2. —¡Ay! Este café _____ frío.

   —Por supuesto, hace una hora que lo preparé.

3. —De niños, mi hermano y yo _____ muy caprichosos.

   —Me imagino que volvían locos a tus padres.

4. —Quiero irme de este cine de una vez. Me estoy durmiendo.

   —Tienes razón. Esta película _____ aburridísima.

5. —Marta. ¿Qué te ocurre hoy?

   —¿Por qué me preguntas?

   —Porque me parece que _____ un poco nerviosa.

6. —¿Qué pasa?

   —_____ muy contenta pues creo que me aceptaron en la universidad.

7. —¿Qué te parece si comemos el plato cubano que se llama ropa vieja?

   —Pero _____ una comida caliente y hoy hace mucho calor para comer eso.

8. —¡Niños!

   —¿Qué, papá?

   —¡Vengan a comer! ¡La comida _____ lista!

9. —¿Qué opinas de contratar a Marisel para este trabajo?

   —Sí, es la persona ideal porque _____ muy despierta.

Parte B: En parejas, escojan una de las conversaciones y continúenla.

Actividad 24: Impresiones equivocadas   En parejas, Uds. trabajan para una empresa y por primera vez asisten a una fiesta con sus compañeros de trabajo. Se sorprenden porque algunas personas están mostrando un aspecto de su personalidad que nunca se ve en la oficina. Reaccionen a las descripciones de la página siguiente. Sigan el modelo.

→   Marta Ramos: secretaria; callada, respetuosa; esta noche está cantando con un micrófono.

   Marta es tan . . . , pero, ¡qué increíble! Esta noche está muy . . .

1. Jorge Mancebo: jefe de personal; serio, siempre lleva corbata; esta noche lleva una cadena de oro; está bailando cumbia con la cocinera.
2. Cristina Salcedo: trabaja en relaciones públicas; viva, divertida; esta noche está sentada sola en un rincón mirando el suelo y tomando Coca-Cola.
3. Paulina Huidobro: jefa de producción; muy profesional; esta noche lleva minifalda y está coqueteando con Juan Gris, el jefe de ventas.

Actividad 25: Sus compañeros   En parejas, hablen de la personalidad de tres compañeros de la clase por lo menos y digan cómo creen que se sienten ellos hoy.

→ Craig es muy cómico e hiperactivo. Hoy está preocupado porque se peleó con su novia.

Actividad 26: Una improvisación   En parejas, lean e improvisen las siguientes situaciones.

1. Crees que un íntimo amigo tuyo está muy cambiado últimamente y esto te preocupa. Habla con otro/a amigo/a y dile cómo es esta persona y cómo está ahora.
2. Eres maestro/a y hay un estudiante de ocho años que tiene muchos problemas de comportamiento (*behavior*). Habla con el padre o la madre y dile cómo es su hijo y cómo se comporta últimamente.

IV. Indicating the Beneficiary of an Action

The Indirect Object

1. In Chapter 1 you saw that a direct object answers the questions *what* or *whom*. An indirect object normally answers the questions *to whom* or *for whom*. In the sentence "I gave a gift to my friend," "a gift" is *what* I gave (direct object), and "my friend" is the person *to whom* I gave the gift (indirect object). As you saw with the verb **gustar,** the indirect-object pronouns are:

me	nos
te	os
le	les

2. The indirect-object pronoun is almost always present in Spanish to tell to whom or for whom something is done. A prepositional phrase introduced by **a** can be used to provide clarity, or simply for emphasis.

Mi amiga Dolores hace investigaciones en el Amazonas y no tiene teléfono, por eso **le** escribí una carta.

My friend Dolores is doing research in the Amazon and doesn't have a telephone, that's why I wrote a letter to her.

Le escribí una carta **a Dolores.**

I wrote a letter to Dolores. (Clarity)

Use either the indirect-object pronoun or a prepositional phrase introduced by **para** but not both in the same sentence. **Compré una camisa para mi padre. Le compré una camisa (a mi padre).**

Les di un regalo **a Marcos y a Ana.**

I gave a present to Marcos and Ana. (Clarity)

Les compré un regalo **a mis hermanos.**

I bought a present for my brothers. (Clarity)

3. Use the following pronouns after a preposition.

a **mí**	a **nosotros/as**
a **ti**	a **vosotros/as**
a **Ud.**	a **Uds.**
a **ella**	a **ellas**
a **él**	a **ellos**

Mí has an accent when it is a prepositional pronoun: **detrás de mí, a mí, para mí,** etc. **Mi** without an accent is a possessive adjective: **Mi madre es peruana.**

No lo podía creer, Viviana **me** dio un regalo **a mí.**

I couldn't believe it. Viviana gave <u>me</u> a present. (Emphasis)

4. Use indirect-object pronouns:
   a. before a conjugated verb

   Le escribo una postal a mi hermano.
   Le había escrito una postal antes de irme de Ecuador.
   Le escribí una postal ayer.
   Le quiero escribir una postal.
   Le estoy escribiendo una postal.

   b. after and attached to the infinitive or the present participle

   Quiero **escribirle** una postal.
   Estoy **escribiéndole*** una postal.

*Note the need for an accent. To review accent rules, see page 314.

Actividad 27: ¿Quién besó a quién?   En parejas, miren el dibujo y decidan cuáles de las siguientes oraciones describen la escena.

1. Le dio ella un beso a él.
2. Él le dio un beso a ella.
3. Le dio un beso a ella.
4. Le dio un beso ella.
5. Le dio un beso.
6. Le dio un beso él.
7. Ella le dio un beso a él.
8. Le dio él un beso a ella.
9. Le dio un beso a él.

Actividad 28: El regalo   Usa pronombres de complemento indirecto para completar la historia sobre un episodio que le sucedió a un joven chileno durante un viaje.

Hace un mes mi hermano y yo fuimos de vacaciones a México donde _____compramos un jarrón de cerámica a mis padres para su aniversario de boda. Pusimos el regalo cuidadosamente en una caja y lo enviamos desde el aeropuerto. Por desgracia, cuando llegamos a Santiago, nos dimos cuenta de que el jarrón estaba roto. Entonces fuimos directamente a la oficina de reclamos donde _____ pidieron la queja (*complaint*) por escrito. Yo _____ escribí una carta al gerente de la aerolínea de ese aeropuerto. Poco después, el gerente _____ envió una carta por correo expreso disculpándose por lo que había pasado. En la carta él _____ hizo muchas preguntas sobre el contenido de la caja y su valor en dólares norteamericanos. ¡Qué fastidio! Como yo no _____ pude contestar todas las preguntas, _____ pregunté a mi hermano que siempre lo sabe todo o, por lo menos, cree que lo sabe todo. El gerente _____ ofrecía el dinero que habíamos gastado, pero nosotros _____ explicamos enfáticamente que no queríamos el dinero, sólo queríamos el recuerdo que habíamos comprado. A la semana siguiente recibimos otra carta del gerente que nos dejó boquiabiertos y en la que _____ proponía otra idea: _____ daba gratis (a nosotros) dos pasajes al Caribe para nuestros padres. Nos fascinó la idea e inmediatamente _____ informamos que aceptábamos su oferta. ¡Valió la pena escribir tantas cartas y ser tan perseverantes!

Actividad 29: Parientes típicos o atípicos   **Parte A:** En parejas, entrevístense para obtener respuestas a las siguientes preguntas y así averiguar si la otra persona tiene parientes típicos o atípicos.

parientes = relatives

padres = parents

1. ¿Te regalan ropa pasada de moda o ropa de moda?
2. ¿Te dan mucha comida?
3. ¿Te pellizcaban (*pinch*) la mejilla cuando eras niño/a?
4. ¿Les dan muchos consejos a tus padres?
5. ¿Les ofrecen a otros parientes y a ti trabajos horribles en su compañía o su tienda durante los veranos?
6. ¿Les muestran a Uds. fotos o videos aburridísimos de la familia?
7. ¿Le dicen a la gente cuánto dinero ganan? Si contestas que sí, ¿le mienten sobre la cantidad?
8. Cada vez que te ven, ¿te dan dinero?
9. ¿Les piden dinero a tus padres?
10. ¿Te cuentan historias aburridas sobre su juventud?

Parte B: Ahora, díganle a su compañero/a si tiene una familia típica o atípica y defiendan su opinión.

→   En mi opinión, tu familia es atípica porque te regala . . .

Actividad 30: ¿Cuándo fue la última vez que . . . ?   **Parte A:** En parejas, túrnense para preguntarle a la otra persona cuándo fue la última vez que hizo las actividades de la lista.

→   A: ¿Cuándo fue la última vez que le compraste flores a una persona?

B: Hace un mes les compré flores   B: Nunca le compro flores a nadie.
a mis padres.

A: ¿Por qué les compraste flores?   A: ¿Por qué nunca le compras flores
a nadie?

B: Porque era su aniversario.   B: Porque no me gusta regalar flores.

1. comprarle flores a una persona
2. hablarles a sus padres sobre su novio/a
3. escribirle una carta de amor a alguien
4. regalarle algo a un/a amigo/a
5. escribirle un poema a alguien
6. decirle a alguien "te quiero"
7. mandarle a alguien una tarjeta cómica

Parte B: Ahora digan cuándo fue la última vez que alguien les hizo a Uds. las acciones de la Parte A.

→   Hace cinco meses que alguien me regaló flores. / Mi hermana me regaló flores hace cinco meses. / Nadie me regala flores nunca.

Actividad 31: La historia de la Malinche   **Parte A:** Lee el párrafo sobre un personaje importante de la historia de México y contesta la pregunta que le sigue.

Malinalli es la hija de un noble indígena y sabe hablar maya y también náhuatl, el idioma azteca. Cuando se muere su padre, su madre **la** vende y la compra un grupo de indígenas. Este grupo a su vez se la vende a otro grupo de indígenas. Después de la batalla de Tabasco, estos indígenas **le**
5   dan un regalo a Cortés: Malinalli. Él **la** bautiza y **le** pone el nombre de Marina. Aguilar, un español que sabe maya, **le** enseña español. Durante un período de seis años ella se convierte en compañera, intérprete, enfermera y amante de Cortés, y a su vez, **le** enseña a Cortés a llevarse bien con los indígenas. **Lo** ayuda a formar una alianza con los tlaxcalas, archienemigos de
10   los aztecas, para derrotar el imperio de Moctezuma. Doña Marina, como **la** llaman los conquistadores, es indispensable tanto para los españoles como para los indígenas. El gran conquistador y Doña Marina tienen un hijo juntos y Cortés se queda con ella hasta que no **la** necesita más. Luego Doña

Marina pasa a ser propiedad de uno de sus capitanes. Después de su sepa-
15 ración de Cortés, esta mujer tan importante en la conquista de México pasa
a ser anónima. Hoy día se la conoce con el nombre de la Malinche.

¿A quiénes se refieren las palabras en negrita?

a. **la** en la línea 2 _____

b. **le** en la línea 4 _____

c. **la** en la línea 5 _____

d. **le** en la línea 5 _____

e. **le** en la línea 6 _____

f. **le** en la línea 8 _____

g. **lo** en la línea 9 _____

h. **la** en la línea 10 _____

i. **la** en la línea 13 _____

▶ *En el mural* La alianza de Cortés, *de Desiderio Hernández Xochitiotzin, aparecen Moctezuma, Hernán Cortés y la Malinche.*

Parte B: Es común usar el presente en un relato histórico. Este uso del presente se llama presente histórico. En parejas, lean la historia de la Malinche otra vez y cambien los verbos al pretérito o al imperfecto.

¿LO SABÍAN?

El nombre de Doña Marina con el tiempo se degeneró en Malinche. Hoy en día muchos mexicanos piensan que la actitud de esa mujer al ayudar a los españoles fue un acto de traición. El término **malinche** se usa en México para referirse a una persona que prefiere lo extranjero a lo nacional o para una persona a quien se considera traidora. Sin embargo, muchas feministas han combatido este significado de la figura de la Malinche y la han revalorizado como una mujer de gran talento e inteligencia que supo sobrevivir las condiciones adversas de su vida.

Vocabulario activo

Adverbios de tiempo

muchas veces	*many times*
a menudo	*frequently*
con frecuencia	*frequently*
frecuentemente	*frequently*
generalmente	*generally*
normalmente	*normally*
siempre	*always*
durante los fines de semana/veranos/el año escolar/mi niñez	*during weekends/summers/ school year/my childhood*
todos los días/ domingos/meses/ veranos/años	*every day/Sunday/month/ summer/year*
mientras	*while*

Expresiones útiles

Había una vez . . .	*Once upon a time there was/were . . .*
¿A que no saben . . . ?	*Bet you don't know . . . ?*
No saben la sorpresa que se llevó cuando . . .	*You wouldn't believe how surprised he/she was when . . .*

Vocabulario personal

Verbos que indican cambios físicos, mentales y de estado social

Ver páginas 99–100.

Adjetivos de personalidad

Ver página 101.

5 *El buen paladar*

▲ *Lugareños comprando comida en un mercado dominical en Pisac, Perú.*

▲ *Un mesero muestra las especialidades de un restaurante de España.*

COMMUNICATIVE GOALS

- influencing, suggesting, persuading, and advising
- giving direct and indirect commands
- discussing food
- informing and giving instructions

¿De dónde es esa fruta?

comérselo/s todo/s	to eat it/them all up
¿Acaso no sabías?	But, didn't you know?
Te lo digo en serio.	I'm not kidding.
. . . y punto.	. . . and that's that.

Actividad 1: La comida y su origen   **Parte A:** Una familia de turistas está comiendo en un restaurante cubano. Antes de escuchar su conversación, nombra platos típicos que conozcas de España, México y Cuba.

Parte B: Ahora escucha la conversación y marca los adjetivos que mejor describan la conversación.

_____ graciosa   _____ tranquila   _____ inesperada

_____ estimulante   _____ romántica   _____ tensa

_____ informativa   _____ agresiva

Actividad 2: En el restaurante   Lee las siguientes oraciones y después escucha la conversación otra vez para completarlas.

1. La familia pidió _____, _____ y
   _____ para comer.

2. Estos platos son de _____. (país)

3. Hay un señor que está bailando el _____.

4. El plátano es original de _____. (continente)

5. Los españoles trajeron el plátano a América desde _____
   (lugar) en _____ . (año)

6. Los padres quieren que el niño ponga las _____ en la mesa.

7. Según el niño, el plátano viene de la _____.

Música hispana
Internet

¿LO SABÍAN?

La música y los bailes típicos varían de un país hispano a otro. En España, por ejemplo, el flamenco es uno de los bailes tradicionales mientras que en Cuba son populares la rumba, el cha cha chá y el mambo. La salsa, a pesar de lo que se cree comúnmente, se originó en Nueva York entre los inmigrantes cubanos y puertorriqueños y no en Cuba o Puerto Rico. En países como Perú y Bolivia es popular la música del altiplano que se toca con tambores e instrumentos de viento, muchos de origen indígena. En Argentina se escucha y se baila el tango, que en los Estados Unidos se volvió a poner de moda en los años noventa con los espectáculos de Broadway *Tango Argentino* y *Forever Tango*. Menciona la música y el baile de diferentes regiones de tu país.

▲ *Gente bailando en el Palacio de la Salsa en La Habana, Cuba.*

Actividad 3: La influencia culinaria   Parte A: En grupos de tres, intenten decir cuáles de estos alimentos conocían los indígenas del continente americano antes de 1492 y cuáles conocían los europeos. Si no están seguros, traten de adivinar. Sigan el modelo.

→ Antes de 1492 los europeos ya conocían . . . , pero los indígenas no lo/la/los conocían.

1. la papa
2. los productos lácteos (*dairy*)
3. el tomate
4. el chocolate
5. el chile
6. el trigo (*wheat*)
7. el maíz
8. el azúcar

Parte B: Después de comparar sus respuestas con el resto de la clase, digan cómo influyeron estos productos en la dieta italiana, irlandesa y mexicana.

→ En México, usan el chocolate para preparar una salsa llamada mole.

¿LO SABÍAN?

Los alimentos que los conquistadores encontraron en América afectaron considerablemente la dieta de varios países europeos y asiáticos. El chile (para preparar comidas picantes) es considerado un ingrediente esencial en la comida tailandesa, mientras que la papa se ha convertido en un alimento de suma importancia en la dieta irlandesa y alemana. El tomate fue adoptado en muchos países, entre otros, España, donde se utiliza en comidas como el gazpacho, una sopa fría. A su vez, los conquistadores introdujeron al continente americano el concepto de freír los alimentos y trajeron cultivos como la caña de azúcar que llegó a ser un producto de exportación de gran importancia para países como Cuba y la República Dominicana.

Actividad 4: Las implicaciones   En la conversación anterior, la mujer le dice al niño que el plátano está delicioso. Dado el contexto, lo que la mujer probablemente implica es "Debes comértelo". Hay muchas maneras de influir en las acciones de otra persona. Por ejemplo: si eres una persona muy perezosa, y hay una ventana abierta y tienes frío, puedes usar varios métodos directos e indirectos para lograr que otra persona se levante y cierre la ventana.

Directos

Por favor, ¿podrías cerrar la ventana?
Debes cerrar las ventanas cuando hace frío.
Tienes que cerrar la ventana, hace frío.

Indirectos

¿No tienes frío? Te vas a enfermar.
¿De dónde viene esa corriente de aire? ¡Qué frío!

En parejas, formen oraciones que muestren maneras directas e indirectas para lograr que otra persona haga estas acciones:

1. preparar café
2. sacar a pasear al perro
3. lavar los platos
4. no cambiar de canal de televisión cada dos segundos

I. Influencing, Suggesting, Persuading, and Advising

A. The Present Subjunctive

In Spanish, the indicative and the subjunctive are two verbal moods. So far in this text, you have been using the indicative mood in asking questions, stating facts, and describing. The subjunctive mood can be used in sentences that express influence, doubt, emotion, and possibility. This chapter will focus on the use of the subjunctive in sentences that express influence over actions the subject would or would not like somebody else to do.

1. The present subjunctive endings are as follows:

hablar		comer		salir	
que hable	hablemos	que coma	comamos	que salga	salgamos
hables	habléis	comas	comáis	salgas	salgáis
hable	hablen	coma	coman	salga	salgan

To review the formation of the present subjunctive, see page 305.

2. To express influence over other people's actions, you can use the following construction.

Independent clause	que	Dependent clause	
Subject 1 + *verb of influence* (indicative)	que	Subject 2 +	verb (subjunctive)

| (Yo) *I* | quiero *want* | **que** | (Uds.) *you* | vengan mañana. *to come tomorrow.* |
| Ellos *They* | prefieren *prefer* | **que** *that* | Celia Cruz *Celia Cruz* | cante salsa. *sing salsa.* |

Notice that the independent clause has a subject and a verb expressing influence, and the dependent clause has a different subject that may or may not carry out an action.

3. Use these verbs to express influence:

esperar *(to hope)* insistir en preferir (ie, i) querer (ie)

me/te/le/etc. +
{
aconsejar
exigir *(to demand)*
pedir (i, i)
proponer *(to propose)*
recomendar (ie)
rogar (ue) *(to beg)*
sugerir (ie, i)
suplicar *(to implore)*
}

Me aconsejan que pruebe el plátano frito.	*They advise me to try the fried plantain.*
Les rogamos que no hagan ruido.	*We beg them not to make noise.*

4. Compare the following sentences and notice that if there is no influence expressed toward another person, an infinitive follows the main verb and there is no dependent clause introduced by **que**.

Two Subjects: Subjunctive	**One Subject: No Subjunctive**
Él prefiere que tú vayas mañana.	**Él prefiere ir** mañana.
Quiero que vaya a la fiesta.	**Quiero ir** a la fiesta.

5. To express influence in an impersonal way, you may use an impersonal expression such as **es bueno** or **es necesario**.

Independent clause	que	Dependent clause
Impersonal expression (indicative)	que	Subject + verb (subjunctive)

Es importante *It's important*	**que** *that*	(Uds.) *you*	**presten** atención. *pay attention.*
Es necesario *It's necessary*	**que** *that*	(tú) *you*	**pongas** la mesa. *set the table.*

6. Use the following impersonal expressions in the affirmative or the negative.

(no) +	**es aconsejable**	it's advisable
	es buena/mala idea	
	es bueno/malo	
	es importante	
	es mejor	it's better
	es necesario	
	es preciso	it's necessary
	es preferible	it's preferable

7. Compare the following sentences and notice that an infinitive follows the impersonal expression when no specific person is mentioned.

Subject in Dependent Clause: Subjunctive	**No Subject in Dependent Clause: No Subjunctive**
Es mejor que (Ud.) vuelva mañana.	**Es mejor volver** mañana.
Es preferible que prepare las papas en agua hirviendo *(boiling)*.	**Es preferible preparar** las papas en agua hirviendo.

Actividad 5: Los deseos de Año Nuevo   **Parte A:** Un periódico local publicó los deseos de algunas personas para el Año Nuevo. Completa los deseos usando el infinitivo o el presente del subjuntivo de los verbos que se presentan.

traer
recibir
sacar
permitir
ir
montar
regalar
saber

Yo quiero que el año nuevo me _____ muchos regalos. Prefiero _____ muñecas como la Barbie y su novio Ken. Espero _____ buenas notas en la escuela y que la maestra me _____ jugar cuando yo lo desee. Quiero que mi familia y yo _____ de vacaciones a la playa este verano. También deseo aprender a _____ a caballo y espero que mis papis me _____ uno. Por último, quiero que mis papis _____ que yo los quiero mucho.

Teresita Olmos

poder
graduarse, conseguir
mudarse
vivir
buscar

En este año que comienza, espero _____ hacer muchas cosas: quiero _____ de la universidad y _____ un buen trabajo. Quisiera _____ a un lugar tranquilo y _____ en contacto con la naturaleza. Es preciso que yo _____ un lugar con estas características debido a mi salud.

Ramón Pérez

Parte B: Ahora, pide algunos deseos para ti y tu familia para el próximo año. Usa expresiones como: **Quiero . . . , Quiero que mi padre . . .**

Actividad 6: Te recomiendo que lo pruebes   **Parte A:** Prepara sugerencias sobre qué comidas deben pedir unos amigos en diferentes restaurantes hispanos.

→   Si van a un restaurante colombiano o cubano, les recomiendo que prueben el ajiaco.

ajiaco = a hearty soup with chicken, beef, potatoes, and corn, among other ingredients

Restaurantes	Platos
cubano	paella valenciana
español	ceviche (pescado cocinado en limón)
mexicano	ropa vieja
peruano	tamales

Parte B: En parejas, hagan sugerencias sobre restaurantes de su ciudad. Incluyan el nombre del restaurante, dónde está, qué tipo de comida sirve, si es caro o barato y sugieran un plato delicioso.

→   Les sugiero que vayan a Dalí que está en la Avenida Sepúlveda y pidan el pescado salado. Sirven comida internacional y no es muy cara.

Actividad 7: El compañero de cuarto   En parejas, díganle a la otra persona qué cualidades son importantes y qué cualidades no son importantes en un/a compañero/a de cuarto o apartamento.

→   Para mí, es importante que mi compañero/a no ponga música a todo volumen.

ser ordenado/a	no usar mis cosas sin permiso
saber cocinar	tener mucho dinero
no fumar	pagar las cuentas a tiempo
no hacer mucho ruido	no traer muchos amigos a casa
ser hombre/mujer	¿ ? ?

Actividad 8: El primer año de español   En parejas, preparen una lista de cinco consejos para que un/a estudiante de primer año de español pueda aprobar la materia. A continuación hay muchas sugerencias. Uds. tienen que decidir cuáles son las cinco más importantes de la lista. Usen expresiones como: **te aconsejamos que . . . , es preciso que . . . , te recomendamos que . . . , es importante que . . .**

1. ir al laboratorio una vez por semana
2. tener una actitud positiva
3. alquilar películas en español
4. participar en clase
5. memorizar las formas de los verbos usando fichas (*index cards*)
6. ir a hablar con el/la profesor/a con frecuencia
7. estudiar todos los días
8. hablar español con tus amigos
9. no hacer las actividades del cuaderno de ejercicios a último momento
10. asistir a clase todos los días
11. usar con frecuencia el programa de computadora
12. ¿ ? ?

Actividad 9: Una improvisación   En parejas, uno/a de Uds. es un padre/una madre conservador/a que se preocupa mucho por su hijo/a que va a ir a la universidad y le da varios consejos. El/La hijo/a es muy rebelde y cuestiona todo lo que le dice el padre/la madre.

Actividad 10: Las exigencias de la sociedad   **Parte A:** En grupos de tres, digan si eran los hombres o las mujeres los que hacían las siguientes labores en las familias típicas de la televisión de los años 60 ó 70, como la familia Cleaver del programa "Leave it to Beaver".

→   Generalmente, cocinaban las mujeres.

labores domésticas:	cocinar, limpiar el baño, lavar los platos, sacar la basura, cortar el césped, pasar la aspiradora
trabajo:	trabajar tiempo completo, trabajar horas extras
niños:	cuidarlos, bañarlos, darles de comer, llevarlos a la escuela, hablar con sus maestros, disciplinarlos, participar en actividades deportivas con ellos

Parte B: En grupos de tres, usen la lista de la Parte A para comentar qué espera la sociedad norteamericana actual que hagan los hombres y las mujeres después de casarse. Usen expresiones como: **La sociedad le exige a la mujer que . . . , espera que el hombre . . . , quiere que . . .**

→   La sociedad le exige al hombre que tenga trabajo y le exige a la mujer que . . .

B. Giving Indirect Commands and Information: *Decir que* + Subjunctive or Indicative

1. To give indirect commands, you can use a form of the verb **decir** in the independent clause followed by **que** and a verb in the subjunctive in the dependent clause.

Tu madre **dice que estudies.**	*Your mom is telling you to study.*
Les dice que vayan al laboratorio con más frecuencia.	*He's telling them to go to the laboratory more often.*

Notice how you can use this construction to express impatience or emphasize a point when someone does not heed your desires.

—Ayúdame . . . no puedo con esta caja.	*Help me . . . I can't (lift) this box.*
—Sí, sí . . . espera.	*OK, OK . . . wait.*
—¡**Te digo que me ayudes**!	*I'm telling you to help me!*

tell <u>to</u> → subjunctive

2. To give information instead of commands, use the verb **decir** in the independent clause followed by **que** and a verb in the indicative in the dependent clause.

say/tell <u>that</u> → indicative

Tu madre **dice que** siempre **estudias.** ¡Qué bueno eres!	*Your mom says that you always study. You're so good!*
Ella **dice que está lloviendo.**	*She says that it's raining.*

Actividad 11: ¿Qué dijo?   **Parte A:** Completa las siguientes conversaciones con el indicativo o el subjuntivo del verbo que está entre paréntesis, según el contexto.

1. —Carlos, ¿qué dice el señor?

   —Nos dice que no _____ al despacho del director sin pedir permiso. (entrar)

2. —Isabel, ¿qué quiere el jefe que hagamos?

   —Dice que _____ el informe mañana porque ya _____ demasiado tarde. (entregar, ser)

3. —Jefa, estoy cansadísima.

   —Pero, Srta. Roca, siempre le digo que no _____ tantas horas. (trabajar)

4. —Perdón. ¿Puede hablar más despacio? Soy extranjero. (*foreigner*)

   —Digo que la oficina de visas _____ a las 13:30. (cerrar)

5. —Mami, ¿te gusta mi nuevo amiguito?

   —¿Cuántas veces te tengo que decir que no _____ más insectos a casa? (traer)

6. —Búscate un amigo francés.

   —¿Cómo? ¿Y eso? . . . no veo cómo me va a ayudar a mejorar mi francés.

   —Te digo que te _____ un amigo francés. Ya verás. (buscar)

Parte B: En parejas, escojan una de las conversaciones y continúenla.

Actividad 12: La reunión de voluntarios   **Parte A:** En parejas, B llegó tarde a una reunión sobre trabajo voluntario en la comunidad y A se tuvo que ir antes del final de la reunión. Intercambien información con los apuntes que tomaron. Usen expresiones como: **La coordinadora dice que nosotros hablemos . . . La coordinadora dice que hay trabajos . . .**

A	B
• nosotros: comenzar trabajando con otro voluntario • haber muchos trabajos • nosotros: dedicarle 3 horas al trabajo • nosotros: notificar si no podemos venir	• nosotros: pensar si tenemos tiempo • su oficina preparar a los voluntarios • nosotros: no descuidar los estudios • nosotros: elegir el trabajo que vamos a hacer

Parte B: Contesten estas preguntas: ¿Hacen Uds. algún tipo de trabajo voluntario? ¿Qué trabajo voluntario se puede hacer a través de su universidad? ¿Cuál prefieren y por qué? ¿Hay programas patrocinados por su universidad en otros países? ¿Cuáles son?

II. Giving Direct Commands

A. Affirmative and Negative Commands with *Ud.* and *Uds.*

You already know a number of ways to express influence over another person's actions. Some are more direct than others.

Quiero que Ud. venga mañana.   Es mejor que Ud. venga mañana.
Le digo que venga mañana.   Ud. debe venir mañana.
Ud. tiene que venir mañana.   ¿Por qué no viene Ud. mañana?

1. The most direct way to get someone to do something is by giving a command. When giving an affirmative or negative command to someone you address in the **Ud.** or **Uds.** form, use the subjunctive form of the verb.

Venga (Ud.)* mañana.   *Come tomorrow.*

Vayan (Uds.)* ahora mismo.   *Go right now.*

No toquen eso; está caliente.   *Don't touch that; it's hot.*

*Note: Subject pronouns are rarely used with commands, but if they are, they follow the verb.

2. Object pronouns (reflexive, direct, or indirect) follow and are attached to affirmative commands; they precede verbs in negative commands.

Affirmative Commands	Negative Commands
Pruébenlo, está muy rico.	No **lo prueben,** está horrible.
Dígamelo todo, quiero saber todos los detalles.	No **me lo diga,** prefiero no saber nada.
Levántese.	No **se levante.**

To review accent rules, see page 314.

Actividad 13: Emergencias   Subraya todas las órdenes que encuentres en la lista de sugerencias que está en la página siguiente. Luego agrégale una o dos órdenes más.

En un reciente artículo titulado "Si los niños se quedan solos . . . " le presentamos estas sugerencias:

- Asegúrese que su hijo sabe qué hacer en una emergencia. Anote el número de teléfono suyo y el de otros parientes, amigos y vecinos de confianza en el formulario **"Números de Emergencia"** que se encuentra aquí. Coloque este formulario en un lugar donde el niño lo pueda encontrar con facilidad, por ejemplo la puerta del refrigerador.

- Dígale a su hijo que no debe abrir la puerta a extraños ni decir a quien llama por teléfono que usted no está en casa. Si un desconocido llama, debe responder que el padre está ocupado o tomar el mensaje.

- Establezca reglas para recibir visitas y determine quién puede visitar a su hijo.

¡Números de Emergencia!

Policía, Bomberos, Hospital
911

Padre/Madre _____

Pariente/Amigo _____

Vecino _____

Doctor _____

Centro de Control
de Venenos _____

Coloque este formulario cerca del teléfono.
Más... *La revista para la familia hispana.*

Actividad 14: Para bajar el colesterol   Una doctora le dice a un/a paciente lo que necesita hacer para bajar el colesterol. Cambia las sugerencias a órdenes.

1. Ud. tiene que hacer una dieta estricta.
2. No puede comer huevos.
3. Su esposo/a y Ud. no deben comer afuera.
4. Necesita hacer ejercicio por lo menos tres veces por semana.
5. Ud. y su esposo/a pueden salir a caminar juntos.
6. Es mejor evitar *(avoid)* la carne.
7. Debe venir a verme dentro de tres meses.

Actividad 15: Problemas y soluciones   Dos personas acaban de llamar a un programa de radio para contar sus problemas que aparecen en la página siguiente. Dales órdenes a estas personas para que solucionen sus problemas.

Llamada no. 1

"Estoy cansada de mi trabajo. Soy ayudante de cocinera en un restaurante y hace diez años que trabajo allí. Trabajo diez horas al día, seis días por semana y apenas me alcanza el sueldo para vivir. No sé qué hacer, pero no tolero más este trabajo."

Llamada no. 2

"Mi vecino es insoportable. Se levanta temprano y pone música a todo volumen: salsa, rumba, cha cha chá. También toca la batería (*drums*) y hace un ruido insoportable. Hablé con él, pero dice que él está en su casa y que nadie puede decirle lo que debe hacer."

B. Affirmative and Negative Commands with *tú* and *vosotros*

The affirmative **tú** and **vosotros** commands are the only commands that do NOT use the subjunctive form.

1. When giving commands to people you address using **tú,** follow these rules:

Affirmative **tú** Commands	Negative **tú** Commands
Third Person Singular of the Present Indicative	**No** + Subjunctive **tú** Form

Cierra la puerta.
Háblame.
Págalo, no tengo dinero.

Levántate temprano.

No cierres la puerta.
No me hables.
No lo pagues, yo tengo dinero.
No te levantes temprano.

Remember that object pronouns follow and are attached to affirmative commands, and precede verbs in negative commands.

2. Irregular affirmative **tú** command forms include:

	Affirmative Commands	Negative Commands
decir	**Di** la verdad.	No digas nada.
hacer	**Haz**lo.	No hagas eso.
ir(se)	**Vete** de aquí.	No te vayas.
poner	**Pon** tu chaqueta en el armario.	No pongas el vaso allí.
salir	**Sal** inmediatamente.	No salgas.
ser	**Sé** bueno.	No seas malo.
tener	**Ten** cuidado, está caliente.	No tengas miedo, el perro no muerde.
venir	**Ven** aquí.	No vengas todavía.

3. When giving commands to people you address using **vosotros**, follow these rules. Remember that the **vosotros** form is only used in Spain.

Affirmative **vosotros** Commands	Negative **vosotros** Commands
Delete **r** from the Infinitive and Substitute **d**	**No** + Subjunctive **vosotros** Form
Habladme en voz alta. **Corred.** **Abridlo.**	**No** me **habléis.** **No corráis.** **No** lo **abráis.**
Reflexive Verbs Delete the **r** from the Infinitive and Add **os**	**No** + Subjunctive **vosotros** Form
Levantaos.	**No os levantéis.**

Note: In Spain, colloquially, infinitives are often used as affirmative **vosotros** commands: **¡Venir y sentaros!**

Conoce los secretos del agua

Procura comer muchos vegetales y frutas, la mayoría contienen hasta un 80% de agua.

● Utiliza siempre productos de belleza con alto contenido hídrico.

● Hazte una sauna en casa, deja correr el agua caliente de la ducha hasta que el baño se llene de vapor, desnúdate y deja que tu cuerpo absorba la humedad.

● Durante el invierno manten el humificador en la habitación, porque la calefacción es el peor enemigo de la belleza.

● Si quieres un secreto de las bellezas de Hollywood, aquí te lo damos: toma a diario y en ayunas un vaso de agua tibia con jugo de limón. Aseguran que es una de las fuentes de la eterna juventud.

▲ *¿Haces algunas de estas cosas?*

Actividad 16: Un fax   El siguiente es un fax incompleto que alguien recibió en su trabajo. Complétalo con las órdenes apropiadas correspondientes a la forma de **tú**.

Remember: Place the object pronoun before the verb in a negative command and after and attached to an affirmative command.

P.01

31-3-2000   16:25

Instrucciones para las personas que no quieren trabajar

I.   No _____ nunca. (confesarlo)

II.   _____ sin impaciencia a que te llegue la orden de
      trabajo; no _____. (esperar, buscarla)

III. No _____ a los que trabajan. (molestar)

IV.   _____ una postura especial dando la impresión de que
      estás ocupado. (adoptar)

V.   Amas el trabajo bien hecho, por tanto, _____ para
      los compañeros más calificados. (dejarlo)

VI.   Si te vienen ganas de trabajar, _____ y
      _____ a que se te pasen. (sentarse, esperar)

VII. No _____ culpable al recibir el primer
      sueldo. (sentirse)

VIII. Hay más accidentes en el trabajo que en las cafeterías:
      _____ a la cafetería a menudo. (ir)

IX.   El trabajo consume; el descanso no: ¡_____ cuidado!
      _____ lo menos posible. (tener, hacer)

Conclusión:
El trabajo es una cosa buena. No _____ egoísta y
_____ para otras personas. (ser, dejarlo)

Actividad 17: Los cuatro mandamientos para un amigo triste   En parejas, Uds.
tienen un amigo que siempre está triste y deciden escribirle una lista de **cuatro
mandamientos** (*commandments*) para ayudarlo a ser feliz. Intenten ser graciosos.
Pueden usar las sugerencias de la Actividad 16 como guía.

→   No salgas con personas más tristes que tú. Debes salir con personas más
    alegres.

Actividad 18: La asistente social y su caso Una asistente social les da órdenes a miembros de una familia porque no escuchan sus consejos. Cambia las siguientes sugerencias a órdenes con la forma para **tú, Ud.** o **Uds.** según a quién le esté hablando ella.

→ Felipe, debes limpiar tu habitación.

Felipe, limpia tu habitación.

1. Juan, es importante que te comuniques con tus padres.
2. Uds. deben escuchar a su hijo.
3. Uds. no deben pelearse delante de sus hijos.
4. Muchachos, Uds. tienen que ir a la escuela todos los días.
5. Señor, tiene que darles consejos a sus hijos.
6. Muchachos, no deben acostarse tarde.
7. Lucía, debes respetar las órdenes de tus padres.
8. Todos deben gritar menos y escuchar más.
9. Ignacio, tienes que venir a mi oficina la semana próxima.

Actividad 19: Órdenes implícitas **Parte A:** Mira el siguiente cuadro sobre la oración **Hace frío** y las órdenes que están implícitas en las dos situaciones.

Oración	Quién a quién	Dónde	Orden implícita
Hace frío.	un jefe a su empleado	en una oficina	Apague el aire acondicionado.
	un instructor de esquí a otro	en la montaña	Dame mi anorak.

Parte B: Ahora en grupos de tres, completen los espacios en blanco del segundo cuadro. Recuerden poner una orden bajo la columna "Orden implícita".

Oración	Quién a quién	Dónde	Orden implícita
Tengo hambre.	un niño a su padre	en un carro en la autopista	
	un hombre a su esposa		
Dentro de cinco minutos los atiendo.		en un restaurante	
Esta sopa está fría.	una suegra a su nuera		
		en un restaurante	

III. Discussing Food

La comida

Sabores

agridulce	sweet and sour	**dulce**	sweet
agrio/a	sour	**soso/a**	bland
amargo/a	bitter	**salado/a**	not sweet; salty

salado = not sweet (most main dishes are **salados**)

salado = salty (**Esta sopa está muy salada.**)

Envases y medidas

la barra (de chocolate)	(chocolate) bar	**el paquete**	package
		el pedazo	piece, slice
la botella	bottle	**la porción**	serving
el frasco	jar	**la rebanada (de pan)**	slice (of bread)
la lata	can		

por {
docena
gramo
kilo
litro
}

Otras palabras

alimentos {
altos/bajos en calorías
de alto/bajo contenido graso
}

comida {
liviana
pesada
}

bebidas {
con cafeína
descafeinadas
}

productos {
congelados (frozen)
enlatados (canned)
frescos (fresh)
}

¿**LO SABÍAN**?

Muchos productos comestibles constituyen a menudo exportaciones fundamentales para los países hispanos. El café, por ejemplo, es un producto de primordial importancia en la economía de Guatemala, El Salvador y Colombia. La banana representa el 12% de las exportaciones de Ecuador, la carne es una de las principales exportaciones de Argentina y la uva es el producto comestible que más se exporta de Chile. El aceite de oliva y la fruta, como la naranja de Valencia, son exportaciones importantes de España. Di qué productos comestibles asocias con diferentes regiones de este país.

Actividad 20: El paladar sabe   Describe el sabor de los siguientes alimentos. Usa palabras como: **dulce, salado, agrio, amargo, agridulce, soso.**

1. café sin azúcar
2. ensalada de lechuga y tomate
3. una quesadilla
4. chocolate con poco azúcar
5. papas fritas
6. ensalada de frutas
7. palomitas de maíz (*popcorn*) sin sal y sin mantequilla
8. gazpacho
9. un limón
10. un churro

Actividad 21: ¿En qué envase?   En parejas, digan qué medidas se usan y en qué envases se pueden comprar los siguientes productos.

→   Compramos las especias **por gramo** y normalmente vienen en **frascos** pequeños.

leche	chocolate	azúcar	nueces (*nuts*)
mayonesa	Coca-Cola	huevos	harina (*flour*)

Actividad 22: Congelados, enlatados o frescos   En parejas, decidan a qué categoría(s) pertenecen los siguientes productos. Luego añadan dos productos más en cada categoría.

Productos		
Enlatados	Congelados	Frescos

1. pollo
2. pan
3. jamón
4. ajo
5. queso
6. huevos
7. habichuelas
8. atún

Actividad 23: Se necesita un poco de lógica   **Parte A:** Escucha a tu profesor/a mientras lee el siguiente párrafo.

Voy a visitar a mi sobrina que tiene 85 años y es la hija de mi primo. Suelo comer con ella los fines de semana, pero voy a ir este sábado. Cada vez que voy, paro en una oficina y le hago la compra; esta vez quiere que le robe medio kilo de huevos, cuatro litros de habichuelas, dos rebanadas de tomates, una barra de vinagre y una lata de manzanas frescas. También, ella siempre espera que le queme algo dulce, y por eso pienso comprarle un pollo asado en la lechería. Me molesta mucho la comida que prepara en su casa porque es la mejor de la zona.

→

Por esa razón, cada vez que la visito, insisto en que lave platos típicos de España como tamales y mole poblano. De postre, siempre abre una lata de helado caliente y le echamos un poco de salsa picante. Por eso, me encanta visitar a esta mujer joven.

Parte B: En parejas, usen el párrafo de la Parte A y el vocabulario de comida que aprendieron para construir un párrafo lógico. Hay más de un párrafo lógico que pueden construir.

Actividad 24: Gustos personales   **Parte A:** En parejas, entrevístense para averiguar sus preferencias alimenticias.

1. ¿Prefieres los alimentos dulces o salados?
2. ¿Te gusta la comida de otros países? ¿Cuál es tu plato favorito? ¿Cuál es el país de origen de esa comida?
3. ¿Prefieres la comida casera o la de restaurante?
4. ¿Cuándo fue la última vez que comiste afuera y qué comiste?
5. ¿Qué platos comías con mucha frecuencia cuando eras niño/a?
6. ¿Cuántas veces por día comes?
7. ¿Comes mientras miras televisión o mientras lees algo?
8. ¿Comes muchas porquerías (*junk food*)?
9. ¿Te gusta cocinar? Si contestas que sí, ¿quién te enseñó? ¿Qué platos cocinas?
10. ¿Tienes buenos modales al comer?

Parte B: Ahora díganle a la otra persona si tiene buenos hábitos alimenticios, basando su opinión en las respuestas de la Parte A. De no ser así, denle consejos.

→   No tienes buenos hábitos alimenticios porque . . . Te aconsejo que . .

▶ *Una familia come durante la Navidad en la República Dominicana.*

Los modales de la mesa varían en todo el mundo. Lo que es apropiado en un lugar, puede ser descortés en otro. En la mayoría de los países de habla española se considera buena educación siempre tener las dos manos en la mesa, no levantar mucho los brazos al cortar la comida y empujar con la ayuda de un pedazo de pan o del cuchillo para poner la comida en el tenedor. Di cuáles son algunos modales de la mesa en los Estados Unidos.

Actividad 25: Los modales de la mesa   **Parte A:** Usa las siguientes ideas para decir órdenes que normalmente oyen los niños hispanos o estadounidenses a la hora de comer.

1. poner las dos manos en la mesa
2. poner la mano izquierda debajo de la mesa
3. empujar los frijoles con el cuchillo
4. no apoyar los codos en la mesa
5. dejar el cuchillo y tomar el tenedor con la otra mano al comer
6. tomar sólo un pedazo de pan y no todo el pan

Parte B: En parejas, decidan cuáles de las órdenes anteriores se oyen en los Estados Unidos y cuáles se oyen en un país hispano.

IV. Informing and Giving Instructions

Impersonal and Passive *se*

1. When giving information or instructions and the person doing the action is not important, you may use the following construction with **se:**

se +	*third person singular of verb*	
	third person singular of verb +	*singular noun*
	third person plural of verb +	*plural noun* / *series of nouns*

Se come bien en esta casa.	*People/They/You eat well in this house. (No noun follows the verb; therefore the verb is singular.)*
Se estudia mucho en esta universidad.	*People/They/You study a lot at this university. (No noun follows the verb; therefore the verb is singular.)*
En España, **se usa aceite** de oliva para cocinar.	*Olive oil is used to cook in Spain. (In everyday English, People/They/You use olive oil to cook in Spain.)*
Se comen quesadillas en México.	*Quesadillas are eaten in Mexico. (In everyday English, People/They/You eat quesadillas in Mexico.)*
Se añaden sal y pimienta.	*Salt and pepper are added. (In everyday English, People/They/You add salt and pepper.)*
Primero, **se calientan las verduras** y luego **se añade el arroz.**	*First, the vegetables are heated and then the rice is added. (In everyday English, People/They/You heat the vegetables and then add the rice.)*

2. The following verbs related to food preparation are frequently used with the **se** construction:

añadir	to add	**freír (i, i)**	to fry
bajar/subir	to lower/raise the	**hervir (ie, i)**	to boil
el fuego	heat	**machacar**	to crush
calentar (ie)	to heat	**mezclar**	to mix
colar (ue)	to drain	**picar**	to chop
dorar	to brown	**remojar**	to soak
echar	to pour; to put in	**sofreír (i, i)**	to fry lightly

Actividad 26: Información para novatos   En parejas, contesten estas preguntas sobre actividades estudiantiles de su universidad. Usen la construcción con **se** en las respuestas.

1. ¿Dónde se come bien?
2. ¿Dónde se estudia?
3. ¿Cuándo se estudia?
4. ¿Se estudia mucho o poco?
5. ¿Adónde se va los fines de semana para divertirse?
6. ¿Dónde se vive el primer año? ¿Y el último año?
7. Normalmente, ¿a qué hora se va a la primera clase?

Actividad 27: Una receta   **Parte A:** Completa las instrucciones para una receta típica de Puerto Rico, que aparece en la página siguiente, usando la construcción con **se**. Atención: gandules y frijoles son tipos de habichuelas.

Recetas hispanas
Internet

limpiar	<u>Se limpian</u> los frijoles.
lavar	_____ dos veces en
colar	agua fría y _____.
remojar	_____ en agua durante una
	noche.
colar	_____ de nuevo.
hervir	_____ 8 tazas de agua en
añadir	una olla. _____ los
dejar	frijoles y la calabaza. _____
	hervir a fuego moderado por una hora
	hasta que los frijoles estén casi blandos.
preparar	Mientras tanto, _____
	el sofrito. En una cacerola
calentar	_____ el aceite. A fuego
freír	lento _____ el puerco (*pork*)
	curado y el jamón hasta que estén
bajar	dorados. _____ el fuego a
sofreír	muy bajo, y _____ la
	cebolla, los pimientos, el ajo, el cilantro
	y el orégano por 10 minutos.
	Cuando los frijoles están casi blan-
machacar	dos, _____ la calabaza y
añadir	_____ la mezcla al sofrito.
añadir	_____ la salsa de tomate y la
poner	sal. _____ todo a hervir
cocinar	y _____ sin tapar a
	fuego moderado por una hora hasta que
	espese al gusto.

Habichuelas puertorriqueñas

8 porciones

1 libra de gandules o habichuelas
8 tazas de agua
3/4 de libra de calabaza, pelada y cortada en pedacitos
1 cucharada de aceite vegetal
1 pedazo (**2** onzas) de puerco curado (tocino grueso)
2 onzas de jamón
1 cebolla, picada
1 pimiento verde, picado
2 pimientos rojos, picados
1/4 de cucharadita de orégano, espolvoreado
1/4 de taza de salsa de tomate
2 cucharaditas de sal

sofrito = combination of lightly fried ingredients

calabaza = squash

Parte B: Ahora, dale a tu profesor/a instrucciones detalladas para preparar un sándwich de mantequilla de maní y mermelada (*a peanut butter and jelly sandwich*).

Actividad 28: Música y comida   La música y la comida son parte importante de la cultura de un país. En parejas, completen el cuadro y luego formen oraciones usando la construcción con **se** para decir en qué país se consumen las siguientes comidas y se escucha la siguiente música.

→   tomar fabada, una sopa

En España se toma fabada, una sopa. / No estoy seguro/a, pero creo que se toma fabada en España.

	Comidas y bebidas	Música
Cuba		
España	tomar fabada,	
México		
Argentina		

Comidas y bebidas
servir moros y cristianos
  (frijoles negros con arroz)
usar salsa picante
preparar gazpacho (una sopa fría)
servir asado (*barbeque*)
comer mole
freír plátano
hacer tortillas de maíz
comer tortillas de huevos
beber sangría
comer ropa vieja

Música
escuchar la rumba
bailar el flamenco
componer tangos
bailar el mambo
tocar música de mariachis
bailar el cha cha chá
tocar la gaita (*bagpipe*)

Una pregunta: ¿Dónde se dicen "tacos" en vez de comerlos?

▶ *Así se preparan las tortillas de maíz.*

Actividad 29: ¿Qué me sugiere?   En grupos de tres, un/a estudiante debe leer el papel A y los otros dos deben leer el papel B.

A

Eres camarero/a en un restaurante cubano. No te gusta tu trabajo para nada, por lo tanto eres muy antipático/a con los clientes. Ahora llegan dos clientes al restaurante. Prepárate para darles algunas sugerencias del menú de bajo contenido graso (♥). Usa expresiones como: **Le sugiero/recomiendo que pruebe . . . La ensalada se prepara con . . .**

B

Uds. están en un restaurante cubano y tienen mucha hambre. Uno/a de Uds. tiene el colesterol alto y la otra persona es vegetariana. Pídanle sugerencias al camarero o a la camarera. Usen expresiones como: **¿Qué me sugiere/recomienda? ¿El pollo se prepara con (mucho aceite)?**

Varadero
Restaurante cubano

Especialidades de la casa

Arroz con camarones	$9,95
♥ Arroz con pollo	$6,50
Bistec con cebollas	$6,95
Camarones al mojo de ajo	$9,95
Carne con papas	$6,50
Lechón asado con yuca frita	$7,00
Lengua guisada	$7,95
♥ Moros y cristianos	$5,75
(con plátano frito)	$6,75
♥ Pescado del día con papas	$9,25
♥ Pollo al ajo con verduras	$6,95
Ropa vieja	$7,95

Tortillas

Camarones	$5,75
Jamón	$5,25
Mixta	$5,75
Papas y cebollas	$4,25

Ensaladas

♥ Ensalada mixta	$3,00
♥ Ensalada de tomate	$1,50
♥ Ensalada verde	$1,50

Sopas

♥ Frijoles negros	$2,00
Pollo	$2,00

Postres

Flan	$1,95
Coco rallado con queso	$2,50
Dulce de papaya con queso	$2,50

Bebidas

Agua mineral	$1,00
Cerveza	$2,50
Jugos tropicales	$1,50
Batido de mango	$2,00
Café	$1,00

Vocabulario activo

Verbos para expresar influencia

aconsejar	*to advise*
esperar	*to hope*
exigir	*to demand*
insistir en	*to insist*
pedir (i, i)	*to ask (for)*
preferir (ie, i)	*to prefer*
proponer	*to propose*
querer (ie)	*to want*
recomendar (ie)	*to recommend*
rogar (ue)	*to beg*
sugerir (ie, i)	*to suggest*
suplicar	*to implore*

Expresiones impersonales para expresar influencia

Ver página 116.

La comida

Ver página 127.

Verbos relacionados con la comida

Ver página 131.

Expresiones útiles

¿Acaso no sabías?	*But, didn't you know?*
comérselo/s todo/s	*to eat it/them all up*
Te lo digo en serio.	*I'm not kidding.*
. . . y punto	*. . . and that's that*

Vocabulario personal

Nuevas democracias

▲ *Ciudadanos chilenos exigen saber hoy día dónde están sus familiares que desaparecieron durante la dictadura de Pinochet.*

COMMUNICATIVE GOALS

- expressing feelings, emotions, and opinions about present, future, and past events
- expressing belief, doubt, and denial about present, future, and past events
- discussing politics
- expressing abstract ideas

ADDITIONAL GOAL

- forming complex sentences

La democracia y su futuro

la democracia/noche/fiesta está en pañales	the democracy/night/party is young (literally, in diapers)
tener en claro	to have it clear in your mind
siempre y cuando + *subjunctive*	provided (that)

▶ *Manifestación de apoyo a un candidato presidencial en Panamá.*

Actividad 1: La política **Parte A:** Antes de escuchar a tres personas que hablan sobre la democracia, identifica las siguientes cosas.

 Noticias del día
Internet

- dos países hispanos que tienen una democracia estable
- un país hispano que hoy día no tiene gobierno estable
- dos factores que puedan causar inestabilidad política en una democracia

Parte B: Ahora escucha las opiniones de tres hispanos sobre la democracia y su futuro en Hispanoamérica. Indica para cada caso si la persona tiene una visión optimista o pesimista.

1. _____

2. _____

3. _____

Actividad 2: La situación política   Escucha otra vez cada opinión una por una y contesta las siguientes preguntas.

Opinión N° 1

1. ¿Por qué cree la mujer que la situación es muy inestable?
2. ¿Qué piensan algunas personas sobre los militares en el gobierno?

Opinión N° 2

3. ¿Qué tipo de gobierno había en los años 70 en muchos países hispano-americanos?
4. ¿Qué opina esta persona sobre el futuro de la democracia?

Opinión N° 3

5. La mujer dice que es difícil hablar sobre el futuro, ¿por qué opina así?
6. ¿Qué opina sobre los gobiernos actuales y la libertad de prensa?

Actividad 3: La situación de EE.UU.   En grupos de tres, digan si están de acuerdo con estas ideas sobre los Estados Unidos y justifiquen sus respuestas.

1. La situación económica de los Estados Unidos está cada día mejor.
2. Cada vez hay más gente de clase media y menos gente de clase baja.
3. Hay muy pocos actos de terrorismo en este país.

I. Expressing Feelings, Emotions, and Opinions About Present, Future, and Past Events

A. The Present Subjunctive

1. To express feelings, emotions, and opinions about another person's actions or about a situation in the present or future, you can use the following construction.

Independent Clause		**que**	Dependent Clause	
Subject 1 + *verb of emotion* (indicative)		**que**	Subject 2 + verb (subjunctive)	
(Yo)	estoy contento de	**que**	(Uds.)	puedan votar.
I	*am happy*	*that*	*you*	*can vote.*
(Él)	tiene miedo de	**que**	(ella)	no lo defienda mañana en la corte.
He	*is afraid*	*that*	*she*	*will not defend him in court tomorrow.*

2. Use these verbs to express emotion:

esperar	to hope
estar contento/a (de)	to be happy
estar triste (de)	to be sad
lamentar	to lament, be sorry
sentir (ie, i)	to be sorry
temer	to fear
tener miedo (de)	to be afraid
alegrarle (a alguien)*	to be glad, happy
darle pena (a alguien)*	to feel sorry
molestarle (a alguien)*	to be bothered
sorprenderle (a alguien)*	to be surprised

Ella está contenta de que haya una democracia estable.	*She is happy that there is a stable democracy.*
Les da pena que el vicepresidente esté enfermo.*	*They feel sorry that the vice president is sick.*
Nos molesta que el gobierno no ayude a todos los ciudadanos.*	*It bothers us that the government doesn't help all citizens.*
¿Te alegra que el pueblo apoye a ese candidato?*	*Are you glad that the people support that candidate?*

*Note: These verbs function like **gustar** and they are always singular when followed by a clause introduced by **que**.

3. Compare the following sentences and notice that when the emotions are not expressed toward another person, an infinitive follows the main verb, and there is no dependent clause introduced by **que**.

Two Subjects: Subjunctive	One Subject: No Subjunctive
Ella teme que el gobierno no haga nada.	**Ella teme no hacer** nada.
Les molesta que yo nunca conduzca.	**Les molesta conducir.**
Sentimos que no puedas ir a la fiesta.	**Sentimos no poder ir** a la fiesta.
Espero que Uds. tengan unas buenas vacaciones.	**Espero tener** unas buenas vacaciones.

4. To express feelings or emotions in an impersonal way about somebody's present or future situation, you may use an impersonal expression such as **es fantástico** or **es lamentable.**

Independent Clause	que	Dependent Clause	
Impersonal expression (indicative)	que	Subject +	verb (subjunctive)
Es fantástico	**que**	Chile	tenga un gobierno democrático.
It's wonderful	*that*	*Chile*	*has a democratic government.*
¡Qué pena	**que**	(tú)	no vayas a la cena de Marta!
What a shame	*that*	*you*	*won't go to Marta's dinner!*

5. Use the following impersonal expressions.

es bueno/malo	es maravilloso
es fantástico	es una lástima/pena/vergüenza
es horrible/terrible	*(it's a shame)*
es lamentable	es raro *(it's strange)*
¡Qué bueno . . . !	*How good . . . !*
¡Qué lástima/pena/vergüenza . . . !	*What a shame . . . !*
¡Qué sorpresa . . . !	*What a surprise . . . !*

6. Compare the following sentences and notice that an infinitive follows the impersonal expression when no specific person is mentioned.

Subject in Dependent Clause: Subjunctive	No Subject: No Subjunctive
Es maravilloso que puedas conocer otros países.	**Es maravilloso poder conocer** otros países.
Es una vergüenza que ese gobernante sea corrupto.	**Es una vergüenza ser** corrupto.
¡Qué lástima que Eda no pueda ir al concierto!	**¡Qué lástima no poder ir** al concierto!

Remember that because of the Moorish influence in Spain, there are many Arabic words in Spanish such as **algodón** and **álgebra**.

7. The word **ojalá** *(I hope)* comes from the Arabic meaning *may Allah grant.* The verb that follows **ojalá** is always in the subjunctive form. **Que** is optional.

Ojalá (que) tengamos paz en el mundo. *I hope that we have peace in the world.*

Actividad 4: La política laboral   Parte A: Dos oficinistas están hablando sobre el aumento de sueldo (*salary raise*) en su oficina. Elige el verbo y la forma apropiada del presente del subjuntivo o el infinitivo para completar cada espacio en blanco.

dar
dar
cambiar
intentar
oír
poder
recibir
reconocer
ser
ser

Marta   Me sorprende que nuestros jefes no le _____ un aumento de sueldo a Carlos el mes que viene.

Ernesto   ¿Qué dices? ¿Cómo sabes eso?

Marta   Me contó nuestra jefa. Es una lástima que él no _____ el aumento como nosotros. Ojalá que nuestra jefa _____ de idea.

Ernesto   Mira, mujer. Me alegra que la jefa _____ el trabajo que nosotros hacemos y lamento que la empresa no le _____ a Carlos el aumento; pero tú sabes que él no trabaja tanto como los demás. Es bueno que las cosas _____ justas.

Marta   ¡Qué increíble! Es lamentable _____ este tipo de comentario de tu parte.

Ernesto   ¿A qué te refieres?

Marta   ¡Qué pena que tú no _____ ser objetivo y que no _____ hacer un comentario imparcial sobre un colega! Dices eso sobre Carlos porque no toleras que él _____ tan trabajador o más que tú. Y punto.

Parte B: En parejas, usen la conversación entre Ernesto y Marta como ejemplo, pero cámbienla para hablar de un estudiante que va a recibir una mala nota en una clase.

Actividad 5: Me molesta   En grupos de tres, usen la lista para decir cuatro o cinco cosas que les molestan o no de otras personas. Digan si les molestan mucho, un poco o nada.

→   Me molesta mucho que una persona siempre esté contenta.

ser inmadura
fumar cerca de ti
quejarse constantemente
masticar (*chew*) chicle y hacer ruido
ser muy irrespetuosa con otros
mentir mucho

dar consejos
hablar con la boca llena
hablar mal de otros
no compartir sus cosas
pedir dinero prestado
? ? ?

Actividad 6: ¿Lamentables o raras?   Parte A: Lee las siete situaciones siguientes y marca si son buenas, lamentables o si son raras o no.

a. es bueno
b. es lamentable

c. es raro
d. no es raro

1. _____ un hombre / gastar / mucho dinero en ropa
2. _____ una persona desconocida / pedirte / dinero para el autobús

3. _____ un hombre / ser / víctima de acoso (*harassment*) sexual

4. _____ tu ex novio/a / salir / con tu mejor amigo/a

5. _____ tus amigos / criticar / a tu pareja

6. _____ un esposo / quedarse / en casa con los niños y / no trabajar

7. _____ una persona / no pagar / los impuestos

Parte B: Ahora en parejas, túrnense para dar su opinión sobre estas situaciones.

→   (No) Es raro que un hombre gaste mucho dinero en ropa porque generalmente a los hombres (no) les interesa la ropa.

Actividad 7: La universidad y sus prioridades   La universidad necesita cambios.
En parejas, miren la lista y elijan dos puntos de cada categoría. Luego escriban
oraciones para expresar su opinión y decirles a las autoridades de la universidad
qué cambios son necesarios.

→   Es lamentable que no haya facultad de estudios afrocaribeños. Es necesario que Uds. abran esa facultad.

Remember: **facultad** = academic department (Math) or school (Law)

Facultades

abrir una nueva facultad de . . .
contratar a más profesores para la facultad de . . .
tener más ayudantes de cátedra (*teaching assistants*)
prestar más atención a las evaluaciones que hacen los estudiantes

Viviendas y transporte

construir más residencias para estudiantes
edificar apartamentos para estudiantes de cuarto año
construir apartamentos baratos para estudiantes casados o con hijos
aumentar/implementar un sistema de autobuses gratis
bajar el precio de las residencias y las comidas

Tecnología

comprar más computadoras
incluir más videos y computadoras en el laboratorio de idiomas
darles mejor acceso a los estudiantes al correo electrónico y a la Internet
modernizar los laboratorios de ciencias

B. The Present Perfect Subjunctive

1. As you learned before, when expressing present feelings or emotions about another person's actions or about a situation, in the present or future, you use the
present subjunctive in the dependent clause.

Le sorprende que los Estados Unidos **vayan a mandar** medicamentos a ese país.

He's surprised that the United States is going to send medicine to that country.

Es una pena que nosotros **no tengamos** los medicamentos ahora mismo.

It's a shame (that) we don't have the medicine right now.

2. When expressing present feelings or emotions about something that has already occurred, use the present perfect subjunctive in the dependent clause.

Me sorprende que los Estados Unidos **hayan mandado** medicamentos a ese país.

I'm surprised that the United States has sent medicine to that country.

Es lamentable que esta campaña electoral **haya sido** tan sucia.

It's a shame that this electoral campaign has been so dirty.

¡Qué bueno que haya ganado mi partido!

How good that my party has won!

Note: In a verb phrase, past participles (e.g., **mandado**) always end in **-o**.

3. The present perfect subjunctive is formed by using the present subjunctive form of the verb **haber** + *a past participle:*

haber		
haya	hayamos	
hayas	hayáis	+ *past participle*
haya	hayan	

To review irregular past participles, see page 309.

Actividad 8: Carta a una hija **Parte A:** Un padre le escribe una carta breve a su hija que está en otro país. Completa esta parte de la carta con la forma apropiada del presente del subjuntivo, del presente perfecto del subjuntivo o con el infinitivo de los verbos que se presentan.

8 de noviembre de 2000

Querida Gabriela:

estar

poder

tener

elegir

tener
tomar
hacer
estar

acordarse

Espero que _____ bien. Toda la familia te echa de menos. Sí, finalmente se acabaron las elecciones. Es una pena que tú no _____ escuchar el discurso del nuevo presidente porque estuvo sensacional. Él dijo que es necesario _____ paciencia, pero que las cosas van a cambiar. Es maravilloso que el domingo pasado los ciudadanos _____ a alguien del P.R.U. después de años de un gobierno conservador. Por mi parte, estoy contento de que el país _____ este nuevo presidente. Ahora es importante _____ conciencia de la situación del país y que nosotros _____ algo para que la situación mejore. Lamento que tú no _____ aquí en este momento tan importante para la historia de nuestro país.

Ojalá que _____ de ir al consulado a votar el domingo pasado. Me olvidé de decírtelo antes. Como sabes, creo que el voto es un derecho que todos tenemos que ejercer. Pa

Parte B: En las últimas elecciones presidenciales de los Estados Unidos, votó sólo el 29% de los jóvenes entre 18 y 24 años. En grupos de cuatro, digan su reacción a esta realidad. Usen frases como:

Es una lástima que . . .

(No) Me sorprende que . . . porque . . .

▶ *Una joven deposita su voto en una urna electoral en Guazapa, El Salvador.*

Actividad 9: Acontecimientos importantes   En parejas, combinen países o personas de la columna A con acontecimientos *(events)* de la columna B. Luego expresen su opinión con frases como **es lamentable que . . . , me alegra que . . . , es interesante que . . .**

→   guerra fría con Rusia   terminar

Me alegra que la guerra fría con Rusia haya terminado porque no hay motivo para pelear con ese país.

A

México
los Estados Unidos
España
Violeta Chamorro
Óscar Arias (ex presidente costarricense)
Perón (ex presidente argentino)

B

quemar iglesias
sufrir una guerra civil entre 1936 y 1939
ser la primera presidente mujer de Nicaragua
luchar en la Guerra de Vietnam
vender California a los Estados Unidos
ganar el Premio Nóbel de la Paz

¿ L O   S A B Í A N ?

Históricamente, la influencia de la Iglesia Católica en los países hispanos ha sido muy importante. Esto se debe a que, en gran parte, la población es católica, aunque muchos no vayan regularmente a la iglesia. Con frecuencia, la Iglesia ha hecho oír su opinión en las decisiones gubernamentales. Por ejemplo, en Argentina, en 1954, la Iglesia estaba en contra del Presidente Perón debido a la corrupción y represión que ejercía su gobierno. Perón decidió entonces quemar varias iglesias para acallar su protesta. En El Salvador, se dice que el gobierno fue el responsable de la muerte del Arzobispo Romero, así como de seis curas jesuitas que trabajaban en contra de la opresión que ejercía el gobierno sobre el pueblo. Di cuánta influencia tiene la religión en la política de este país.

Actividad 10: El año pasado   Piensa en el año pasado y di qué aspectos de tu vida han sido una lástima o han sido fantásticos. Explica también las consecuencias que esos aspectos tienen hoy día en tu vida.

→ ir a fiestas

Es una lástima que no haya ido a más fiestas porque me encantan y ahora que estoy en la universidad no tengo mucho tiempo.

1. aprender español
2. tener un trabajo interesante
3. poder practicar deportes
4. preocuparte seriamente por tus estudios
5. conseguir un buen trabajo
6. mirar mucha televisión
7. conocer bien a tus profesores
8. hacer un viaje a otro país
9. ? ? ?

Actividad 11: Los jubilados   **Parte A:** En parejas, uno de Uds. es don Rafael, un jubilado que está haciendo una revisión de su vida, y la otra persona es su amiga doña Carmen. Después de que Uds. lean la biografía, Rafael debe hablar de las cosas que lamenta de su pasado usando expresiones como **¡qué lástima que . . . !**, **es triste que . . .** Doña Carmen debe hacerle ver a don Rafael el lado positivo usando expresiones como **¡qué bueno que . . . !**, **es maravilloso que . . .** Pueden inventar detalles.

Rafael Legido, 75 años, jubilado
Cuando era joven, sus padres ofrecieron pagarle los estudios universitarios, pero no quiso estudiar. En vez de estudiar, fue a trabajar de cajero en un banco. Después de muchos años, llegó a ser subgerente del banco. En su trabajo, conoció a la mujer con la cual se casó. No tuvieron hijos. Sus compañeros de trabajo jugaron juntos a la lotería y ganaron 10 millones de dólares. Él no quiso jugar.

Parte B: Ahora, Carmen hace una revisión negativa de su vida y Rafael trata de hacerle ver el lado positivo.

Carmen Ramos, 77 años, jubilada
Llegó a ser Miss Chile. Nunca usó su fama para luchar contra el abuso de menores o la pobreza de su país. No se casó con el amor de su vida porque él no tenía dinero. En cambio, se casó con un millonario, pero no tuvo un matrimonio feliz. Tuvo seis hijos. Nunca les dedicó mucho tiempo a sus hijos, más bien pasó su tiempo viajando.

C. La política

Cognados obvios

el abuso, abusar
la corrupción
la democracia, democrático/a
la dictadura, el/la dictador/a
la discriminación racial, discriminar (a alguien)
la eficiencia/ineficiencia
la estabilidad/inestabilidad
la influencia, influir en*

*Note: irregular verb

To refer to the two major U.S. political parties use **demócrata** and **republicano**.

For irregular verbs, see pages 300–301.

Otras palabras

el acuerdo, estar de acuerdo, ponerse de acuerdo	an agreement (pact), to be in agreement, to reach an agreement
la amenaza, amenazar	threat, to threaten
el apoyo, apoyar	support, to support
el asunto político/económico	political/economic issue
la campaña electoral	political campaign
la censura, censurar, censurado/a	censorship, to censure, censured
el golpe de estado	coup d'etat
la igualdad, la desigualdad	equality, inequality
la inversión, invertir (ie, i)	investment, to invest
la junta militar	military junta
la libertad de palabra/prensa	freedom of speech/the press
la política	politics
el político, la mujer política	politician
la protección, proteger	protection, to protect
el pueblo	the people
respetar/violar los derechos humanos	to respect/to violate human rights
el tratado	treaty

▶ *Este chiste es de un argentino llamado Quino. Él hace un comentario sobre la política de su país. ¿Crees que el comentario sea válido para tu país? ¿Por qué?*

Actividad 12: Las definiciones   En parejas, túrnense para definir las palabras conectadas con la política. La otra persona adivina qué palabra es. Recuerden no usar la palabra en la definición.

Actividad 13: La democracia y la dictadura   En parejas, digan cuáles de las siguientes palabras asocian Uds. con la dictadura y cuáles con la democracia y por qué. Es posible asociar la misma palabra con las dos.

amenazas	corrupción
alto número de robos	ineficiencia
campaña electoral	violaciones de derechos humanos
censura	libertad de prensa

Actividad 14: Situación política en Hispanoamérica   Da tu opinión sobre las siguientes situaciones políticas en Hispanoamérica. Usa expresiones como: **(no) me sorprende, es una lástima, es bueno/malo, me da pena.**

⇢   Los países de América firmaron el ALCA, un acuerdo comercial.

   Me alegra que los países de América hayan firmado el ALCA.

1. Rigoberta Menchú, indígena guatemalteca, ganó el Premio Nóbel de la Paz.
2. Existe discriminación racial en Hispanoamérica.
3. La CIA ayudó al General Pinochet a subir al poder en Chile con un golpe de estado.
4. Hay mucha desigualdad económica en Hispanoamérica.
5. Han muerto muchos políticos en Colombia por hacerles frente *(stand up to)* a los narcotraficantes.
6. Los militares tienen mucha influencia en algunos gobiernos hispanoamericanos.

El proceso de colaboración e integración de los países de América se acrecienta día a día. En 1994 se firmó un acuerdo de libre comercio entre treinta y cuatro países del hemisferio occidental, incluyendo a los países de las Antillas Mayores y Menores, denominado Área de Libre Comercio de las Américas (ALCA). El acuerdo establece que para lograr la integración económica y el libre comercio de América es necesario mejorar las condiciones de trabajo, elevar el nivel de vida y garantizar la protección del medio ambiente. Se considera fundamental el respeto de los derechos humanos, así como la libertad de expresión, de información y de opinión. El acuerdo propone luchar contra toda forma de discriminación, de corrupción, de terrorismo, de tráfico de armas y de drogas. Las negociaciones de este acuerdo concluirán antes del año 2005 y harán posible la creación de un mercado de aproximadamente 850 millones de consumidores desde Alaska hasta Tierra del Fuego en Argentina. Di qué piensas de este tratado. ¿Es bueno o malo para la economía de un país?

Actividad 15: ¿Intervenir?   Di si es bueno o no que un país intervenga en otros países. Defiende tu opinión. Usa expresiones como:

(No) Es buena idea que un país . . . porque . . .

Me molesta que un país . . . porque . . .

→   ayudar a educar a los analfabetos

Es buena idea que un país ayude a educar a los analfabetos de otros países porque si hay más gente que sabe leer, creo que ese país va a necesitar menos ayuda en el futuro.

1. darles ayuda económica
2. venderles armas
3. ayudar a combatir el tráfico de drogas
4. tolerar la violación de los derechos humanos
5. mandarles medicamentos
6. ayudar a proteger el medio ambiente
7. abrir fábricas y crear fuentes de trabajo
8. contribuir a la campaña electoral de algunos candidatos
9. mandar espías (*spies*)
10. ayudar cuando hay desastres naturales

II. Expressing Belief, Doubt, and Denial About Present, Future, and Past Events

1. To express doubt or denial about a situation or someone's actions (even your own) in the present, future, or past, use the following subjunctive construction.

Independent Clause		que	Dependent Clause	
Subject 1 + *verb of doubt* (indicative)		que	Subject 1 or 2 + verb (subjunctive)	
(Yo)	no creo	**que**	(ellos)	reformen la constitución.
I	*don't think (believe)*	*that*	*they*	*will reform the constitution.*
(Yo)	no creo	**que**	(ellos)	hayan reformado la constitución.
I	*don't think (believe)*	*that*	*they*	*have reformed the constitution.*

2. To express belief or certainty about an action or situation, use the indicative in the dependent clause. Compare and contrast the following expresssions and examples:

Expressions of Doubt: Subjunctive	Expressions of Belief or Certainty: Indicative
no estar seguro/a (de) no creer ¿creer? dudar	estar seguro/a (de) creer

No estamos seguros de que hayan actuado incorrectamente.

Estamos seguros de que ellos actuaron incorrectamente.

¿Crees que el presidente tenga una buena política exterior?

Creo que el presidente tiene una buena política exterior.

No creo que (yo) vote en las próximas elecciones.*

Creo que voy a votar en las próximas elecciones.*

*Note: Remember that the subject of the independent and dependent clauses can be the same in sentences with expressions of certainty, doubt, and denial.

3. To express doubt or denial about a situation or someone's actions, you may also use an impersonal expression followed by a dependent clause with a verb in the subjunctive.

Es posible que ellos **ganen** las elecciones.

It's possible that they will win the election.

Es probable que nosotros **hayamos perdido** las elecciones.

It's probable that we have lost the election.

4. Use the following impersonal expressions.

es imposible	(no) puede ser
es improbable	no es evidente
(no) es posible	no es obvio *(it's not obvious)*
(no) es probable	no es verdad/no es cierto *(it isn't true)*

5. Compare the following sentences and notice that an infinitive follows the impersonal expression when no specific person is mentioned.

Subject in Dependent Clause: Subjunctive	No Subject: Infinitive
Es imposible que ganen con esa política exterior.	**Es imposible ganar** con esa política exterior.
No es probable que ella haya llegado tarde al trabajo porque es muy puntual.	**No es posible llegar** tarde a este trabajo.

6. The following expressions show certainty and, therefore, take the indicative in the dependent clause.

es cierto *(it's true)*
es evidente
es obvio *(it's obvious)*
es seguro *(it's certain)*
es verdad
está claro
no cabe duda (de) *(there is no doubt)*

Doubt Implied: Subjunctive	Certainty Expressed: Indicative
No es verdad que los partidos políticos **tengan** mucho dinero.	**Es verdad que** los partidos políticos **tienen** mucho dinero.
No es evidente que haya corrupción en todos los gobiernos.	**Es evidente que hay** corrupción en todos los gobiernos.

Actividad 16: Un candidato a presidente **Parte A:** Un candidato a presidente está preparando su discurso final antes de las elecciones. Aquí tienes el primer borrador (*first draft*) de lo que va a decir. Complétalo con la forma apropiada de los verbos correspondientes.

ir

complacer
preocuparse

pensar

interesarse
prestar

necesitar

deber
poder

```
Querido pueblo:
    Mañana son las elecciones y llega el momento de la decisión
final. Si Uds. me eligen como líder del país, pueden estar se-
guros de que _____ a hacer todo lo que prometí du-
rante la campaña electoral. Ya sé que es imposible
_____ a todos los ciudadanos, que hay gente que no
cree que yo _____ por sus problemas en el pasado y
que duda que yo _____ en el pueblo cuando era
senador. Lo niego categóricamente. No es verdad que a mí no
_____ sus problemas y se lo voy a demostrar
a todos. Les prometo _____ atención a todas sus
necesidades. Yo quiero trabajar por el país, pero creo que to-
dos _____ poner nuestro granito de arena para que
el país progrese. Mis colaboradores y yo creemos que
_____ empezar a actuar ya mismo. No cabe duda de
que no _____ perder más tiempo. Pueblo querido:
¡Mañana triunfaremos!
```

Parte B: Ahora en grupos de tres, expresen su opinión sobre los políticos en general usando frases como: **(No) Creo que . . . , (No) Estoy seguro (de) que . . . , Dudo que . . .**

→ Dudo que muchos políticos se preocupen por los niños de este país porque ellos no votan.

ser honrado (*honest*)
hacer lo que quiere la gente
preocuparse por los pobres

interesarse por las grandes empresas
cumplir sus promesas
prestar atención al medio ambiente

Actividad 17: ¿Mentira o verdad? **Parte A:** ¡Vas a decir mentiras! Escribe una lista de cinco cosas que hiciste en el pasado, pero algunas no deben ser verdad.

Parte B: En parejas, escuchen lo que dice su compañero/a y decidan si es verdad o no.

→ —Me gradué de la escuela secundaria cuando tenía dieciséis años.

—Dudo que te hayas graduado de la escuela secundaria cuando tenías dieciséis años.

—Creo que es verdad porque eres muy inteligente.

Actividad 18: Opiniones sobre la historia   En grupos de tres, den su opinión sobre los siguientes sucesos usando expresiones como: (**No**) **Creo que . . . porque . . . , Dudo que . . . , No cabe duda que . . .**

1. Oswald actuó solo en el asesinato de Kennedy.
2. Michael Jordan fue el mejor jugador de la historia del básquetbol.
3. Bill Clinton aspiró el humo cuando fumó mariguana.
4. Charles Manson mató a Sharon Tate Polanski.
5. Mark McGwire fue el mejor bateador de la historia del béisbol.
6. Ronald Reagan fue mejor actor que presidente.

Actividad 19: Un político con éxito   En parejas, elijan las cinco características más importantes para que un político tenga éxito. Usen expresiones como: **(no) es importante, (no) es necesario, (no) es posible.**

→   Es importante que el político aparezca con niños en las fotos.

→   No es posible que tenga éxito si no habla bien.

ser honrado/a *(honest)*	tener título universitario
besar a los bebés	tener buen sentido del humor
tener buena apariencia física	estar casado/a
tener dinero para su campaña electoral	ser fiel a su esposo/a
creer en Dios	estar en buen estado físico
ser buen/a padre/madre	¿ ¿ ¿

Actividad 20: El futuro norteamericano   En parejas, discutan el futuro de los Estados Unidos bajo un presidente demócrata o republicano. Usen expresiones como: (**No**) **Creo que . . . , (No) Estoy seguro/a de que . . .**

→   subir los impuestos

—Creo que un presidente demócrata va a subirle los impuestos a la clase alta.

—No creo que sea verdad.   —Creo que tienes razón.

1. mejorar la situación económica del país
2. contribuir más a las causas de los pobres
3. ofrecer una mejor educación para los niños
4. luchar contra la violencia
5. invertir más dinero en investigaciones de enfermedades mortales
6. bajarles los impuestos a los ciudadanos de la clase media
7. subirles los impuestos a las empresas
8. proteger el medio ambiente
9. ofrecerles ayuda económica a los estudiantes universitarios

Actividad 21: Las abuelas de la Plaza de Mayo y sus nietos   **Parte A:** A fines de los años 70 hubo una dictadura militar en la Argentina durante la cual secuestraron *(kidnapped)*, torturaron y mataron a muchos jóvenes. Entre ellos había mujeres embarazadas cuyos hijos nacieron en cautiverio. Muchos de estos bebés fueron adoptados ilegalmente por familias de militares. Durante los años siguientes, muchas abuelas trataron de encontrar a esos nietos e integrarlos a su familia. Lee las siguientes cartas, sobre un caso imaginario, que aparecieron en un periódico. Luego, contesta las preguntas de tu profesor/a.

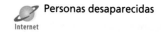 Personas desaparecidas

Después de años y años de esperar el regreso de mi hija desaparecida, tuve que resignarme a aceptar que a ella la habían matado. Pero ella estaba embarazada cuando se la llevaron los militares y yo me pasé casi diecisiete años buscando a mi nieto perdido. Finalmente, gracias a otra abuelita como yo, encontré a mi nieto. Él vive ahora con los Mendineta, la familia de un militar. Mi nieto tiene ahora diecisiete años y se crió con esta familia que nunca le dijo que él era adoptado (ilegalmente por supuesto) como tampoco quién era su verdadera madre. Ese adolescente pertenece a mi familia (los exámenes de sangre así lo comprobaron) y es hora de que viva con su verdadera familia.

Sra. Sara Vecchio, jubilada

Mi nombre es Javier Mendineta y soy hijo de Julián y María Mendineta. Yo quiero mucho a mis padres y no quiero ir a vivir con una señora que no conozco. Ella dice que es mi abuela y que yo soy parte de su familia, pero yo no sé quién es ella y mi verdadera familia es la familia con quien he vivido toda mi vida. Mis padres me dijeron hace poco que yo era adoptado, pero a mí no me importa porque mis padres me tratan igual que a mis hermanos. Yo tengo una vida muy feliz. Tengo una familia que me quiere y quiero quedarme con ellos.

Javier Mendineta

Parte B: Ahora en grupos de cuatro, dos personas van a prepararse para debatir a favor de que el adolescente regrese con su abuela y las otras dos personas en defensa de que el adolescente se quede con su familia actual *(present)*. Cada pareja debe buscar ideas en las cartas para preparar su defensa.

Parte C: Ahora debatan el caso usando expresiones como: **(No) Creemos que . . . , Dudo que (haya) . . . , Es posible que (haya) . . .**

▶ *Concierto de Sting en Buenos Aires. Aún hoy día, todos los jueves se reúne un grupo de mujeres en la Plaza de Mayo para protestar contra la muerte de sus hijos y el robo de sus nietos entre 1976 y 1982. El cantante Sting cantó la canción "Ellas danzan solas" para ellas y también bailó con algunas de las madres durante el concierto.*

III. Expressing Abstract Ideas

Lo + Adjective and *lo que*

1. Use the word **lo,** followed by a masculine singular adjective, to express abstract ideas:

Lo bueno es que el país ya no tiene dictadura.

The good (part/thing/point) is that the country doesn't have a dictatorship any more.

Lo triste es que los niños viven solos en las calles de la ciudad.

The sad (part/thing) is that the children live alone on the streets of the city.

2. When **lo** + *adjective* is followed by a verb and a plural noun, the verb form is also plural. Notice the similarity between the Spanish and the English examples:

Lo triste **es el niño huérfano.**

The sad part is the orphan child.

Lo triste **son los niños huérfanos.**

The sad part are the orphan children.

3. Lo que is used to express *what,* whenever *what* is not a question word.

¿Qué dices? **Lo que** propones es absurdo.

What are you saying? What you propose is absurd.

Lo que nos interesa combatir es el hambre.

What we are interested in fighting is hunger.

Él quiere que tú hagas **lo que** te dijo.

He wants you to do what he told you.

Actividad 22: Lo fascinante . . .   **Parte A:** Haz comentarios sobre diferentes películas o libros famosos formando oraciones con un elemento de cada columna. Empieza cada oración con **lo + adjetivo**.

→   terrible   *Tiburón*   el tiburón / arrancarle *(tear)* /
                                       partes del cuerpo a la gente

Lo terrible de la película *Tiburón* fue que el tiburón le arrancó partes del cuerpo a la gente.

interesante	*Psicosis*	él / enamorarse / de Dulcinea
horrible	*Romero*	quemarse / la ciudad de Atlanta
increíble	*Bambi*	morirse / su madre
terrible	*ET*	esconderse / en el armario
cómico	*El Quijote*	los dos / suicidarse
triste	*Lo que el viento*	él / atacarla / en la
romántico	*se llevó*	ducha
trágico	*Romeo y Julieta*	asesinar / al arzobispo

Parte B: Ahora menciona otras películas y di qué fue lo interesante/horrible/increíble/cómico, etc.

Actividad 23: El año pasado   En parejas, díganle a la otra persona qué fue lo mejor, lo peor, lo terrible, lo fascinante, lo molesto y lo interesante del año pasado.

→   —Lo horrible del año pasado fue el accidente de avión en . . . donde murieron . . . personas.

—Para mí lo horrible fue . . .

Actividad 24: Lo que me gusta   Di lo que te gusta y lo que te molesta de tu familia, del gobierno y de la televisión.

→   Lo que me gusta de mi familia es que somos muy unidos.

IV. Forming Complex Sentences

A. The Relative Pronouns *que* and *quien*

As you progress in your study of Spanish, using relative pronouns in your speech and writing will improve your fluency. Compare these two narrations in English:

Dick and Jane are friends. They have a dog. The dog's name is Spot. Spot runs fast.	Dick and Jane, **who** are friends, have a dog (**that's**) named Spot, **who** runs fast.

As you can see, relative pronouns are important to connect shorter sentences in order to avoid repetition. They help make speech interesting to listen to and give prose richness and variety.

Remember to use **que** for essential information even when referring to people.

1. When you want to give crucial or essential information that describes a noun, you may introduce it with **que** (*that/which/who*). Note that omitting essential information changes the meaning of the sentence.

En los países hispanos, las personas **que estudian inglés** tienen mejores oportunidades de trabajo.

In Hispanic countries, the people who/that study English have better job opportunities. (only the people who study English)

Cursé una clase de geografía social **que me interesaba mucho.**

I took a social geography class which/that interested me a lot.

El cuadro ganador fue pintado por un niño **que sólo tenía cuatro años.**

The winning painting was painted by a child who/that was only four years old.

Quien(es) is generally preferred in writing to give nonessential information about people.

2. When you want to give nonessential information in a sentence, you may introduce it with **que** or **quien(es)** for people, and **que** for things. In writing, you must set off the nonessential information with commas, and in speaking you must make a brief pause right before and after it. Note that nonessential information may be omitted from a sentence without changing the meaning of the sentence itself. Compare the following sentences.

La maestra fue con algunos niños a la playa. Los niños, **que/quienes** sabían nadar, se metieron en el agua en cuanto llegaron.

The teacher went with some kids to the beach. The kids, who knew how to swim, got in the water as soon as they arrived. (all the kids knew how to swim, all the kids got in the water)

La maestra fue con algunos niños a la playa. Los niños **que** sabían nadar se metieron en el agua en cuanto llegaron. Los otros hicieron castillos de arena.

The teacher went with some kids to the beach. The kids who knew how to swim got in the water as soon as they arrived. The others made sandcastles.

Actividad 25: Identifica a los hispanos famosos   En parejas, túrnense para identificar al mayor número de hispanos famosos usando pronombres relativos.

→   Isabel Allende es la escritora chilena que escribió *Afrodita*.

Arantxa Sánchez Vicario
La Malinche
Sammy Sosa
Juan Domingo Perón

Hernán Cortés
Ricky Martin
Cameron Díaz
Antonio Banderas

Gloria Estefan
Rebeca Lobo
Gabriel García Márquez
Isabel la Católica

Actividad 26: ¿Qué es eso?   Parte A: Al llegar a los Estados Unidos los estudiantes extranjeros siempre tienen problemas con palabras y costumbres que no entienden. En parejas, una persona es un/a extranjero/a que no entiende algunas cosas y la otra persona le explica los significados. Usen pronombres relativos en las respuestas. Sigan el modelo.

→ —¿Qué es un *banjo*?

—Es un instrumento **que** generalmente tiene cinco cuerdas (*strings*) y **que** se usa en la música "country".

1. Fui a una fiesta con un amigo y me dijo que él iba a ser el *designated driver.* ¿Qué significa eso?
2. Entiendo qué es *Broadway;* pero ¿qué significa *Off-Broadway*?
3. ¿Qué es *voice mail*?

Parte B: Ahora, cambien de papel.

1. Voy a ir a un partido de fútbol americano de los Cowboys y todo el mundo dice que tengo que ver a las *cheerleaders.* ¿Qué son *cheerleaders*?
2. ¿Qué es *big hair*?
3. El otro día cuando miraba televisión, una persona dijo que había asistido a la *school of hard knocks.* ¿Qué significa eso?

B. The Relative Pronouns *el que* and *el cual*

In Section A on pages 156–157, you learned how to use **que** and **quien(es)** to form complex sentences. Here is a list of pronouns that you can use to give essential and nonessential information.

		Information	
		Essential	**Nonessential**
que *(persons and things)*		X	X
quien(es) *(persons)*			X
el/la/los/las que *the one/s who/which*			X
el/la cual, los/las cuales* *who/which*			X
preposition +	**que** *(things)*	X	X
	quien(es) *(persons)*	X	X
	el/la/los/las que *(persons and things)*	X	X
	el/la cual, los/las cuales* *(persons and things)*	X	X

***El/la cual, los/las cuales** are usually found in formal writing and are not frequently used in everyday speech. They are presented here for recognition only.

Mis primas, **las que** viven en Asunción, no vinieron.

My cousins, the ones who live in Asuncion, didn't come. (nonessential)

El teléfono rojo, **el cual** está en mi habitación, está roto.

The red phone, which is in my room, is broken. (nonessential)

Remember: Nonessential information is always set off by commas and omitting it does not alter the meaning of the sentence.

The expressions **por qué, para que**, and **sino que** are set phrases and have nothing to do with the use of relative pronouns.

Éstos son mis amigos **de quienes** te hablé.	*These are my friends whom I talked to you about. (essential)*
Allí hay una escuela **al lado de la que** quieren edificar un cementerio.	*There is a school there next to which they want to build a cemetery. (essential)*
Mi amiga, **con la que** hablaste ayer, no puede venir.	*My friend, with whom you talked yesterday, can't come. (nonessential)*
Ramón, **para quien** trabajé el año pasado, me llamó.	*Ramón, for whom I worked last year, called me. (nonessential)*

Actividad 27: Dos héroes   José de San Martín y Simón Bolívar son considerados dos héroes de la independencia de Suramérica. Gracias a ellos se formaron los primeros gobiernos autónomos de Latinoamérica en el siglo XIX. Lee el siguiente párrafo sobre ellos y subraya el pronombre relativo que se puede usar en cada caso.

Bolívar y San Martín fueron dos hombres (**que** / **quienes**) lucharon por Suramérica y gracias a (**que** / **quienes**) esta región pudo liberarse del dominio español. San Martín cruzó la parte de los Andes (**que** / **la que**) se encuentra entre Argentina y Chile; este viaje, en (**quien** / **el que**) utilizó unos quinientos soldados, fue un éxito militar para San Martín. Entró de sorpresa en Chile, donde se encontraban las fuerzas enemigas, (**las que** / **los que**) eran fieles a la corona de España, y las atacó.

Bolívar, por su parte, fue el general (**que** / **el que**) llegó a ser el primer presidente de la Gran Colombia (**el que** / **que**) estaba formada por Colombia, Venezuela y Ecuador. En 1825 Bolívar entró en el Alto Perú, al (**que** / **quien**) quería unificar con el Perú, pero ya era demasiado tarde. Los líderes del Alto Perú ya habían decidido crear su propia república a (**la que** / **los que**) llamaron Bolivia. Invitaron a Bolívar a ser su presidente de por vida, pero él no aceptó el puesto.

Actividad 28: Tu pasado   En parejas, hablen sobre acontecimientos de su pasado y usen pronombres relativos para incluir muchos detalles. Sigan el modelo.

→   persona atractiva / salir con

Una persona atractiva **con la que** salí fue Tom, un compañero de la escuela secundaria. Él era alto, moreno, guapo . . .

1. persona / enamorarse de
2. lugar / trabajar en
3. película dramática / llorar en
4. tema interesante / leer sobre
5. vecino / vivir al lado de
6. hotel / quedarse en

Actividad 29: ¿Dónde los sentamos?   Todas las noches, durante la Feria del Libro, los Duques de Manzanares ofrecen una cena para escritores. El duque, quien es mayor, no oye bien, por eso suele decir que sí a todo y se sonríe siempre. La duquesa es una persona con quien no se puede hablar mucho porque siempre cambia de tema. En parejas, decidan dónde van a sentar a los escritores para poder tener una cena agradable.

Los Duques van a estar en los dos extremos de la mesa. A continuación tienen ciertos datos de los invitados para que puedan decidir. Usen expresiones como: **Dudo que . . . , No creo que . . . , La persona con quien va a hablar tiene que . . . , Ella escribió un libro en el que . . . , Pon a . . . al lado de . . . porque . . .**

Teresa Guzmán
líder de una organización feminista
fuma mucho
muy cómica
le gusta participar en una buena discusión
libro: *Madres en la política*

Ernestina Villarreal
periodista
le fascina todo
es asmática y no tolera el humo del cigarrillo
libro: *Entrevistas escandalosas*

Alfredo Vargas
representante de Amnistía Internacional
tiene fama de ser mujeriego *(womanizer)*
libro: *Presos políticos*

José María Hidalgo
experto en el medio ambiente
serio, le gusta hablar de ciencia
libro: *Fluorocarbonos: Un peligro constante*

Josefina Santos
senadora ultraderechista
quiere ayuda económica para su país
se ríe con facilidad
suele beber mucho y contar chistes verdes *(dirty jokes)*
libro: *Capitalismo: El opio de la gente*

Paolo
modelo internacional
hace fotos con y sin ropa
es muy egoísta
no le gusta la política, sólo quiere paz en el mundo
libro: *Cambie el cuerpo con diez minutos por día*

Vocabulario activo

Verbos para expresar emoción

Ver página 139.

Verbos para expresar duda y certeza

Ver página 150.

Expresiones impersonales para expresar emoción

Ver página 140.

Expresiones impersonales para expresar duda, certeza y negación

Ver página 151.

Palabras relacionadas con la política

Ver página 147.

Expresiones útiles

el/la ayudante de cátedra — *teaching assistant*
la democracia/noche/ — *the democracy/night/party*
  fiesta está en pañales — *is young (literally, in*
  — *diapers)*
tener en claro — *to have it clear in your mind*
siempre y cuando + — *provided (that)*
  subjunctive

Vocabulario personal

Nuestro medio ambiente

▲ *Empleados del gobierno mexicano cargan árboles en un camión para plantar en la ciudad de México.*

Unas vacaciones diferentes

¡Ya sé!	I've got it!
algo así	something like that
desde luego	of course

Ecoturismo
Internet

▶ *Indígenas quichuas preparan terrazas para el cultivo en Latacunga, Ecuador.*

Actividad 1: Viajando se aprende   **Parte A:** Antes de escuchar la conversación, menciona los tres últimos lugares adonde fuiste de vacaciones, di qué hiciste en cada viaje y cómo lo pasaste.

Parte B: Ahora vas a escuchar una conversación en la cual María José habla con Pablo sobre sus próximas vacaciones. Primero lee las siguientes oraciones y luego, mientras escuchas, marca si son ciertas o falsas.

1. María José no conoce muchos lugares.   _____
2. Ella quiere ir a un lugar donde pueda visitar catedrales.   _____
3. El verano pasado estuvo en Venezuela.   _____
4. Un amigo de Pablo estuvo en Ecuador.   _____
5. A María José no le interesa ir a Ecuador.   _____

Actividad 2: Los detalles   Primero, lee las siguientes preguntas y después escucha la conversación otra vez para contestarlas.

1. ¿Qué grupo indígena vive en Capirona, Ecuador?
2. ¿En qué consiste el programa que organizan?
3. ¿Qué es una minga?
4. ¿Cómo se llega al pueblo?
5. ¿Por qué crees que le interesa este viaje a María José?

Actividad 3: Opiniones   En grupos de tres, discutan qué es lo peligroso, lo divertido y lo beneficioso de hacer un viaje de este tipo.

¿LO SABÍAN?

Si te interesan los viajes educativos, hay muchas organizaciones que preparan grupos para viajar a regiones del mundo donde se necesita ayuda. En este país existen dos organizaciones muy importantes. Una de ellas es Amigos de las Américas, la cual recluta a gente joven para trabajar en proyectos de salud en pueblos rurales de América Latina. La otra asociación es la Fundación Médica Americana Mexicana, que también organiza proyectos de salud y de desarrollo de la comunidad en México. Algunas de las tareas consisten en recoger información en clínicas de salud, distribuir comida y ropa y construir y reparar viviendas. Di si te gustaría participar en proyectos como éstos.

I. Affirming and Negating

The following section reviews negative and affirmative expressions.

1. Here is a list of common affirmative and negative expressions.

Affirmative Expressions	Negative Expressions
todo everything	
algo something	**nada** nothing, anything
todos/as everyone	
todo el mundo everyone	
muchas / pocas personas many / few people	**nadie** no one
alguien someone	

siempre always
muchas veces many times
con frecuencia / a menudo frequently
a veces sometimes
una vez once
} **nunca / jamás** never

2. Two common ways to create sentences with negative expressions in Spanish are:

Remember: If you use **no** before the verb, use a negative word after the verb.

> **no** + *verb* + **negative word**
>
> **negative word** + *verb*

—¿Te ayudó la Sra. López?
—¿Ayudarme? Esa mujer **no** me
  ayuda jamás. / Esa mujer **jamás**
  me **ayuda.**

Did Mrs. López help you?
Help me? That woman doesn't ever
help me/never helps me.

—¿Quiénes fueron a la reunión?
—**No fue nadie.** / **Nadie fue.**

Who went to the meeting?
Nobody went.

—¿Funciona?
—No, **no funciona nada** en
  esta oficina. / No, **nada funciona.***

Does it work?
No, nothing works in this office.

*Note: **Nada** can only precede the verb when it is the subject.

3. When **nadie** and **alguien** are direct objects, they must be preceded by the personal **a.**

—¿Viste **a alguien?**
—**No, no** vi **a nadie.**

Did you see anyone?
No, I didn't see anyone.

Compare the previous sentences with the following ones in which **nadie** and **alguien** are the subject.

Ayer **no** vino **nadie.** / **Nadie** vino ayer.
Alguien derramó una sustancia
  tóxica en el río.

Nobody came yesterday.
Somebody spilled a toxic substance in
the river.

The plural form **ningunos** is seldom used. The exception is plural nouns such as **pantalones** and **tijeras** (*scissors*): No tengo **ningunos pantalones** limpios.

4. To talk about indefinite quantity in affirmative and negative sentences and in questions, use the following indefinite adjectives and pronouns:

Affirmative Adjectives	Negative Adjectives
algún/alguna/os/as + *noun*	ningún/ninguna + *singular noun*
a, some, any + *noun*	*not any* + *noun*

Affirmative Pronouns	Negative pronouns
alguno/a/os/as *one, some*	ninguno/a *not any, none, no one*

No sé el nombre de **ningún** animal que esté en peligro de extinción.

I don't know the name of any animal that is in danger of extinction.

—¿Fueron **algunos** amigos de la escuela secundaria a la fiesta?
—No, **no** fue **ninguno.**

Did any high school friends go to the party?
No, no one did.

—¿Vas a ver **alguna** película?
—No, **ninguna** (película) me interesa.

Are you going to see a movie?
No, none interests me.

5. It is common to use the pronouns **ninguno** and **ninguna** with a prepositional phrase beginning with **de: Ninguno de mis amigos** se droga.

Actividad 4: Conversaciones ecológicas   **Parte A:** Completa las siguientes conversaciones usando palabras afirmativas o negativas.

1. —No, gracias. No necesito _____ bolsa. Traje tres de mi casa para toda la compra.
   —Bien.

2. —¿Hay _____ que podamos hacer para detener la deforestación? ¡Mira este lugar!
   —Sí, es terrible, pero no sé qué se puede hacer.

3. —¿ _____ desperdicia el agua en tu casa?
   —Sí, mi hermano tarda 25 minutos en ducharse.

4. —¡Qué horror! Hay 50 personas y _____ se preocupa por reciclar el papel que se usa en este lugar.
   —Estoy totalmente de acuerdo. Debemos hablar con _____ para resolver este problema.

5. —_____ compro árboles de Navidad de verdad porque tengo uno de plástico.
   —Yo también, y aunque parezca mentira, se ve bien bonito.

6. —¿Oyes _____ ruido?
   —No, no oigo _____. ¡Qué placer! Me encanta el silencio de este lugar.

Parte B: Ahora, en parejas, digan dónde creen que tiene lugar cada conversación. Usen oraciones como: **Es posible que ellos estén en . . . y creo que están hablando sobre . . .**

Actividad 5: ¿Con qué frecuencia?   Parte A: En parejas, túrnense para averiguar con qué frecuencia hace su compañero/a las siguientes actividades. Sigan el modelo.

→   —¿Con qué frecuencia montas en bicicleta?

—Monto en bicicleta a veces.

	jamás	a veces	a menudo
1. montar en bicicleta	——	——	——
2. comprar verduras orgánicas	——	——	——
3. hacer deportes al aire libre	——	——	——
4. usar transporte público	——	——	——
5. vestirse con ropa de algodón	——	——	——
6. reciclar latas de bebidas	——	——	——
7. hacer ecoturismo	——	——	——
8. contribuir con dinero a organizaciones que protegen el medio ambiente	——	——	——

Parte B: Repitan la actividad, pero ahora con referencia a los años de la escuela secundaria.

Actividad 6: ¿Conoces a tu compañero?   Parte A: En parejas, primero, y sin consultar con su compañero/a, marquen las cosas de la siguiente lista que creen que tiene su compañero/a en la habitación o apartamento.

_____ discos compactos de Elvis	_____ libros de turismo
_____ fotos de su familia	_____ un osito de peluche (*teddy bear*)
_____ cuadros de arte moderno	_____ videos de películas de acción
_____ un póster de un animal en peligro de extinción	_____ una bicicleta de montaña
	_____ un instrumento musical

Parte B: Ahora, hablen con su compañero/a para confirmar sus predicciones. Sigan el modelo.

→   —Creo que tienes algunos discos compactos de Elvis.

—Es verdad, tengo tres.   —Te equivocas, no tengo ninguno. / No tengo ningún disco compacto de Elvis.

Actividad 7: ¿Cómo es tu familia?   En parejas, usen la siguiente lista de ocupaciones para averiguar sobre la familia de su compañero/a. Sigan el modelo.

➡   A: ¿Hay algún piloto en tu familia?

B: Sí, hay una mujer piloto.   B: No, no hay ningún piloto. / No, no hay ninguno.

A: ¿Quién es?

B: Mi hermana y trabaja para Mexicana.

1. político
2. plomero
3. vendedor
4. artista
5. enfermero
6. arquitecto
7. cartero
8. ecologista
9. carpintero

plomero = fontanero (España, Costa Rica)

II. Describing the Unknown

The Subjunctive in Adjective Clauses

1. As you have already learned, you use the subjunctive in dependent clauses after expressions of influence, emotion, doubt, and denial. Additionally, it is used in dependent adjective clauses to describe something that may or may not exist. Study the following examples:

May or May Not Exist: Subjunctive	**Exists:** Indicative
Buscamos una persona **que organice** programas de reciclaje. *We are looking for someone who organizes recycling programs. (there may or may not be such a person).*	Buscamos a la persona **que organiza** programas de reciclaje. *We are looking for the person who organizes recycling programs.*
Tengo que encontrar un abogado **que haya estudiado** las leyes ecológicas. *I have to find a lawyer who has studied environmental law.*	Conozco a un abogado **que estudió** las leyes ecológicas. *I know a lawyer who studied environmental law.*
Buscamos un lugar **donde no haya** mucha contaminación. *We are looking for a place where there isn't much pollution.*	Sabemos de un lugar **donde no hay** mucha contaminación. *We know of a place where there isn't much pollution.*

Notice that the personal **a** is not used in the first two sentences in the left-hand column.

Notice that you can use **donde** and **en (el/la/los/las) que** instead of **que** to talk about places.

Quiero visitar lugares **en (los)**	Conocemos varios lugares **en (los)**
que no haya mucha gente.	**que no hay** mucha gente.
I want to visit places in which there	*We know many places in which there*
aren't many people.	*aren't many people.*

2. The *personal **a*** is only used in sentences with dependent adjective clauses if they contain **alguien** or **nadie**.

—¿Conoces **a alguien** que sepa	*Do you know anyone who knows how to*
navegar?	*sail?*
—No, no conozco **a nadie** que sepa.	*No, I don't know anyone who does.*

3. The subjunctive is also used in dependent adjective clauses to emphatically describe something that, according to the speaker, does not exist. Note the following construction:

no + *verb* + *negative word* + **que** + *subjunctive*

No encuentro nada que me **guste.**	*I can't find anything that I like.*
No hay ningún profesor que dé	*There is no professor that gives a small*
poca tarea.	*amount of homework.*

Actividad 8: El lugar ideal **Parte A:** En el mundo hay una variedad de lugares para vivir. Mira la siguiente lista y marca con una X las tres características más importantes para ti. Luego subraya las tres menos importantes.

nevar mucho/poco	ser un centro urbano	ser un lugar tranquilo
ofrecer una variedad	haber alquileres bajos	estar poco contaminado
de restaurantes	tener temperaturas	haber muchas/pocas
étnicos	moderadas	actividades culturales
tener escuelas buenas	estar cerca del agua	haber pocos robos
estar cerca de las	convivir gente de	
montañas	diferentes razas	

Parte B: En parejas, díganle a su compañero/a las características que buscan Uds. en un lugar para vivir. Usen expresiones como: **Busco un lugar que/donde . . . ,** **Quiero vivir en un lugar que/donde . . . .** Después, digan si conocen un lugar que tenga esas características. Usen **(No) Conozco un lugar que/donde . . .**

Actividad 9: El medio ambiente **Parte A:** Mira la información que aparece en la página siguiente y di qué se necesita hacer para salvar el medio ambiente. Usa frases como: **Necesitamos . . . , Se necesita/n . . . , Queremos tener . . .** Sigue el modelo.

→ personas / recoger / basura de la calle

Se necesitan personas que recojan basura de la calle.

1. fábricas / no tirar / desechos (*waste*) a los ríos
2. más científicos / hacer / estudios para encontrar nuevas fuentes de energía
3. más organizaciones / proteger / las especies de animales en peligro de extinción
4. alcaldes / crear / espacios verdes en las ciudades
5. carros / emitir / pocos gases tóxicos
6. compañías / construir / paneles de energía solar baratos para las casas
7. supermercados / no envolver / absolutamente todo en plástico

Parte B: En grupos de tres, organicen las ideas anteriores de la más importante a la menos importante. Estén listos para justificar el orden que han elegido. Usen expresiones como: **Lo más importante es que . . . , También es importante que . . .**

¿ L O   S A B Í A N ?

- Suramérica pierde el 1% de los bosques cada año.
- En los últimos años, Ecuador perdió el 95% de los bosques de la costa y esta pérdida pone en peligro unas 2.500 especies de animales.
- Los Estados Unidos mandan basura a la Patagonia, un área poco poblada del sur de Argentina y Chile.
- En el sur de Chile hay conejos con cataratas y ovejas con córneas inflamadas, posiblemente por el agujero en la capa de ozono.

Di si conoces otros casos como los mencionados.

Actividad 10: ¿Qué piensas?   **Parte A:** Completa estas ideas sobre tu universidad con la forma correcta del verbo indicado. Después, marca con una X las oraciones con las que estás de acuerdo y con una O aquéllas con las que no estás de acuerdo.

1. _____ No hay ningún estudiante que _____ estudiar muchas horas por día. (querer)

2. _____ No hay ninguna cafetería en esta universidad que _____ comida buena. (servir)

3. _____ No conozco a ningún profesor que _____ tarde a clase. (llegar)

4. _____ No hay ningún profesor que _____ exámenes finales fáciles. (dar)

5. _____ No hay nadie en esta universidad que _____ en los exámenes. (copiar)

Parte B: En grupos de tres, compartan y justifiquen sus opiniones.

Note: In countries like Chile, Peru, Colombia, and Argentina they say **Los profesores toman exámenes y los estudiantes los dan**. In many other countries these verbs are reversed.

Actividad 11: Una encuesta   Parte A: Entrevista a tus compañeros para ver si hay alguien que haga algunas de las siguientes actividades. Si alguien responde afirmativamente, escribe su nombre en la columna de la derecha. Sigue el modelo.

Greenpeace en España   Internet

→   —¿Apagas la luz al salir de tu habitación?

—Sí, la apago.   —No, no la apago.

1. reciclar papel   _____
2. tener un carro que gaste poca gasolina   _____
3. usar baterías recargables   _____
4. darse duchas de 5 minutos o menos   _____
5. comprar bombillas de luz de larga duración   _____
6. ser miembro de un grupo ecológico como   _____
   Greenpeace

Parte B: En parejas, túrnense para averiguar si su compañero/a tiene a alguien en su lista que haga las actividades anteriores.

→   —¿Tienes a alguien en tu lista que apague la luz?

—Sí, Cindy la apaga. ¿Y tú?   —No, no tengo a nadie que la
¿Tienes a alguien en tu lista   apague. ¿Y tú? ¿Tienes a
que . . . ?   alguien en tu lista que . . . ?

Actividad 12: ¿Conoces a alguien que . . . ? En parejas, túrnense para decir si conocen a alguien que haya hecho las siguientes cosas. Sigan el modelo.

→   A: ¿Conoces a alguien que haya nadado en el río Amazonas?

B: No, no conozco a nadie que   B: Sí, conozco a alguien.
   haya nadado en el Amazonas.
                                       A: ¿Quién es y cuándo lo hizo?

                                       B: Mi hermano nadó en el
                                           Amazonas el año pasado.

1. viajar a un país de Suramérica   5. cruzar el Atlántico en barco
2. escalar los Andes   6. ir a Capirona, Ecuador
3. saltar con una cuerda "bungee"   7. viajar por España en bicicleta
4. ver una película de esquí de Warren   8. ? ? ?
   Miller

Actividad 13: Un lugar de vacaciones En parejas, una persona quiere ir de vacaciones y llama a una agencia de viajes para que le recomienden un lugar. El/La agente de viajes le da algunas sugerencias. Lea cada uno un papel y luego mantengan una conversación telefónica.

Cliente

Estas son algunas de las características que buscas en un lugar de vacaciones: al lado del mar, tranquilo, económico, temperatura no mayor de 30 grados. Usa expresiones como: **Busco un lugar que . . . , Quiero un lugar donde . . .**

30 grados centígrados = 86 Fahrenheit

Agente de viajes

Averigua qué tipo de lugar busca el/la cliente y luego recomiéndale y descríbele uno de los siguientes lugares. Usa expresiones como: **Le recomiendo que . . . , Le aconsejo que . . . , Este lugar es . . .**

Isla Margarita, Venezuela:
Parque nacional, con muchos
* pájaros, aguas tranquilas*
Clima agradable, vientos suaves
Hoteles: $

Isla Contoy, México:
Santuario de pájaros (especialmente pelícanos)
Snorkel
Clima agradable, vientos suaves
Hoteles: $

Acapulco, México:
Vida nocturna, deportes acuáticos de todo tipo,
* pesca*
Clima agradable, bahía protegida, playas preciosas
Hoteles: $

III. Expressing Pending Actions (Part One)

The Subjunctive in Adverbial Clauses

1. When you want to link two pending actions, use the subjunctive in the dependent adverbial clause. Study the following examples.

Independent Clause	Dependent Adverbial Clause	
Present indicative or **ir a** + infinitive	Conjunction of time +	Subjunctive
Me voy a casar con él *I'll marry him*	**cuando** *when*	un astronauta **llegue** a Plutón. *an astronaut lands on Pluto.* *(pending action)*
Quiere asociarse a un grupo ecológico *She wants to join an* *ecological group*	**en cuanto** *as soon as*	**tenga** dinero. *she has money. (pending)*

Note: A conjunction related to time links the two actions.

2. In contrast, when you want to link two or more events that are habitual or completed actions, you use the indicative in the dependent clause because you are merely reporting something that usually happens or that happened.

Independent Clause	Dependent Adverbial Clause	
Present indicative or Preterit/Imperfect	Conjunction of time	Indicative
Me besa todos los días *He kisses me every day*	**cuando** *when*	**llego** de la oficina. *I arrive from the office.* *(habitual)*
Me casé con ella *I married her*	**en cuanto** *as soon as*	**terminé** los estudios. *I finished my studies.* *(completed)*

3. The following is a list of common conjunctions of time.

cuando	when	**hasta que**	until
después (de) que	after	**mientras**	while, as long as
en cuanto	as soon as	**tan pronto como**	as soon as

Compare the following sentences:

Pending actions	Habitual or completed actions
Esta noche Pablo va a comer **mientras mire** televisión. *Tonight Pablo's going to eat while he watches television.*	Pablo siempre come **mientras mira** televisión. *Pablo always eats while he watches television. (habitual)*
Ella va a llamar a sus padres **tan pronto como llegue.** *She's going to call her parents as soon as she arrives.*	Ella llamó a sus padres **tan pronto como llegó.** *She called her parents as soon as she arrived. (completed)*
Después de que almorcemos, queremos caminar por el parque. *After we have lunch, we want to walk in the park.*	**Después de que almorzamos,** generalmente caminamos por el parque. *After we have lunch, we generally walk in the park. (habitual)*

4. **Después de** and **hasta** without the word **que** are prepositions, not conjunctions, and are followed directly by an infinitive.

Después de terminar mis estudios, voy a trabajar en el extranjero un año.

After finishing my studies, I am going to work abroad for a year.

Actividad 14: El futuro está en nuestras manos

Parte A: Lee el discurso de la página siguiente que dio un ecologista sobre el medio ambiente y complétalo con el infinitivo o con con la forma apropiada del indicativo o del subjuntivo de los verbos que aparecen en el margen.

▶ *Un mercado al aire libre en Montevideo, Uruguay.*

tener

Gran parte de los habitantes de esta ciudad están conscientes de que hay que proteger el medio ambiente y esperamos que cuando nuestros hijos _____ su propia familia, todavía disfruten de agua limpia y aire puro. Cada uno de nosotros puede hacer algo por el futuro de nuestros hijos.

ir
usar

En nuestra ciudad, muchos ciudadanos llevan un carrito o sus propias bolsas para los comestibles cuando _____ al supermercado. Otros reciben bolsas de plástico en el supermercado, pero después de _____

usar   reciclar

las bolsas, las reciclan utilizándolas como bolsas de basura. Sin embargo, hasta que todos los ciudadanos no _____ carritos o _____ las bolsas, no vamos a solucionar el problema. Recuerden: no usen lo que no necesiten y reciclen todo lo posible.

sacar

Hace muchos años, cuando nosotros _____ la basura de los edificios, ésta se quemaba en incineradores. Hoy en día, en algunos edificios, cuando la gente

tirar

_____ la basura, ésta se pasa por una compactadora de basura. Las asociaciones de vecinos tienen que empezar a ahorrar dinero y tan pronto como _____

ahorrar

lo suficiente, deben comprar compactadoras. Es necesario hacerlo para salvar el futuro de nuestros hijos.

comprar

Generalmente, cuando alguien _____ bebidas en el supermercado, deja un depósito que luego se le entrega en

devolver

cuanto _____ sus envases. No obstante, todavía se ven botellas rotas en la calle; pero hasta que todos no

estar

_____ conscientes de estos problemas, no vamos a poder solucionarlos. Recuerden: devuelvan las botellas.

La contaminación ambiental causada por los carros es muy peligrosa y, como todos Uds. saben, para combatirla hay ciertos días de la semana cuando sólo los que tienen placa que termina en número par _____ salir a la

poder

calle y hay otros días cuando sólo pueden salir los que tienen placa impar. Muchas familias, sin embargo, no quieren cooperar y si tienen dos carros se aseguran de que uno tenga número par y el otro impar. Así que mientras el ambiente

sufrir
obedecer

_____, ellos no. Hasta que todos no _____ esta ley, no vamos a tener una ciudad con aire puro. Recuerden: tanto los pobres como los ricos respiran el mismo aire.

gozar

Prometo que hasta que no _____ de agua limpia y aire puro, no vamos a dejar de trabajar por esta causa. Es importante que trabajemos juntos. Es nuestra obligación. Se lo debemos a nuestros hijos.

Parte B: Compara la información del discurso que dio el ecologista con tus costumbres.

1. Cuando vas al supermercado, ¿llevas bolsas? ¿Tienes carrito propio para no tener que usar bolsas? ¿Pides bolsas de plástico o de papel? ¿Reciclas las bolsas?
2. ¿Devuelves las botellas a la tienda, las reciclas o las tiras a la basura? ¿Qué haces con las latas de gaseosa (*soda*) vacías?
3. ¿Qué malas costumbres de gente que tú conoces afectan el medio ambiente?

Actividad 15: En una reunión de Mundo Verde   Estás en una fiesta con miembros de Mundo Verde, organización que se dedica a proteger el medio ambiente. Sólo oyes partes de las conversaciones, pero puedes imaginar el resto. Completa estas frases de forma lógica.

1. Los bosques van a estar en mejores condiciones después de que . . .
2. Va a seguir agrandándose (*grow larger*) el agujero en la capa de ozono hasta que . . .
3. En un supermercado que hay a la vuelta de mi casa, las gaseosas son caras pero devuelven parte del dinero cuando . . .
4. La contaminación de las fábricas va a reducirse en cuanto . . .
5. Si piensas comprar un coche usado, tienes que hacerle un control de emisión tan pronto como . . .

Actividad 16: Tu vida actual y tus planes futuros   En parejas, túrnense para hacerse las siguientes preguntas. Al contestar usen las expresiones que están entre paréntesis.

Pending→Subjunctive

Completed, habitual→ Indicative

→   —¿Cuándo vas a ir a visitar a tu familia? (en cuanto)

—En cuanto termine el semestre.

1. Generalmente, ¿cuándo haces la tarea para esta clase? (después de que)
2. ¿Cuándo sales con tus amigos? (después de)
3. ¿Cuándo vas a comprar un carro nuevo? (en cuanto)
4. ¿Cuándo miras televisión? (mientras)
5. ¿Hasta cuándo vas a vivir en el lugar donde vives ahora? (hasta que)
6. ¿Cuándo vas al cine? (cuando)
7. ¿Cuándo te levantas? (tan pronto como)
8. ¿Cuándo vas a ver a tus padres? (después de que)

Actividad 17: ¿Verdad o mentira?   **Parte A:** ¡Vas a mentir! Escribe cuatro cosas que piensas hacer usando las ideas que se dan en la página siguiente. Algunas cosas deben ser mentira.

→   terminar la clase de hoy

Después de que termine la clase de hoy, voy a alquilar una película en español.

tu jefe / pagarte
empezar las vacaciones
tener mucho dinero
graduarte de la universidad
conseguir tu primer trabajo permanente
¿ ? ?

Parte B: En parejas, compartan sus planes con su compañero/a y decidan si son verdad o mentira. Usen frases como: **Dudo que . . . , No creo que . . . , Sí, creo que . . . , Es posible que . . .**

IV. Discussing Adventure Travel and the Environment

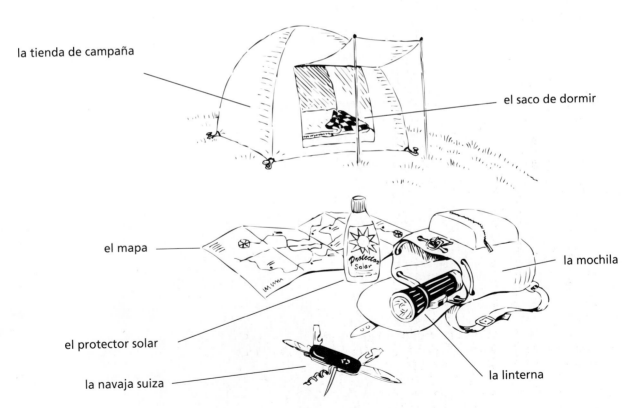

la tienda de campaña

el saco de dormir

el mapa

la mochila

el protector solar

la linterna

la navaja suiza

Many sports that have become popular in recent years take their names from English. These words may change in the future and already vary in use from one country to another. The words presented here are the most common.

hacer rafting = hacer navegación de rápidos (Costa Rica)

Contaminante = contaminador/a are both adjectives and can also be used as nouns. **Contaminación = polución,** but the former is more common.

 El reciclaje
Internet

A more common meaning of **extinguir** is *to extinguish.*

Deportes

acampar	to go camping
el buceo, bucear	scuba diving, to scuba dive
escalar (montañas)	to climb (mountains)
hacer	
alas delta	to hang-glide
ecoturismo	to do ecotourism
esquí nórdico/alpino/acuático	to cross country/downhill/water ski
rafting, snorkel, snowboard, surf	

El medio ambiente

la conservación, conservar	conservation, to conserve
la contaminación, contaminante, contaminar	pollution, contaminating, to contaminate/pollute
la desaparición, desaparecer	disappearance, to disappear
los desechos, desechable, desechar	rubbish, disposable, to throw away
el desequilibrio, desequilibrar	imbalance, to throw off balance
el desperdicio, desperdiciar	waste, to waste
la destrucción, destruir	destruction, to destroy
el efecto invernadero	greenhouse effect
la extinción, extinguirse	extinction, to become extinct
la preservación, preservar	
la protección, proteger	
recargable, recargar	rechargeable, to recharge
la reducción, reducir	
el reemplazo, reemplazar	replacement, to replace/substitute
el rescate, rescatar	rescue, to rescue
la restricción, restringir	

▼ *Grupo de personas haciendo rafting en el río Bío-Bío de Chile.*

¿LO SABÍAN?

En la actualidad, casi todo el mundo está consciente de la necesidad de proteger el medio ambiente, reciclar y cuidar nuestra tierra. En los últimos años también se ha despertado el interés por hacer viajes de ecoturismo, es decir, viajes donde uno está en contacto con la naturaleza y aprende sobre ella. Entre los numerosos lugares que son frecuentados por ecoturistas están: las Islas Galápagos de Ecuador para ver la flora y fauna, el Parque Tayrona en Colombia para explorar la selva, la laguna de Scammon en México para ver ballenas, los glaciares de la Patagonia en Argentina y el río Bío-Bío en Chile para hacer rafting. Di si te gustaría hacer ecoturismo. ¿Sabes de otros lugares para hacer ecoturismo?

Actividad 18: Los viajes En grupos de tres, hagan una lista de cosas que se necesitan para hacer las siguientes actividades y compártanla con la clase.

1. acampar un fin de semana
2. una caminata de un día por la montaña
3. un viaje de una semana por la selva
4. un viaje en bicicleta, en verano, durante quince días

Actividad 19: Categorías En grupos de tres, túrnense para nombrar por lo menos cuatro deportes que pertenecen a las siguientes categorías. Pueden incluir palabras de la lista de vocabulario y otras que Uds. sepan.

1. deportes acuáticos
2. deportes en los cuales los participantes usan zapatos especiales
3. deportes que se practican en el aire
4. deportes que se practican cuando hace frío
5. deportes que se practican cuando hace calor
6. deportes baratos
7. deportes caros

Actividad 20: Actividades peligrosas **Parte A:** En grupos de tres, discutan las siguientes preguntas.

1. ¿Practican algún deporte peligroso?
2. ¿Qué deportes peligrosos se pueden practicar en la ciudad donde viven o cerca de allí?
3. ¿Por qué creen que algunas personas disfrutan de deportes peligrosos como escalar montañas o bucear en cuevas del Caribe?

Parte B: Hay gente que dice que todos los deportes son peligrosos. Cuenten un accidente que tuvo cada uno de Uds. mientras practicaba un deporte. Si no tuvieron ninguno, hablen de un accidente que tuvo alguien que conozcan.

Actividad 21: Las definiciones En parejas, túrnense para definir las palabras conectadas con los viajes de aventura y el medio ambiente. La otra persona adivina qué palabra es. Usen frases como: **Es la acción de . . . , Es una cosa que se usa para . . .**

Actividad 22: Cuidemos el mundo en que vivimos En grupos de tres, discutan las seis preguntas siguientes.

1. ¿Qué cosas desperdician Uds.? ¿Escriben en un solo lado del papel? ¿Dejan las luces encendidas? ¿Pueden nombrar cinco cosas que Uds. pueden hacer para reducir el desperdicio de recursos naturales?
2. ¿Qué productos destruyen la capa de ozono? ¿Podemos reemplazar estos productos con otros que contaminen menos? ¿Cuáles son?

3. ¿Cuántos animales pueden nombrar que están en peligro de extinción? ¿Por qué están en peligro? ¿Los podemos rescatar?

4. Muchas veces los desechos de un estado se tiran en otro. ¿Creen que sea apropiado que el estado de Nueva York tire su basura en Tennessee? ¿Por qué?

5. ¿Qué se puede usar para reemplazar la gasolina para los carros? ¿Y para reemplazar el gas que se usa para calentar las casas?

6. Muchos lugares tienen restricciones sobre el nivel de emisiones tóxicas que producen los carros. ¿Creen Uds. que todos los países deban tener ese tipo de leyes? ¿Tiene el estado donde Uds. viven algunas restricciones?

Actividad 23: Ecoturismo, ¿peligro o no?   **Parte A:** Lee las siguientes oraciones y marca tu opinión usando esta escala:

1= estoy seguro/a de   2= es posible   3= no lo creo

1. _____ La sola presencia del ser humano destruye el medio ambiente.

2. _____ Para llegar a lugares remotos hay que usar medios de transporte que contaminan el ambiente.

3. _____ Para tomar consciencia del valor de la naturaleza, hay que ver las zonas remotas y vírgenes con los propios ojos.

4. _____ El dinero que gastan los turistas se puede usar para la conservación de las áreas silvestres.

5. _____ Después de hacer un viaje de ecoturismo, los participantes tienen un papel más activo en el movimiento verde: reciclan más, compran productos que contaminan menos e intentan cambiar las leyes de su país para proteger el medio ambiente.

6. _____ Los controles del gobierno nunca van a ser suficientemente estrictos para controlar los problemas que puede traer el ecoturismo.

7. _____ El contacto con los turistas cambia para siempre la vida de las personas de una región.

8. _____ Los ecoturistas nunca tiran basura ni hacen nada para destruir el lugar que visitan.

9. _____ La presencia constante de grupos de turistas no es natural y por eso, crea un desequilibrio en el área.

Parte B: Algunos creen que el ecoturismo es beneficioso porque así la gente aprende a apreciar y preservar la naturaleza. Otros creen que el mismo ecoturismo ayuda a destruir el medio ambiente. Formen dos grupos y preparen un debate sobre este tema. Pueden usar las ideas mencionadas en la Parte A y expandirlas e inventar otras razones para apoyar su postura.

V. Avoiding Redundancies

Double Object Pronouns

Never use me lo, me la, etc. with verbs like gustar since the noun following the verb is not a direct object, but rather the subject of the verb.

Indirect-object pronouns

me	nos
te	os
le	les

Direct-object pronouns

me	nos
te	os
lo, las	los, las

Remember: Indirect object before direct object.

1. In Chapters 1 and 4 you reviewed the use of direct- and indirect-object pronouns. When you use both in the same sentence, the indirect-object pronoun precedes the direct-object pronoun. The following chart shows all possible combinations of indirect- and direct-object pronouns.

> me lo, me la, me los, me las
>
> te lo, te la, te los, te las
>
> se lo, se la, se los, se las
>
> nos lo, nos la, nos los, nos las
>
> os lo, os la, os los, os las
>
> se lo, se la, se los, se las

—¿Quién **te** mandó **flores**?

—José Carlos **me las** mandó.
José Carlos sent them to me.

—¿**Me** puedes explicar **el problema**?

—Ya **te lo** expliqué.
I already explained it to you.

2. Note that the indirect-object pronouns **le** and **les** become **se** when followed by the direct-object pronouns **lo, la, los,** or **las.**

—¿**Le** regalaste **la corbata** a tu padre?

—Sí, **se la** regalé ayer.

3. Review the rules you learned for placement of object pronouns:

Before a Conjugated Verb or a Negative Command	After and Attached to Infinitives, Present Participles, and Affirmative Commands
Siempre **se lo digo.** **Se lo dije.** ¿Quieres que yo **se lo diga?** **Se lo voy** a decir. **Se lo estoy** diciendo. ¡No **se lo digas!**	 Voy a **decírselo.*** Estoy **diciéndoselo.*** ¡**Díselo!***

*Note: Remember the use of accents. To review accent rules, see pages 314 and 315.

Actividad 24: El regalo anónimo   Lee la siguiente conversación y contesta la pregunta que le sigue.

> *Marcos:*   ¿Y estas flores?
> *Ignacio:*   **Se** las mandaron a mi hermano Juan.
> *Marcos:*   ¿Quién?
> *Ignacio:*   No tengo la menor idea. En este momento mi hermano **le** está pre-
> 5   guntando a su novia Marisol por teléfono.
> *Marcos:*   Mira, aquí entre las flores hay una tarjeta.
> *Ignacio:*   A ver. Dáme**la** que quiero leerla.
> *Marcos:*   ¿Qué dice?
> *Ignacio:*   "Ojalá que te gusten. **Te las** mando para tu cumpleaños. Espero
> 10   verte esta noche." Pero, ¿quién escribió esto?
> *Juan:*   ¡Oigan! Marisol dijo que ella no **me las** envió.
> *Marcos:*   Vamos, dinos quién es. Confiésa**noslo.** ¿Quién es tu admiradora
>   secreta?

¿A qué o a quién se refieren los siguientes pronombres de complemento directo e indirecto?

1. línea 2, **se** _____
2. línea 4, **le** _____
3. línea 7,**-la** _____

4. línea 9, **te** y **las** _____
5. línea 11, **me** y **las** _____
6. línea 12, **-noslo** _____

_____

Actividad 25: Los afectos   En parejas, una persona le hace preguntas sobre su vida a la otra. La que contesta debe usar pronombres de complemento directo e indirecto cuando sea posible. Cuando terminen, cambien de papel.

→   quién le deja mensajes graciosos en el contestador

—¿Quién te deja mensajes graciosos en el contestador?

—Nadie me los deja.   —Mi amigo Paul me los deja.

1. quién le envía correo electrónico
2. quién le manda flores
3. a quién le manda correo electrónico
4. quién le da regalos que le gustan
5. quién le da regalos que no le gustan
6. a quién le da consejos amorosos

Actividad 26: La vida universitaria   En parejas, túrnense para hacerse preguntas sobre su vida universitaria. Al contestar deben usar pronombres de complemento directo e indirecto cuando sea posible.

1. si alguien le prestó el dinero para la universidad
2. si recibió una beca al graduarse de la escuela secundaria
3. si la universidad le ofreció una beca
4. quién le da consejos para seleccionar las materias

5. dónde estudió español por primera vez
6. cuándo va a terminar su carrera
7. quién le explica las materias difíciles
8. cuál de sus profesores lo/la ayuda más

Actividad 27: Vamos a acampar   **Parte A:** En parejas, Uds. están preparándose para ir a acampar juntos. El estudiante A mira sólo la columna A y B mira sólo la columna B. El estudiante A debe preguntarle a B si hizo las cosas que tenía que hacer. Si B no las hizo, A debe darle órdenes para que las haga. Sigan el modelo.

→   A: ¿Le diste las llaves del apartamento al vecino?

B: Se las di. Desde luego.   B: No, no se las di.

A: ¿Por qué no se las diste?

B: Porque . . .

A: Pues dáselas.

A check mark indicates that you completed the task.

A

Esto es lo que tenía que hacer tu compañero/a hoy:
☐ poner la navaja en la mochila
☐ mandarle el dinero al Sr. Gómez para la reserva del camping
☐ darle a un amigo un número de teléfono en caso de emergencia
☐ comprar las pilas (*batteries*) para la linterna

B

Esto es lo que tenías que hacer hoy:
☐ poner la navaja en la mochila
☑ mandarle el dinero al Sr. Gómez para la reserva del camping
☐ darle a un amigo un número de teléfono en caso de emergencia
☑ comprar las pilas (*batteries*) para la linterna

Parte B: Ahora el estudiante B mira la columna B y le pregunta a A si hizo las cosas que tenía que hacer. Dale órdenes si no las hizo.

A

Esto es lo que tenías que hacer:
☑ darle el código de la alarma del apartamento a tu padre
☐ pedirle el mapa topográfico a tu prima
☐ poner el protector solar en tu mochila
☑ limpiar los sacos de dormir

B

Esto es lo que tenía que hacer tu compañero/a hoy:
☐ darle el código de la alarma del apartamento a su padre
☐ pedirle el mapa topográfico a su prima
☐ poner el protector solar en su mochila
☐ limpiar los sacos de dormir

VI. More Uses of Relative Pronouns

The Relative Pronouns *quien, el que, lo que,* and *lo cual*

In Chapter 6 you learned how to use relative pronouns. Some additional uses of the relative pronouns are:

1. Use **quien** or **el que** at the beginning of a sentence to express *he/she who* in a general way.

> **Quien/El que** estudia, aprende.   *He (She) who studies, learns.*

Note: When talking about a group comprised of all women, use **quien** or **la que**: **La que** estudia, aprende.

2. Both **lo que** and **lo cual** can be used to refer to abstract ideas, but **lo cual** always refers to an idea previously mentioned and can never begin a sentence. Compare these examples:

> Ellos llegaron tarde, **lo cual/lo que** me molestó mucho.
>
> *They arrived late, which bothered me a lot. (Idea already mentioned, so both are possible.)*

> **Lo que** me molestó fue que llegaron tarde.
>
> *What bothered me was that they arrived late. (Beginning of sentence, so **lo cual** cannot be used.)*

Actividad 28: Los refranes   El español tiene muchos refranes entre los cuales se encuentra el siguiente:

> **El que** mucho habla, mucho yerra.   (La persona que habla mucho, comete muchos errores.)

En parejas, imiten este refrán y escriban por lo menos tres más. Luego compartan sus refranes con la clase.

→   El que poco come, poco gasta.

Actividad 29: El curso anterior de español   En parejas, hablen de sus impresiones sobre su curso de español anterior a éste. Usen los siguientes verbos: **gustarle, molestarle, entender, no entender, aprender** y también la frase **lo que**. Sigan el modelo.

→   Lo que me gustó de esa clase fue el número de estudiantes que había.

Actividad 30: Costa Rica   **Parte A:** Vas a leer parte de un folleto que escribió el gobierno costarricense sobre Costa Rica. Antes de leer y en parejas, completen el gráfico sobre Costa Rica que aparece en la página siguiente. Si no saben, traten de adivinar.

Geografía	Clima	Flora y fauna	Deportes
Gobierno	Historia	Composición étnica	Nivel de vida actual

Parte B: Lean esta parte del folleto y después contesten las preguntas que le siguen.

Imagínense un pequeño país lleno de asombrosos bosques tropicales, un sinnúmero de playas, donde la persona con la que probablemente va a encontrarse es con su yo interior; un clima variado (más fresco en las montañas y cálido en las playas), una fascinante vida silvestre y un ambiente hogareño le permitirán tener una idea básica de Costa Rica. Detengámonos ahora en su gente: su cultura es una refrescante mezcla de tradiciones europeas, americanas y afrocaribeñas, pulida por más de cien años de educación gratuita y una democracia estable. Alguien dijo una vez que para el resto del mundo, Costa Rica es como un parque nacional: un lugar donde aquello que se valora es preservado. Es una pequeña maravilla.

Belleza y aventura

Un escritor de viajes americano dijo que Costa Rica "ofrece más belleza y aventura por acre que cualquier otro lugar en el mundo". Los viajeros salen de Costa Rica sintiendo que no sólo han visto mucho, sino que han hecho cosas nuevas. Las caminatas, la pesca, el "snorkeling", el buceo, la navegación de rápidos, el ir en kayak y el "surfing", se ubican entre las actividades favoritas. Las caminatas probablemente se ubican en primer lugar debido a que hay tanto que ver en Costa Rica, desde sus paisajes naturales, pasando por aves, mariposas, hasta tortugas que vienen a desovar.

Costa Rica es reconocida por pescadores experimentados en todo el mundo debido a los récords mundiales en pesca de sábalo, róbalo y pez vela. La nave-

▲ *Aguas termales de Tabacón en Costa Rica.*

gación de rápidos ha ido aumentando en popularidad como una manera excitante pero segura de experimentar la naturaleza. Los amantes de este deporte saben que en Costa Rica pueden encontrar corrientes confiables durante todo el año. Para cualquiera de estas actividades resulta fácil encontrar proveedores y guías profesionales. Muchos de ellos cuentan con la representación de mayoristas y agentes en los Estados Unidos y Canadá, entre otros.

Diversidad

Costa Rica es un puente biológico entre América del Norte y América del Sur. Esto explica la increíble diversidad de su flora y fauna, como también el flujo constante de especies emigrantes. Más pequeño que el Lago Michigan, el territorio costarricense cuenta con tres cadenas montañosas y más de doce zonas climáticas. Usted podrá manejar desde el Caribe hasta el Pacífico en un día, visitar un volcán y disfrutar de una gran variedad de paisajes. Hay más de 600 millas de playa que le permitirán descansar del bullicio de la gente.

Una naturaleza espléndida

Costa Rica goza de reconocimiento internacional por sus Parques Nacionales. Incluyen impresionantes volcanes, bosques, llanuras, escenarios de anidamiento de aves y desove de tortugas, arrecifes de coral y virtualmente cualquier forma de naturaleza que usted espera encontrar en el Trópico.
- Costa Rica posee más de 800 especies de aves, más de lo que se encuentra en toda Norte América.
- Tiene unas 1.200 especies de orquídeas.
- 8.000 especies de plantas de mayor evolución.
- El 10% de todas las mariposas del mundo y más mariposas de las que existen en todo el continente africano.
- Más quetzales que cualquier otro país en el mundo.
- Más de 150 especies de frutas comestibles.*

*Éstos y otros datos tomados de *Costa Rica, the traveler's choice* de Rex Govorchin.

▲ *Un ocelote descansa en el árbol de un parque nacional en Costa Rica.*

Nación pacífica y culta

Cristóbal Colón, suponiendo la existencia de muchísimo oro, bautizó estas tierras con el nombre de Costa Rica. Luego resultó que la mayoría del oro ya había sido convertido en joyería por los indígenas. Sin poseer el atractivo que generan las minas de oro y plata, Costa Rica permaneció relativamente aislada y despoblada durante 400 años. Todos, incluso el gobernador español, tenían que producir su propia comida. Esto condujo a que Costa Rica tuviera una sociedad relativamente igualitaria de pequeños agricultores. Las cosas comenzaron a cambiar durante el siglo XIX, cuando el café de Costa Rica comenzó a exportarse a Europa. La recién independiente sociedad costarricense adquirió los beneficios de la civilización, tales como educación, desarrollo político, ferrocarriles y energía eléctrica, sin muchos de los trastornos inherentes a la misma. Cien años más tarde, Costa Rica posee el nivel de alfabetización más elevado de Latinoamérica, un alto promedio de esperanza de vida y una Orquesta Sinfónica de clase mundial. Un 25% de su territorio lo constituyen las áreas de conservación y no posee un ejército, a diferencia del resto de los países americanos.

After this brochure was written, Panamá also stopped having an army.

1. ¿Cómo es el clima de Costa Rica?
2. ¿Qué puedes decir de la flora y fauna?
3. ¿Cómo crees que sea físicamente el costarricense típico?
4. ¿Cuál es el tamaño de Costa Rica?
5. ¿Hay muchos ríos en Costa Rica? ¿Cómo sabes?
6. ¿Qué deportes acuáticos se pueden practicar en Costa Rica? ¿Dónde se pueden practicar?
7. ¿Cuál es un deporte muy popular y por qué?
8. ¿Qué te gustaría hacer en Costa Rica?
9. ¿Cómo es el nivel de vida de Costa Rica? ¿Puedes compararlo con el de los otros países centroamericanos?
10. ¿Hace algo el gobierno para conservar el medio ambiente?
11. Obviamente el gobierno escribió este folleto para gente de habla española, pero ¿a quién crees que se dirija principalmente? ¿Cómo lo sabes? (Hay tres pistas en el texto.)

Parte C: En parejas, vuelvan a mirar su gráfico de la Parte A y comparen sus respuestas con lo que aprendieron al leer. ¿Tenían la información correcta? Ahora, hagan un gráfico semejante con los datos que aprendieron al leer. Después, decidan qué datos son los más sorprendentes. Al hablar, usen expresiones como: **Me sorprende mucho que Costa Rica . . . , Es interesante que . . .**

Parte D: Ahora, imagínense que Uds. van a pasar una semana en Costa Rica. Hagan una lista de lo que van a hacer cada día. Usen expresiones como: **Busco un lugar que / donde . . . , por eso quiero que nosotros . . . ; Después de que . . . podemos . . . ; Lo que prefiero . . .**

Vocabulario activo

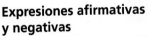

Expresiones afirmativas y negativas	**Conjunciones de tiempo**
Ver páginas 164–166.	*Ver página 173.*

Los viajes de aventura y el medio ambiente

Ver páginas 177–178.

el protector solar	*sunblock*
la linterna	*flashlight*
el mapa	*map*
la mochila	*backpack*
la navaja suiza	*Swiss army knife*
el saco de dormir	*sleeping bag*
la tienda de campaña	*tent*

Expresiones útiles

algo así	*something like that*
desde luego	*of course*
¡Ya sé!	*I've got it!*

Vocabulario personal

CAPÍTULO

8

Hablemos de trabajo

▲ *Clase de inglés en Mérida, México.*

COMMUNICATIVE GOALS

- expressing pending actions (part two)
- discussing the past with present relevance
- discussing employment
- expressing choice and negation
- indicating cause, purpose, and destination
- describing reciprocal actions

Un trabajo en el extranjero

un montón	a lot
No, en absoluto.	No, not at all.
darle igual (a alguien)	to be all the same (to someone)

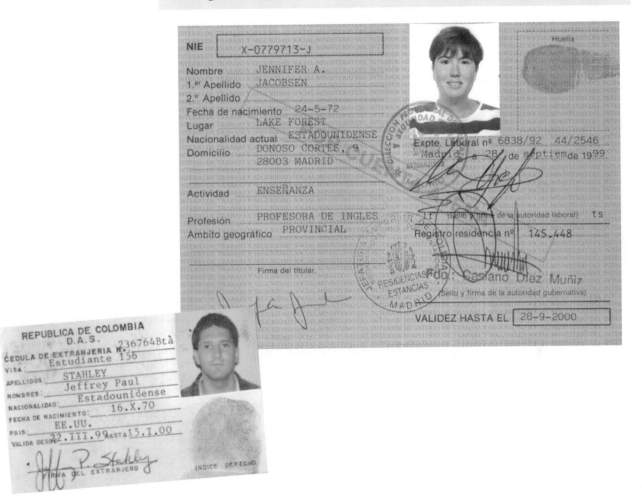

Actividad 1: Trabajar fuera del país Vas a escuchar a dos americanos hablar en una entrevista de radio sobre cómo consiguieron trabajo en el extranjero. Antes de escucharlos, en grupos de tres, discutan las siguientes preguntas y luego compartan sus respuestas con el resto de la clase.

1. ¿Conocen a alguien que haya trabajado en el extranjero? Si contestan que sí, ¿qué hizo esa persona? ¿Cómo consiguió el trabajo?
2. ¿Les gustaría trabajar en el extranjero? Si contestan que sí, ¿qué tipo de trabajo les gustaría tener? ¿Adónde les gustaría ir?

Actividad 2: Las entrevistas   **Parte A:** Lee la lista de ideas y después, mientras escuchas la primera entrevista, busca la información apropiada.

1. país en el cual trabajó la persona
2. tipo de trabajo que tuvo
3. estudios que había hecho antes
4. cómo consiguió el trabajo
5. si el dinero que ganaba le alcanzaba para vivir

Parte B: Ahora lee esta lista de ideas y después, mientras escuchas la segunda entrevista, busca la información apropiada.

1. país en el que trabajó la persona
2. tipo de trabajo que tuvo
3. cómo consiguió el trabajo
4. lo beneficioso del trabajo para esta persona
5. consejo que les da esta persona a los que quieran hacer lo mismo

Actividad 3: Una comparación   Di en qué se asemejan y en qué se diferencian la situación de Jenny y la de Jeff. Escucha las entrevistas otra vez si es necesario.

El curriculum
Internet

¿LO SABÍAN?

He aquí algunos consejos para conseguir trabajo como profesor de inglés en el extranjero:

• Tomar en la universidad una clase o más sobre la pedagogía de la enseñanza del inglés.

• Ir al congreso de TESOL (Teachers of English to Speakers of Other Languages) al que asisten alrededor de 10.000 personas y a donde muchas escuelas, institutos y universidades van en busca de profesores. Es aconsejable solicitar puesto en estas instituciones antes de marzo para asegurarse una entrevista en el congreso.

• Ponerse en comunicación con el consulado del país para averiguar si se necesita visa o no. Los consulados por lo general tienen listas de lugares donde se enseña inglés en su país.

• Al llegar a un país, se pueden conseguir estudiantes particulares poniendo anuncios en los periódicos o en algunas librerías, pero otro método eficaz es a través de amigos o de maestros de escuela primaria.

I. Expressing Pending Actions (Part Two)

The Subjunctive in Other Adverbial Clauses

In Chapter 7, you studied the use of the subjunctive in sentences that express pending actions. In this chapter you will learn more conjunctions that will allow you to express pending actions. For example, in the first interview at the beginning of the chapter, the interviewer says, **"Hoy voy a entrevistar a dos jóvenes norteamericanos . . . para que nos cuenten cómo consiguieron el trabajo"**. Notice the use of the subjunctive after **para que** to refer to an action that has not yet taken place (the interviewees have not talked about how they got their job yet).

1. When talking about actions that are pending, always use the subjunctive in the dependent clause after the following adverbial conjunctions.

Restriction:	**siempre y cuando** **con tal (de) que**	provided that
	a menos que	unless
	sin que	without
Possibility:	**en caso (de) que**	in the event that, if
Purpose:	**para que**	in order that, so that
Time:	**antes (de) que**	before

To remember the conjunctions, memorize the acronym **ESCAPAS**.

E en caso (de) que
S sin que
C con tal (de) que
A antes (de) que
P para que
A a menos que
S siempre y cuando

Voy a cancelar la reunión **en caso de que** el jefe **no pueda** venir.

I'm going to cancel the meeting if the boss can't come.

Podemos comenzar el proyecto **siempre y cuando** la jefa lo **autorice**.

We can start the project provided that the boss authorizes it.

Avísame **antes de que** Raúl **venda** su carro porque me interesa comprarlo.

Let me know before Raúl sells his car because I'm interested in buying it.

No quiero que él lo venda **sin que** yo lo **sepa.**

I don't want him to sell it without me knowing (about it).

Esta tarde Raúl va a comprar un carro nuevo **a menos que** su esposa **no quiera.**

Raúl is going to buy a new car this afternoon unless his wife doesn't want to.

Te voy a dejar una nota **para que** no te **olvides** de avisarme.

I'm going to leave you a note so that you don't forget to let me know.

2. In all of the preceding sentences there are two different subjects in the main and the dependent clauses and the subjunctive is used in the latter. If there is no change of subject, an infinitive follows the preposition (**antes de, con tal de, en caso de, sin, para**).

Two Subjects: Conjunction + Subjunctive	One Subject: Preposition + Infinitive
Mi hermano trabaja día y noche **para que su familia pueda** vivir bien.	**Mi hermano** trabaja **para poder** vivir bien.
Yo pienso hacerlo **sin que nadie** me **oiga.**	**Yo** pienso hacerlo **sin molestar** a nadie.

> **En caso de que Juan se enferme, Diana** va hablar con el médico.

> **En caso de enfermarse, Diana** va a hablar con el médico.

Note: The conjunctions **a menos que** and **siempre y cuando** are always followed by the subjunctive whether or not there is a change of subject in the dependent clause.

> **Ellos** van a buscar un regalo esta tarde **a menos que (ellos) no tengan** tiempo.

> *They are going to look for a present this afternoon unless they don't have time.*

Actividad 4: Beneficios laborales **Parte A:** Completa la siguiente explicación sobre los beneficios laborales que existen en Argentina con la forma apropiada de los verbos que se presentan.

tener

computar
estar
estar

llamar
examinar
diagnosticar pasar

disfrutar

despedir (*fire*)

buscar

hacer

Argentina ofrece algunos beneficios para que el trabajador _____ cierta protección económica. Uno de estos beneficios es la licencia (*leave*) por casamiento, gracias a la cual si alguien se casa, puede faltar al trabajo por diez días sin que su jefe le _____ estas faltas. En caso de que un empleado _____ enfermo, puede pedir licencia por enfermedad; y en caso de _____ embarazada, una mujer tiene derecho de pedir licencia por maternidad. El número de días que estos trabajadores pueden faltar depende de la gravedad del caso. Cuando un trabajador se siente mal, no puede faltar sin _____ a su trabajo ese mismo día. El jefe se encarga entonces de mandar a un médico a casa del empleado para que lo _____, y _____ un informe a la empresa.

Los empleados reciben dos aguinaldos, cada uno equivalente a medio mes de sueldo. Las empresas les pagan a sus trabajadores ese dinero extra para que ellos _____ mejor de la Navidad y de las vacaciones de invierno en julio o agosto.

Antes de _____ a un empleado, un jefe tiene que mandarle un telegrama a su casa diciéndole que va a quedar cesante después de un mes. A partir de ese momento y durante su último mes, el empleado va a trabajar seis horas por día en vez de ocho y generalmente usa esas dos horas diarias para _____ otro trabajo. Por lo general, el empleador no tiene problemas siempre y cuando _____ lo que le indica la ley: pagarle al empleado el sueldo de su último mes, un sueldo mensual por cada año que trabajó en la empresa, más las vacaciones que no tomó y parte del aguinaldo.

Parte B: En parejas, discutan las siguientes preguntas: ¿Ofrecen las empresas de este país los mismos beneficios? ¿Les sorprenden algunos de estos datos? ¿Por qué? ¿Les parece que estos beneficios son buenos para las empresas? ¿Y para los empleados?

▼ *Manifestación en Montevideo, Uruguay, contra los sueldos bajos.*

¿LO SABÍAN?

Los beneficios laborales que recibe un empleado varían de país en país. En Uruguay, por ejemplo, un beneficio importante es el de las vacaciones. El empleado recibe, por ley, veinte días de vacaciones después del primer año de trabajo y un día más por cada cuatro años adicionales de trabajo. Antes de irse de vacaciones, el empleador debe darle un bono que consta del 45 por ciento del sueldo diario por cada día de vacaciones, es decir, que si un empleado gana cincuenta pesos por día y toma veinte días de vacaciones, recibirá 450 pesos. Di en qué ocasiones recibe el empleado bonos en este país.

Actividad 5: ¿Le digo la verdad?   A veces es problemático decidir cuándo se le debe decir la verdad a alguien. En parejas, lean las siguientes situaciones laborales y hagan oraciones completas con las opciones que se dan. Luego decidan cuál es la mejor solución en cada caso. Estén listos para defender su opinión.

1. Un empleado oyó rumores de que el jefe iba a despedir *(fire)* a un compañero de trabajo. ¿Qué debe hacer?
   (No) Debe decírselo a su compañero . . .
   a. para que / su compañero / comenzar a / buscar otro trabajo
   b. a menos que / él / poder / confirmar el rumor
   c. antes de que / el jefe / decírselo

2. Un empleado ve accidentalmente el recibo de sueldo de un compañero que tiene el mismo puesto que él. Se da cuenta de que el sueldo de su compañero es mejor. Debe hablar con su jefe . . .
   a. para / recibir / el mismo sueldo
   b. sin que / su compañero / saberlo
   c. en caso de que / el empleado / creer / que es injusto

3. Una empleada trabaja para una empresa que fabrica carros. Encontró un defecto en el diseño de un carro nuevo, el cual puede causar muchos accidentes. Sin embargo, rectificar este problema puede costar muchísimo dinero y el primer carro va a salir a la venta el mes que viene. (No) Debe . . .

   a. hablar con su jefe para que / él / estar / informado

   b. decir nada a menos que / alguien / preguntarle algo

   c. informar anónimamente a una organización protectora de los consumidores para que / la empresa / cambiar / el diseño

4. Una empleada trabaja con su cuñado, pero él no hace su trabajo; por eso ella tiene el doble de trabajo. Debe . . .

   a. decirle algo a su esposo para que / él / hablar / con su hermano

   b. explicarle la situación a su jefe siempre y cuando / él / prometer / no decirle nada al cuñado

   c. negarse a hacer el trabajo de su cuñado a menos que / esto / afectar / la producción de la empresa

5. Cada vez que un empleado le da una buena idea a su jefa, ella va al presidente de la empresa y se atribuye la idea. Por eso el presidente piensa que la creatividad de esta mujer es esencial para la empresa. El empleado debe . . .

   a. hacer una cita con el presidente para explicarle todo antes de que / ella / contarle / otras ideas

   b. documentar todas sus conversaciones con su jefa para / tener / pruebas contra ella y usarlas en el futuro si sus acciones continúan

   c. consultar con un abogado a menos que / ella / dejar de / robarle las ideas

Actividad 6: Derechos y obligaciones laborales Trabajas en la oficina de Recursos Humanos de una compañía y estás a cargo de redactar algunos de los derechos y obligaciones de los empleados. Completa estas reglas usando **para (que), sin (que), en caso de (que), a menos que, siempre y cuando.**

   Los empleados . . .

   no deben hacer llamadas personales a larga distancia en el trabajo . . .

   pueden llegar tarde de vez en cuando . . .

   pueden trabajar en su casa una vez por semana . . .

   deben llamar por teléfono desde su casa . . .

   no deben usar papel con membrete *(letterhead)* de la compañía . . .

   no deben trabajar horas extras . . .

   pueden navegar por la Internet . . .

Actividad 7: Lo perfecto **Parte A:** Mira este dibujo del coche perfecto. Después termina las oraciones de la página 195 basándote en el dibujo.

1. Hay un paraguas en caso de que . . .
2. Hay una cafetera con una cantidad ilimitada de café para que . . .
3. Hay una pajita que va de la cafetera al conductor para que . . .
4. Con un periscopio el conductor puede ver el tráfico sin . . .
5. El asiento del conductor vibra para . . .
6. Las llantas traseras son enormes para que . . .
7. Hay una cámara de video en la parte trasera del carro y un televisor adelante para que . . .

straw = **popote** (México), **pitillo** (Colombia)

Parte B: En parejas, miren el siguiente dibujo del sofá perfecto y descríbanlo usando expresiones como **para (que)**, **sin (que)**, **en caso de (que)**, **a menos que.** Sigan el modelo.

⇥   El sofá tiene un/a . . . para que . . .

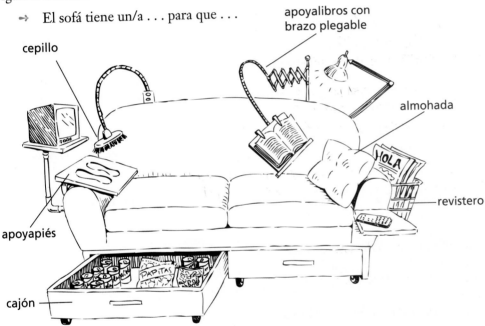

apoyalibros con brazo plegable

cepillo

almohada

apoyapiés

revistero

cajón

Actividad 8: Reacción en cadena En grupos de tres, inventen una historia con una de las ideas de la siguiente lista. Formen cinco oraciones en cadena *(chain sentences)* con conjunciones y el subjuntivo. Sigan el modelo.

⇥   ir a Guatemala

   a. Antes de que yo vaya a Guatemala, mis padres tienen que darme dinero.
   b. Tus padres van a darte dinero siempre y cuando saques buenas notas.
   c. No vas a sacar buenas notas a menos que estudies mucho.
     etc.

   1. conseguir un buen trabajo
   2. comprar un perro
   3. el/la profesor/a de español estar contento/a

II. Narrating in the Past

A. Discussing the Past with Present Relevance: The Present Perfect

So far in this text you have used the indicative mood in the preterit, the imperfect, and the pluperfect to discuss past occurrences. In this chapter, you will use the present perfect to expand your ability to discuss past experiences.

1. You can use the present perfect to discuss events that have taken place in the past and are relevant to the present, or past events and actions that might be repeated or continued in the present.

—¿Quieres alquilar *Mujeres al borde de un ataque de nervios?*

Do you want to rent Women on the Verge of a Nervous Breakdown?

—No. **He visto** esa película cuatro veces.

No. I've seen that movie four times. (It is probably very fresh in the speaker's mind now. When the action occurred is not important.)

Almodóvar **ha dirigido** varias películas de mucho éxito.

Almodóvar has directed many successful movies. (And may do so again.)

Present = relevance in the present.

Perfect = perfective or completed action.

2. The present perfect is formed by using a form of **haber** in the present indicative + a *past participle*:

haber		
he	hemos	
has	habéis	+ past participle
ha	han	

To review past participle formation, see page 308.

3. Now study the following sentences contrasting the use of the present perfect and the preterit.

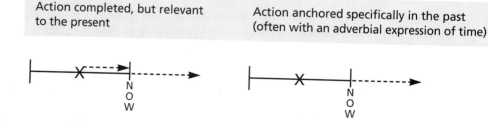

Action completed, but relevant to the present

Action anchored specifically in the past (often with an adverbial expression of time)

He trabajado como mesero y maestro particular.
I have worked as a waiter and as a private tutor.

El año pasado trabajé como mesero y maestro particular.
Last year I worked as a waiter, and as a private tutor.

En los últimos veinte años **ha habido*** muchos avances tecnológicos.
In the last twenty years there have been many technological advances.

En el siglo XIX hubo algunos avances tecnológicos.
In the nineteenth century there were some technological advances.

*Note:
hay = there is/are
había = there was/were
hubo = there was/were

ha habido = there has/have been
había habido = there had been

aún = todavía
aun = hasta (*even*)

4. Note the use of **ya** (*already, yet*) and **todavía** (*still, yet*) in the following sentences. **Ya** is used with the preterit in affirmative questions and affirmative sentences and usually precedes the verb. **Todavía** is used with the present perfect in negative questions and negative sentences and is placed before the word **no** or at the end of the sentence.

—¿**Ya** terminaste?*
—Sí, ya terminé.*

Have you already finished? / Have you finished yet?
Yes, I have already finished.

—¿**Ya** comiste?*
—No, **todavía no** he comido nada. / No, no he comido nada **todavía.**

Have you already eaten? / Have you eaten yet?
No, I haven't eaten anything yet. /
No, I still haven't eaten anything.

—¿**Todavía no** has presentado el informe?
—No, **todavía no** lo he presentado.

You haven't presented the report yet?

No, I haven't presented it yet.

*Note: **¿Ya has terminado? Ya he terminado,** and **¿Ya has comido?** are frequently used in Spain instead of the preterit.

5. When it stands alone, the phrase **todavía no** means *not yet*. The phrase **ya no** means *no longer / not any more*.

—¿Has visto *Como agua para chocolate?*
—**Todavía no.**

Have you seen Like Water for Chocolate?
Not yet.

—¿Fumas?
—**Ya no** (fumo).

Do you smoke?
Not anymore. / I don't (smoke) anymore.

Actividad 9: La persona más audaz   **Parte A:** En parejas, averigüen cuáles de estas cosas ha hecho su compañero/a y cuáles no ha hecho nunca.

→   participar en una manifestación (*protest*)

—¿Alguna vez has participado en una manifestación?

—No, no he participado nunca en ninguna manifestación.

1. beber mate (un té que se toma en Argentina, Uruguay y Paraguay)
2. trabajar como salvavidas en una playa o una piscina
3. comer ostras crudas, pulpo (un animal marino con ocho tentáculos) o ancas de rana (Kermit es una rana)
4. bucear
5. cocinar con tofú
6. hacer alas delta
7. nadar desnudo/a
8. manejar a más de 150 kilómetros por hora (más de 90 millas por hora)
9. saltar con una cuerda "bungee"
10. salir con otra persona mientras tenías novio/a

Parte B: Ahora, decidan cuál de Uds. es más audaz.

→   Yo soy más audaz porque he . . . en cambio tú sólo has . . .

Actividad 10: Cambios   En grupos de cuatro, dos de Uds. son personas muy pesimistas y las otras dos son muy optimistas. Mencionen tres o cuatro de los cambios sociales y políticos más importantes que han ocurrido en los últimos doce meses. Pueden usar la lista de cambios que se presenta a continuación. Sigan los modelos.

→   (pesimista) Este año ha habido muchos robos en esta ciudad.

→   (optimista) Este año hemos creado más programas sociales.

personas sin trabajo
programas para reducir la
  violencia en el hogar
accidentes de avión
animales en peligro de extinción

atentados terroristas
nivel de la enseñanza primaria y
  secundaria
control de la contaminación
nivel de pobreza

¿LO SABÍAN?

Casi la mitad de los inmigrantes hispanos que llegan a California en busca de trabajo son pobres y se calcula que tardan unos 20 años en mejorar su situación económica. Este logro se debe a sus propios esfuerzos y no, como generalmente se cree, a que estos inmigrantes tiendan a aprovecharse de los programas sociales. A medida que estos inmigrantes salen de la pobreza, llegan a California nuevos inmigrantes hispanos pobres. Esta situación causa la impresión equivocada de que el inmigrante hispano siempre es pobre. Piensa en el pasado y di cómo fue la inmigración italiana e irlandesa a este país a principios del siglo XX.

Actividad 11: Y este semestre, ¿qué? En parejas, pregúntenle a la otra persona si ha hecho las siguientes actividades este semestre. La persona que responde debe explicar su respuesta. Sigan el modelo.

—¿Todavía no has tomado ningún examen?

—Sí, ya tomé un examen.
  Tuve uno . . .

—No, todavía no he tomado ningún
  examen. Tengo uno . . .

1. hablar con tu consejero
2. ir a la oficina de tu profesor/a de español
3. elegir las materias para el próximo semestre
4. decidir con quién(es) vas a vivir el año que viene
5. encontrar un lugar para vivir el año que viene
6. solicitar un trabajo para el verano

Cómo buscar trabajo

Internet

A one-page resumé is not
frequently used in Spanish-
speaking countries.

estar desempleado/a = estar
en (el) paro (España)

el alquiler = the rent

aguinaldo = paga extraordi-
naria (España)

B. El trabajo

Buscar un trabajo

completar una solicitud	to fill out an application
solicitar un puesto/empleo	to apply for a job
el curriculum (vitae)	
entrevistarse (con alguien)	to be interviewed (by someone)
la experiencia laboral	work experience
las referencias	
los avisos clasificados	classified ads
la oferta y la demanda	supply and demand
contratar/despedir (i, i) a alguien	to hire/fire someone
estar desempleado/a	to be unemployed
tomar cursos de	to take continuing
perfeccionamiento/	education/training
capacitación	courses

El empleo

la empresa	company
trabajar medio tiempo/tiempo	to work part/full time
completo	
el salario mínimo	minimum wage
el sueldo	salary
la renta/los ingresos	income
el pago mensual/semanal	monthly/weekly pay
bajar/aumentar el sueldo	to lower/raise the salary
la economía sumergida	underground economy

Los beneficios

la licencia por maternidad/	maternity/sick/wedding leave
enfermedad/matrimonio	
el aguinaldo	end-of-the-year bonus

→

el seguro médico/dental/de vida	health/dental/life insurance
la guardería infantil	child care center
los días feriados	holidays

Actividad 12: Quiero un trabajo   Usa el vocabulario sobre el trabajo y di qué se necesita hacer para conseguir un trabajo.

Actividad 13: Los beneficios   En grupos de tres, discutan cuáles son los beneficios que puede ofrecer una empresa. Luego pónganse de acuerdo para ponerlos en orden de importancia y justifiquen su orden. Comiencen diciendo: **¿Cuáles son algunos de los beneficios que . . . ?**

Actividad 14: Historia laboral   En grupos de tres discutan las siguientes preguntas.

1. ¿Han trabajado alguna vez?
2. ¿Han tenido o tienen trabajo de tiempo completo con beneficios? Si contestan que sí, ¿qué beneficios recibieron? ¿Seguro médico? ¿Seguro dental? ¿Aguinaldo? ¿Vacaciones pagadas? ¿Licencia por maternidad? ¿Por matrimonio?
3. ¿Han trabajado medio tiempo? ¿Han trabajado sólo durante los veranos? Si contestan que sí, ¿recibieron algunos beneficios?
4. Cuando nacieron, ¿estaba empleada su madre? Si contestan que sí, ¿dejó el puesto? ¿Le dieron licencia por maternidad? ¿Volvió a trabajar? ¿Trabajó tiempo completo o medio tiempo?
5. ¿Cuál es el mejor o el peor trabajo que han tenido? Descríbanlo y expliquen por qué fue bueno o malo.

Actividad 15: La entrevista de trabajo   En parejas, una persona va a entrevistar a la otra para el puesto de recepcionista de un hotel usando la información que aparece a continuación. El trabajo es de tiempo completo durante el verano y medio tiempo durante el año escolar. El/La candidato/a debe contestar diciendo la verdad sobre su experiencia y su preparación. El/La entrevistador/a debe decidir si va a darle el puesto a esta persona o no. Escuchen primero mientras su profesor/a entrevista a otro/a estudiante y después entrevisten a su pareja.

Responsabilidades y requisitos

Tener buena presencia	Tener experiencia con el
Saber llevarse bien con otros em-	público
pleados	Ser organizado
Usar computadoras	Tener conocimiento de uno o dos
Contestar al teléfono	idiomas extranjeros
Ser capaz de negociar conflictos	Trabajar días feriados

Actividad 16: ¿Qué opinas?   Di si estás de acuerdo o no con las siguientes ideas y por qué.

1. Todas las empresas deben tener guardería infantil.
2. Debe haber más cursos de capacitación para los desempleados.
3. Es justo que las empresas bajen los sueldos para no tener que despedir a sus empleados.
4. Si una empresa tiene que despedir a unos empleados, éstos deben ser los últimos que se han contratado.
5. Las personas que forman parte de la economía sumergida suelen ser los extranjeros que están en el país ilegalmente.
6. Todo empleado de tiempo completo debe tener seguro médico y un mes de vacaciones pagadas cada año.

Actividad 17: La oferta y la demanda   Parte A: En grupos de cuatro, analicen sus posibilidades de empleo en el futuro. Para hacerlo, apunten la siguiente información para cada miembro del grupo:

* el puesto que quiere tener
* dónde prefiere tener ese trabajo
* cuánto dinero quiere ganar
* la oferta y la demanda de ese trabajo en el mundo, en este país, en diferentes regiones del país o en ciudades específicas
* el efecto de la oferta y la demanda sobre el sueldo que va a poder ganar

Parte B: Basándose en las respuestas de la Parte A, decidan quién tiene las mejores posibilidades de conseguir el puesto que busca y quién creen que va a tener más problemas y por qué.

¿LO SABÍAN?

Muchos cambios económicos han ocurrido en los países latinoamericanos en los últimos diez años. Esto se debe en parte a una nueva generación de tecnócratas y políticos que han obtenido títulos de posgrado en universidades norteamericanas como Harvard y M.I.T. y han vuelto a sus países a poner en práctica los nuevos conocimientos obtenidos en el extranjero. Ellos opinan que para que la situación de sus países mejore, éstos deben formar parte de la economía mundial. La conexión entre los Estados Unidos y las otras naciones del hemisferio puede cambiar para siempre las relaciones comerciales en el continente.

Mira estos anuncios que han aparecido en periódicos de diferentes países y que muestran esta interdependencia y di si has pensado trabajar en otro país. ¿Cómo crees que puedas usar el español en tu futuro empleo?

Cherche photographe pour travailler au Méxique et aux Etats-Unis. 5 ans d'expérience, parlant espagnol et anglais. Envoyez CV et dix de vos meilleures photos à l'attention de Mme. Nathalie Drouglazet, Intercommunications S.p.A., 74 Rue de la République, 75014 Paris.

Cercasi venditore di computers con Laurea in Informatica. 3 anni di esperienza, milite esente, desideroso di viaggiare, necessaria conoscenza di francese e inglese. Contattare Dottoressa Simona Barello al numero: 011-65.68.378.

Relaciones públicas. Se busca Licenciado en Ciencias de la Comunicación, con buena redacción y óptimo dominio del inglés para empresa internacional. Mandar curriculum a **Martínez y Asociados.** Bulnes 3233. Capital Federal 1425. Oficina de personal.

III. Expressing Choice and Negation

O . . . o, ni . . . ni, ni siquiera

To review rules on Negating, see Chapter 7, pages 164–166.

1. When you want to say *either. . . or*, use **(o) . . . o.** When you want to express *neither. . . nor*, use **(ni) . . . ni.**

Esta noche quiero ir **(o)** al cine **o** a un restaurante.	*I want to go (either) to the movies or to a restaurant tonight.*
No quiero ir **(ni)** al cine **ni** a un restaurante esta noche porque estoy cansado.	*I neither want to go to the movies nor to a restaurant tonight because I'm tired.*
Ni Carlos ni Perla me han llamado.*	*Neither Carlos nor Perla has called me.*

Remember to use the double negative when **ni** follows the verb in sentences beginning with **no**.

*Note: When subjects are preceded by **ni . . . ni . . .**, or **(o) . . . o . . .** the verb is plural.

2. To express *not even*, use **ni (siquiera).**

Ni (siquiera) mi novia me entiende.	*Not even my girlfriend understands me.*
No recibí **ni (siquiera)** un centavo por el trabajo.	*I didn't even receive a penny for the work.*

Actividad 18: Lectura entre líneas   Lee primero la siguiente conversación y después contesta las seis preguntas que le siguen para reconstruir lo que crees que ocurrió. Hay muchas posibilidades; por eso, usa la imaginación al contestar, pero basa tus respuestas en la conversación. Intenta usar **ni . . . ni** y **o . . . o** al hablar.

Lola	Por fin has llegado. ¿Sabes algo?
Verónica	Nada. Y tú no te has movido, sigues al lado del teléfono.
Lola	No sé qué hacer. Ni ha llamado ni ha dejado una nota . . . ¡Nada!
Verónica	¡Qué raro que no haya dado ninguna señal de vida!
Lola	Han pasado tres días.
Verónica	¿Ha llamado él a Víctor?
Lola	Ni siquiera a él. No ha llamado ni a Víctor ni a nadie.
Verónica	¿Has llamado a la policía?
Lola	No. Todavía no he hecho nada. O lloro pensando en alguna tragedia o me enfado pensando que está divirtiéndose por ahí y que no se ha preocupado ni siquiera por avisar.
Verónica	¿Qué vas a hacer cuando vuelva?
Lola	O lo voy a abrazar . . . o lo voy a matar.

1. ¿Cuál de estas palabras describe mejor los sentimientos de Lola: desesperada, interesada o preocupada?
2. ¿De quién hablan las mujeres: un esposo, un amante, un hijo o un amigo? ¿Por qué creen eso?

3. ¿Qué creen que haya pasado recientemente en la vida de Verónica y Lola?
4. ¿Es Víctor una persona importante en la vida del hombre misterioso? ¿Cuál es la importancia de las palabras **ni siquiera** en la frase, **Ni siquiera a él**? ¿Quién puede ser Víctor?
5. ¿Dónde está el hombre misterioso y qué está haciendo?
6. ¿Va a llamar el hombre? ¿Va a volver? Si vuelve, ¿qué va a pasar?

Actividad 19: Tu futuro En parejas, miren las siguientes listas y decidan qué lugares van a ser parte de su futuro y cuáles no. Sigan el modelo.

→ Me gustaría vivir o en . . . o en . . . , pero no quiero estar ni en el campo ni . . .

Lugar para vivir

pueblo pequeño	norte	Europa	Suramérica
sur	campo	medio oeste	afueras de una ciudad
Alaska	Hawai	ciudad	noreste

Lugar de trabajo

oficina	al aire libre	escuela	empresa pequeña
empresa grande	laboratorio	casa	negocio de mi familia

IV. Indicating Cause, Purpose, and Destination

Por and *para*

Use **por:**

Remember to use prepositional pronouns after **por** and **para** when needed: **mí, ti, Ud., él/ella, nosotros/as, vosotros/as, Uds., ellos/as.**

a. to express *on behalf of, for the sake of,* or *instead of*

Acepto este premio **por** mi padre que murió la semana pasada.	*I accept this award for (on behalf of) my father who died last week.*
Debes hacerlo **por** tu propio bien.	*You should do it for your own sake.*
Ayer trabajé **por** mi tío.*	*Yesterday I worked for (instead of) my uncle.*

*Note: Compare this sentence with **Ayer trabajé para mi tío.** *Yesterday I worked for my uncle.* (He was my boss.)

b. to indicate movement *through* or *by*

Caminé **por** el parque.	*I walked through the park.*
Pasé **por** tu casa.	*I went by your house.*

c. to express reason or motivation

El jefe va a darle licencia **por** estar embarazada.	*The boss is going to let her go on maternity leave. (The pregnancy is the reason she is getting the leave.)*
Invité a Andrea a la fiesta **por** mi madre, pero a mí no me cae bien.	*I invited Andrea to the party for (because of) my mother, but I don't like her.*

Use **para:**

a. to express physical or temporal destination

Compré esta chaqueta **para** mi madre.	*I bought this jacket for my mother. (physical destination)*
Salgo **para** Tegucigalpa el lunes.	*I'm leaving for Tegucigalpa on Monday. (physical destination)*
La redacción es **para** mañana, ¿no?	*The composition is for tomorrow, right? (temporal destination)*

b. to express purpose

Mi abuelo estudió medicina sólo **para poder hacer** estudios científicos y no **para trabajar** en un hospital con pacientes.	*My grandfather studied medicine only in order to do scientific studies and not to work in a hospital with patients.*
Este programa de computación es **para realizar** gráficos tridimensionales.	*This computer program is for making tridimensional graphs.*
Estudia **para (ser)** ecologista.	*She's studying to be an ecologist.*

Note: **Por** and **para** are prepositions, therefore, verbs immediately following them need to be in the infinitive form.

After having studied these uses of **por** and **para,** compare the following sentences and analyze the reasons for using **por** or **para** in each case.

Salimos mañana **para** Venezuela.	Pasamos tres semanas viajando **por** Venezuela.
We are leaving for Venezuela tomorrow.	*We spent three weeks traveling through Venezuela.*
Lo hizo **para** conseguir su amor.	Lo hizo **por** amor.
He did it in order to get her love.	*He did it for love.*

Actividad 20: Intenciones   Mira la página siguiente y elige un itinerario de la primera columna y el lugar de paso lógico de la segunda para formar la ruta completa de cada viaje. Consulta un mapa si es necesario. Sigue el modelo.

→   Washington → Miami   Atlanta

Mañana salgo **de** Washington **para** Miami y pienso pasar **por** Atlanta.

Inicio del viaje → destino final	Lugar de paso
Lima → Machu Picchu	Taxco
Madrid → Barcelona	Córdoba
la ciudad de México → Acapulco	Zaragoza
La Paz → Sucre	Valparaíso
Buenos Aires → Salta	Antigua
Santiago → Viña del Mar	Cali
Medellín → Popayán	Cochabamba
Guatemala → Chichicastenango	Cuzco

Actividad 21: ¿Qué ocurre?   Lee los siguientes pares de miniconversaciones e intenta explicar en qué se diferencia cada situación.

1. A. —¡Querido! ¡Tengo una sorpresa!
      —¡Un carro! ¿Lo trajiste para mí? Muchas gracias.
1. B. —¡Querido! ¡Tengo una sorpresa!
      —¡El carro! ¿Lo trajiste por mí? Muchas gracias.

2. A. —¿Adónde vas con esos zapatos?
      —Los llevo para mi novio; tiene una fiesta y necesita ir elegante.
2. B. —¿Adónde vas con esos zapatos?
      —Los llevo por mi novio; él es muy alto.

Actividad 22: Motivos y propósitos   Habla de los motivos y propósitos de cada una de las siguientes situaciones, formando oraciones con una frase de la primera columna y una de la segunda. Debes encontrar dos posibilidades para cada frase de la primera columna: una con **por** para indicar el motivo de la acción y otra con **para** para indicar el propósito.

→   La familia llegó a casa a las 9:00 **por** el tráfico que había.

La familia llegó a casa a las 9:00 **para** ver su programa de televisión favorito.

Personas y hechos

1. Romeo y Julieta se suicidaron
2. El presidente subió al poder
3. Ralph Nader empezó a investigar productos
4. Nike usa en sus anuncios muchos deportistas
5. El gobierno norteamericano participa en el Tratado de Libre Comercio (*TLC*)

Motivos y propósitos

a. haber prometido cambios radicales
b. las oportunidades de trabajo que crea
c. vender sus productos
d. estar unidos en la muerte
e. el fraude en los anuncios
f. la fama que tienen entre los jóvenes
g. mejorar la situación económica
h. proteger al consumidor
i. amor
j. aumentar las exportaciones a México y Canadá

Actividad 23: Los multiusos   En parejas, miren las siguientes cosas y traten de dar por lo menos dos usos para cada una.

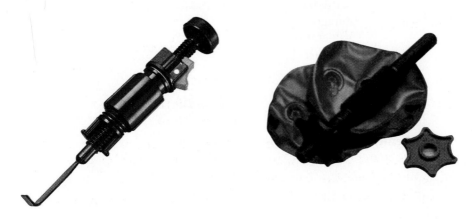

V. Describing Reciprocal Actions

Se/Nos/Os + Plural Verb Forms

1. One of the uses of reflexive pronouns is to describe actions that people do *to themselves.* **(Ella se ducha.)** Another use of the pronouns **se, nos,** and **os** is to describe actions people do *to each other* or *to one another.* These are called *reciprocal actions.* Compare the following sentences and drawings:

Él **se baña.**
He's bathing (himself).

Los trillizos de la familia Peñalver **se bañan.**
The Peñalver triplets are bathing one another.

Se llaman por teléfono con frecuencia.	*They call each other frequently.*
Nos peleamos como perros y gatos.	*We fight like cats and dogs.*
Vosotros **os** lleváis muy bien.	*You get along very well.*

2. Note the ambiguity in meaning of the following sentence.

Ellos **se miraron.**	*They looked at themselves.* *They looked at each other.*

To avoid ambiguity or to add emphasis, it is common to include the phrase **el uno al otro** and its feminine and plural forms **la una a la otra/los unos a los otros/las unas a las otras.** The definite article is optional.

Los amantes **se miraron** tiernamente **(el) uno a(l) otro.**	*The lovers looked tenderly at each other.*
Las tres niñas se golpearon **(las) unas a (las) otras.**	*The three girls hit one another.*

3. Verbs that are often used with a specific preposition use the same prepositions to clarify a reciprocal action.

Se despidieron (la) una **de** (la) otra.	*They said good-bye to each other.*
Se pelearon (el) uno **con** (el) otro.	*They fought with each other.*
Se rieron (los) unos **de** (los) otros.	*They laughed at one another.*

Actividad 24: La interacción   En parejas, digan cómo se comportan Uds. con diferentes personas o cómo se comportan ciertas personas entre ellas. Formen oraciones con una frase de la primera caja y una frase de la segunda.

mi padre/madre y yo mis padres mi hermano/a y yo mis hermanos mi perro/gato y yo mi abuelo/a y mi madre mi compañero de cuarto y yo	no dirigirse la palabra llevarse bien/mal (no) entenderse amarse (no) pelearse besarse escribirse

Actividad 25: Un guión de telenovela   **Parte A:** Completa esta parte del guión de una telenovela, usando pronombres de complemento directo o indirecto y pronombres reflexivos y recíprocos.

> Él _____ entrega una flor a ella y ella _____ huele (*smells*) y sonríe. Ella _____ toma la mano (a él). _____ miran uno a otro con mucha intensidad y (ellos) _____ besan. En ese momento entra otra mujer. Ella _____ mira (a ellos) con asombro, pero ellos no _____ ven hasta que ella _____ comienza a gritar obscenidades a él. Él _____ pone una mano sobre la boca y _____ intenta calmar. (Ella) no _____ calla. Las dos mujeres _____ siguen mirando. La primera mujer _____ explica a la otra quién es. Todos _____ ríen aliviados. Al final, todos ellos _____ abrazan.

Parte B: Ahora en grupos de cuatro, representen el guión que acaban de completar. Uno de Uds. debe leerlo mientras los otros tres actúan.

Actividad 26: No nos entendemos   **Parte A:** En grupos de cuatro, formen dos parejas (Pareja A y Pareja B). Todos Uds. trabajan para la empresa MicroTec. Lean solamente el papel para su pareja y prepárense para la discusión.

Pareja A	Pareja B
Uds. son representantes del sindicato (*labor union*) de MicroTec y deben crear una lista de beneficios laborales para los empleados. En los últimos años la empresa ha reducido los beneficios y ahora Uds. los consideran miserables y un insulto a su trabajo.	Uds. son representantes de la dirección de MicroTec y deben crear una lista de beneficios laborales para los empleados. Obviamente quieren empleados felices, pero también quieren ahorrarle dinero a la empresa. En los últimos años, Uds. han reducido los beneficios para no tener que despedir a ningún empleado.

Parte B: Ahora los representantes del sindicato y la dirección deben discutir los beneficios laborales e intentar llegar a un acuerdo. Usen expresiones como: **No nos entendemos, Queremos . . . , Insistimos en . . . , a menos que . . . , para (que) . . . .**

Remember: Direct-object pronouns are **me, te, lo, la, nos, os, los, las** and indirect-object pronouns are **me, te, le, nos, os, les**.

Vocabulario activo

Conjunciones adverbiales

Ver página 191.

Palabras relacionadas con el trabajo

Ver páginas 199–200.

Expresiones útiles

darle igual (a alguien)	*to be all the same (to someone)*
un montón	*a lot*
ni (siquiera)	*not even*
ni . . . ni	*neither . . . nor*
No, en absoluto.	*No, not at all.*
o . . . o	*either . . . or*
el uno al otro/ la una a la otra	*each other*
los unos a los otros/las unas a las otras	*one another (more than two)*

Vocabulario personal

CAPÍTULO

Es una obra de arte

▲ Dos indígenas otavaleños hilan lana en Ecuador para sus famosos tejidos.

COMMUNICATIVE GOALS

- expressing past influence, emotions, and other feelings and reactions
- reporting what someone said (part one)
- discussing art

ADDITIONAL GOALS

- shifting the focus in a sentence
- using transitional phrases

Entrevista a una experta en artesanías

llevarle (a alguien) + *time period*	to take (someone) + *time period*
¡Qué barbaridad!	Wow! (Literally, What a barbarity!)
se me fueron las ganas	I didn't feel like + *verb* + *ing* anymore
de + *infinitive*	
un dineral	a great deal of money

Actividad 1: El sombrero **Parte A:** El locutor de un programa de radio entrevista a una experta acerca de un sombrero muy famoso. Antes de escuchar la entrevista, mira la foto que aparece arriba y usa la imaginación y la lógica para intentar contestar las siguientes preguntas.

1. ¿Sabes cómo se llama ese tipo de sombrero?
2. ¿Quiénes hacen esos sombreros?
3. ¿Dónde crees que lo hagan?
4. ¿Cuánto tiempo lleva hacer un sombrero bueno? ¿Y uno muy bueno?
5. ¿Dónde se venden y cuánto cuestan?

 Parte B: Ahora, para confirmar tus predicciones, escucha la entrevista. Busca también la respuesta a las siguientes preguntas.

1. ¿En qué momento del día se hacen esos sombreros y por qué?
2. ¿Quiénes reciben la mayor parte del dinero de la venta de los sombreros?

Actividad 2: La interpretación En la entrevista, la Sra. Gómez le comenta al locutor del programa que la hija y la nieta de una artesana no están interesadas en continuar esta tradición porque "Ud. ya sabe cómo son los jóvenes". ¿Qué quiere decir con esta frase?

Entre los artesanos de Hispanoamérica se destacan los otavaleños, un grupo indígena de Ecuador que produce mantas y telas. En 1966, los otavaleños abrieron su primera tienda propia y sólo doce años más tarde ya tenían setenta y cinco tiendas. Hoy en día, se dedican a la exportación de sus productos a Europa, Canadá y los Estados Unidos. Por ser tan industriosos y buenos comerciantes, se considera a los otavaleños como uno de los grupos indígenas más prósperos de Hispanoamérica.

▲ *Bolsas otavaleñas*

I. Expressing Past Influence, Emotions, and Other Feelings and Reactions

The Imperfect Subjunctive

In previous chapters you learned many uses of the subjunctive:

Chapter 5: influencing, suggesting, persuading, and advising
Chapter 6: expressing feelings, emotions, opinions, belief, and doubt
Chapter 7: describing the unknown
Chapters 7 and 8: expressing pending actions

In this chapter you will learn how to express all of the preceding uses, but in reference to the past. In the interview you heard, the Panama hat expert used the imperfect subjunctive when she discussed an artisan's past desire that her daughter and granddaughter learn to make the hats: **"Había una artesana que quería que su hija y su nieta *aprendieran* (este arte)."**

1. To form the imperfect subjunctive, use the third person plural of the preterit, drop the **-ron** ending, and add the following subjunctive endings.

pagar→paga~~ron~~		poder→pudie~~ron~~		pedir→pidie~~ron~~	
pagara	pagáramos	pudiera	pudiéramos	pidiera	pidiéramos
pagaras	pagarais	pudieras	pudierais	pidieras	pidierais
pagara	pagaran	pudiera	pudieran	pidiera	pidieran

Note: To review formation of the preterit, see pages 302–304. There is an optional form, frequently used in Spain and in some areas of Hispanic America, in which you substitute **-se** for **-ra**; for example: **pagara = pagase; pidiéramos = pidiésemos.**

2. Once you have determined that a subjunctive form is needed, you must decide which of the following to use:

present subjunctive	**compre, compres,** etc.
present perfect subjunctive	**haya comprado, hayas comprado,** etc.
imperfect subjunctive	**comprara, compraras,** etc.

Use the following guidelines to determine which is needed:

a. As you studied in previous chapters, when the verb in the independent clause refers to the present or the future, use the present subjunctive in the dependent clause to refer to a present or future action or state.

	Independent Clause Present/Future	Dependent Clause Present Subjunctive (Present/Future Reference)
Influencing: Chapter 5	Mi jefe **va a querer** *My boss is going to want*	que yo **trabaje** en su estudio de arte. *me to work in his art studio.*
Indirect commands: Chapter 5	**Dice** *He's telling you*	que tú **traigas** las esculturas. *to bring the sculptures.*
Feelings: Chapter 6	**Me alegra** *I'm glad*	que el Museo de Arte Contemporáneo **abra** mañana. *that the Museum of Contemporary Art will open tomorrow.*
Unknown: Chapter 7	**Buscamos** un diseño *We are looking for a design*	que **sea** moderno. *that is modern.*
Pending actions: Chapter 7	**Quiero vender** mi cuadro *I want to sell my painting*	**en cuanto termine** de pintarlo. *as soon as I finish painting it.*
Pending actions: Chapter 8	**Vas a tener que reescribir** el contrato *You are going to have to rewrite the contract*	**antes de que lleguen** los clientes. *before the clients arrive.*

b. As you studied in previous chapters, when the verb in the independent clause refers to the present and the dependent clause refers to a past action or state, use the present perfect subjunctive in the latter.

	Independent Clause Present	Dependent Clause Present Perfect Subjunctive (Past Reference)
Doubt: Chapter 6	**Es probable** *It's probable*	que el artesano **haya terminado** el proyecto. *that the artisan has finished the project.*
Feelings: Chapter 6	No **me sorprende** *It doesn't surprise me*	que **hayan censurado** tu obra de arte. *that they have censored your work of art.*

c. When the verb in the independent clause is in a past tense and the dependent clause refers to a past action or state, use the imperfect subjunctive in the dependent clause.

Independent Clause Past	Dependent Clause Imperfect Subjunctive (Past/Past Pending Reference)
Influencing: Chapter 5 — Ella me **aconsejó** *She advised me*	que **comprara** esa reproducción. *to buy that reproduction.*
Doubt: Chapter 6 — Nosotros **dudábamos** *We doubted*	que la pintura **fuera** auténtica. *that the painting was authentic.*
Unknown: Chapter 7 — **Quería** un sombrero Panamá *I wanted a Panama hat*	que no **costara** un dineral. *that didn't cost a fortune.*
Pending Action: Chapter 8 — **Estudió** muchísimo *She studied a lot*	**para que** la **admitieran** en la escuela de Bellas Artes. *so that they would admit her to the Fine Arts school (When she studied, her being accepted was still pending.)*
Pending Action: Chapter 7 — Le **iba a hablar** *I was going to talk to him*	**cuando** él **llegara** a casa. *when he arrived home.*

Actividad 3: El arte del pasado   **Parte A:** Lee la siguiente información sobre el arte en España y elige el verbo y su forma del imperfecto del subjuntivo para completar cada espacio en blanco.

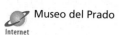 Museo del Prado
Internet

admirar
aprender
comenzar
hacer
parecer
pintar
representar
tener
utilizar

Antes de la Primera Guerra Mundial (1914–1918), existía en España el llamado arte oficial. El rey contrataba pintores para su corte y les indicaba lo que quería que ellos _____. En general, antes de que el artista _____ su trabajo, se hacía un contrato en el cual se especificaba quiénes aparecerían en la pintura y qué estilo y materiales se esperaba que el pintor _____. No había muchos pintores famosos que _____ la oportunidad de expresar sus propias ideas, ya que el artista seguía el estilo de la corte. Dos excepciones fueron Diego Velázquez (1599–1660) y Francisco de Goya (1746–1828) que lograron expresarse y, a la vez, complacer a sus reyes al hacer lo que éstos querían que ellos _____. Velázquez retrató no sólo a la familia real, sino también a los bufones (*buffoons*) de la corte. Entre sus obras famosas se encuentra *Las meninas*. Goya se hizo famoso por el realismo de sus retratos de la familia real, en los cuales no hizo nada para que los miembros de la familia _____ físicamente más atractivos de lo que en realidad eran. Uno de sus cuadros más conocidos es *La familia de Carlos IV.*

Había también, por otro lado, un arte llamado religioso comisionado por la iglesia. Ésta contrataba a artistas para que _____ escenas de la Biblia. Casi siempre estas escenas eran descriptivas y dramáticas y con ellas la iglesia buscaba que el pueblo _____ el contenido de las Sagradas Escrituras.

Después de la Segunda Guerra Mundial (1939–1945), hubo una reacción contra lo oficialmente establecido y los artistas comenzaron a buscar que la gente _____ su individualismo. Es así como aparecieron múltiples estilos de pintura que más tarde se trajeron al continente americano donde influyeron en los diversos estilos artísticos.

Parte B: En parejas, miren el cuadro de Velázquez, *Las meninas,* y contesten estas preguntas.

1. ¿A cuántas personas pintó Velázquez en este cuadro?
2. ¿Pueden encontrar al artista en el cuadro? ¿Hacia dónde mira?
3. Sabiendo que Velázquez pintó a los reyes y a la Princesa Margarita en el cuadro, ¿quiénes quería el pintor que fueran las personas principales?
4. Hay dos personas en un espejo al fondo del cuadro. ¿Quiénes creen que sean?
5. ¿Pueden encontrar a los bufones?
6. ¿Es una pintura estática o hay movimiento?
7. ¿Pueden deducir algo sobre la vida diaria del palacio real?

Actividad 4: Oído en un bar   Parte A: Estás en un bar y escuchas las siguientes frases de gente que está a tu alrededor. Complétalas con la forma apropiada de los verbos correspondientes.

un bar = a bar (by American standards); a coffee shop that also sells alcohol

1. Me alegré de que IBM me _____. (contratar)
2. Nos rogó que lo _____ lo antes posible. (hacer)
3. Dudo que ayer ella los _____. (convencer)
4. Sentí mucho que tú no _____ ir al picnic. (poder)
5. Les recomendé que _____ a las doce. (venir)
6. Mañana, quiero que tú _____ a los Ramírez a comer en el mejor restaurante. (invitar)
7. ¿Crees que nosotros _____ algunos en la exhibición de mañana? (vender)
8. La policía dice que no hay nadie que lo _____. (ver)
9. Lo hizo sin que tú _____ presente. (estar)
10. Ella no iba a descansar hasta que la _____. (terminar)

Parte B: Ahora, en parejas, usen la imaginación y creen un contexto para cinco o seis de las frases. El contexto debe contener la siguiente información:
- quién la dijo
- a quién se la dijo
- en referencia a qué

Usen expresiones como: **Es posible/probable que se la haya dicho . . . a . . . porque . . .**

Actividad 5: Las exigencias de nuestros padres   Parte A: Cuando Uds. estaban en la escuela secundaria, probablemente escuchaban muchas exigencias de sus padres. En parejas, túrnense para decir si éstas eran o no algunas de las exigencias de sus padres. Para formar oraciones, combinen una frase de la primera columna con una de la segunda. Sigan el modelo.

→ exigirte / volver a casa temprano

—¿Te exigían tus padres que volvieras a casa temprano?

—Sí, mis padres me exigían que volviera a casa temprano.

—No, mis padres no me exigían que volviera a casa temprano.

preferir	(no) poner la música a todo volumen
insistir en	sacar buenas notas en la escuela
esperar	(no) andar con malas compañías
exigirte	hacer la cama
recomendarte	(no) ver mucha televisión
prohibir	(no) pelearte con tu hermana/o
pedirte	(no) beber alcohol / consumir drogas
(no) querer	(no) hacerte tatuajes
	¿ ? ?

Parte B: En parejas, hablen de las exigencias que les hacen sus padres ahora. ¿Son iguales a las que les hacían cuando estaban en la secundaria o diferentes? Usen oraciones como: **Cuando era menor me exigían que . . . , pero ahora me exigen que . . .**

Actividad 6: **Era importante que . . .**   Di qué cosas de la siguiente lista eran importantes para ti cuando tenías diez años. Usa expresiones como: **interesarle, querer, ser preciso, ser importante.**

Remember: if you have no change of subject, use the infinitive.

→ tus amigos / ser / populares

   Cuando tenía diez años, me interesaba que mis amigos fueran populares.

1. tener muchas cosas
2. tus amigos / respetarte
3. llevar ropa de moda
4. tus padres / estar / orgullosos de ti
5. cuidar el físico
6. fumar
7. tus maestros / no darte / mucha tarea
8. tener muchos amigos
9. tus hermanos / no tocar / tus cosas
10. ? ? ?

Actividad 7: **Tus amigos de la secundaria**   En grupos de tres, digan qué tipo de amigos querían y tenían cuando estaban en la escuela secundaria. Pueden usar las siguientes ideas. Sigan el modelo.

→ Tenía amigos que consumían drogas.

→ Buscaba amigos que fueran cómicos.

(no) hablar mal de mí
(no) practicar deportes
(no) tener mucho dinero
(no) vivir cerca de mi casa
(no) gustarles fumar

(no) tener carro
(no) chismear (*gossip*)
(no) estudiar mucho
(no) ser divertidos
???

Actividad 8: **Los mejores y los peores**   En parejas, terminen estas frases para hablar de los mejores y peores trabajos que han tenido y hacerle sugerencias a su compañero/a.

Los trabajos terribles

El/La jefe/a siempre quería que
   nosotros . . .
Nos exigía que . . .
Nos prohibía que . . .
Me molestaba que mi jefe/a . . .
Siempre hacía/decía . . . para que . . .

Los trabajos fantásticos

El/La jefe/a siempre quería que
   nosotros . . .
Nos exigía que . . .
Nos prohibía que . . .
Me encantaba que mi jefe/a . . .
Siempre hacía/decía . . . para que . . .

Por eso te sugiero que . . .

Actividad 9: Creencias del pasado   Forma oraciones para expresar las creencias falsas que tenía la gente en el pasado y contrástalas con lo que se sabe ahora. Sigue el modelo.

→ no creer / el insecticida DDT / causar / problemas para el ser humano

—En el pasado la gente no creía que el insecticida DDT causara problemas para el ser humano.

—Es verdad, pero ahora sabemos que . . .

1. no creer / el asbesto / ser / peligroso para el ser humano
2. estar segura / la tierra / ser / plana
3. creer / el consumo de muchas proteínas / ser / bueno para la salud
4. no creer / la cocaína / ser / una droga
5. dudar / el hombre / poder / volar

Actividad 10: La hipótesis del cuadro   **Parte A:** En grupos de tres, miren este cuadro y contesten las preguntas para formar una hipótesis sobre su contenido y su historia.

1. ¿Es una escena estática o hay movimiento? Den ejemplos para justificar su respuesta.
2. ¿En qué año más o menos creen Uds. que el artista haya pintado el cuadro?
3. ¿De qué país creen que sea este cuadro?
4. ¿Creen que lo haya pintado un hombre o una mujer? ¿Por qué?
5. La persona que pintó el cuadro usaba modelos al pintar. Para encontrar sus modelos, ¿buscaba personas que fueran de la alta sociedad, de la clase media, de la clase baja o personas marginadas de la sociedad? Justifiquen su respuesta.
6. ¿Quién es la figura central del cuadro? ¿Cómo era? ¿Qué hacía un día normal?
7. ¿Qué sentimientos quería el/la artista que viéramos en la cara de cada persona?
8. ¿Qué quería el/la artista que sintiéramos al ver esta escena: tristeza, orgullo, felicidad, melancolía? ¿Algo más? Justifiquen su respuesta.

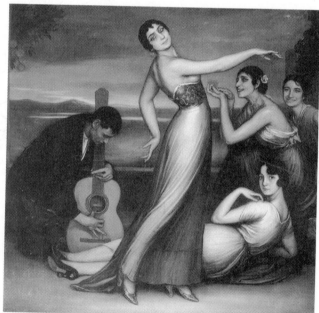

Parte B: Ahora escuchen la información que les va a dar su profesor/a sobre el cuadro para ver qué adivinaron de la Parte A.

II. Reporting What Someone Said (Part One)

A. Reported Speech

1. Telling or reporting what was said in a conversation is called reported speech. Look at the following exchange.

Pedro: **¿Vas a ir** al concierto de Marc Anthony?
Teresa: Sí. **¿Y tú?**
Pedro: **No, no voy a ir. Me invitaron** a una fiesta.

Now look at a report of what was said:

Pedro le preguntó a Teresa si **iba a ir** al concierto. Ella le respondió que sí y le preguntó a Pedro si él **iba a ir.** Pedro dijo que **no** porque lo **habían invitado** a una fiesta.

2. Study the combinations in the following examples showing how to report what was said.

Estilo directo	Estilo indirecto
Presente "**Asiste** a clase todos los días."	**Presente** Dice que **asiste** a clase todos los días.
Presente "**Toca** el piano."	**Imperfecto** Dijo que él **tocaba** el piano.
Ir a + infinitivo "**Vamos a ir** más tarde."	Le comentó que **iban a ir** más tarde.
Imperfecto "**Tomaba** clases de dibujo."	Nos explicó que ella **tomaba** clases de dibujo.
Presente Perfecto "**¿Has hecho** la escultura?"	**Pluscuamperfecto** Le preguntó si **había hecho** la escultura.
Pretérito "Sí, la **terminé** anoche."	Le respondió que la **había terminado** la noche anterior.
Pluscuamperfecto "Nunca **había estado** allí."	Añadió que nunca **había estado** allí.
Presente del subjuntivo "Sara quiere que le **regale** una escultura."	**Imperfecto del subjuntivo** Dijo que Sara quería que le **regalara** una escultura.
Órdenes "**Haz** el trabajo."	Me pidió que **hiciera** el trabajo.
"**No diga** nada."	Le pidió que **no dijera** nada.

Actividad 11: ¿Qué dijo?   Cambia esta conversación de estilo directo al indirecto (*reported speech*) usando el pasado. Sigue el modelo.

→   Mauricio le preguntó a Virginia qué iba a hacer el sábado.

→   Ella le contestó que . . .

Mauricio: ¿Qué vas a hacer el sábado?
Virginia: Tengo que ir a ver a una restauradora.
Mauricio: ¿Qué pasó?
Virginia: El cuadro de la sala se cayó y quiero que ella lo vea.
Mauricio: ¿Le ha pasado algo?
Virginia: Bueno, tiene un agujero (*hole*) pequeño y además está muy sucio. Voy a llevarlo el sábado por la mañana, pero después podemos hacer algo.

Actividad 12: El estudio de restauración   Trabajas en un estudio de restauración y tu jefa, que está enferma, llamó por teléfono y dejó algunos mensajes para los empleados. Di qué dijo que hicieran estas personas.

→   Javier / mandar / un fax a la galería de arte

La jefa dijo que Javier mandara un fax a la galería de arte.

1. Patricia / examinar / el cuadro de Virginia Ramírez
2. Paco / hacer / el presupuesto (*estimate*) para el Sr. Contreras
3. Santiago y Roberto / obtener / los materiales de trabajo
4. Maricarmen / restaurar / la estatua de la Sra. Gómez
5. Marcos / terminar / de arreglar el cuadro de Laura
6. todos / trabajar / mucho

Actividad 13: Las exigencias del ladrón   En parejas, una persona es el señor Pérez, director de un museo, y la otra persona es un/a detective de la policía. Lean sólo el papel que les corresponde.

ladrón = thief

El/La detective

El director de un museo llama para informarte que alguien robó una escultura muy valiosa. Hazle preguntas.

1. recibir / Ud. alguna comunicación del ladrón
2. cuándo / llamar
3. cuánto dinero / querer / Ud. / darle
4. adónde / querer / Ud. / llevarlo
5. cuándo / exigirle / a Ud. / estar / allí
6. decirle / algo más

Tú empiezas diciendo: ¿Recibió Ud. alguna comunicación del ladrón? Quiero saber qué le dijo.

El Sr. Pérez

Alguien robó una escultura muy valiosa del museo en que trabajas y te llamó por teléfono. Ésta fue la conversación que tuviste <u>ayer</u> con el ladrón.

Ladrón	Pérez, tengo la escultura y quiero dos millones de pesos, ¿entendió?
Pérez	¡Dos millones de pesos!
Ladrón	Así es. Y llévelos a la esquina de las calles Triunvirato y Paso. Los quiero ahí mañana a las 12 de la noche.
Pérez	Está bien, está bien.
Ladrón	Es importante que la policía no lo acompañe. Debe ir solo.

Contesta las preguntas del detective usando el estilo indirecto.

→ Me dijo que tenía la escultura.

Actividad 14: ¿Alguna vez?   En grupos de tres, háganse las siguientes preguntas para hablar de diferentes situaciones personales.

1. ¿Alguna vez te has vuelto a encontrar con un vecino o un amigo de tu niñez? ¿Qué te preguntó? ¿Qué te contó de su vida? ¿Qué le contaste tú?
2. Cuando eras niño/a, ¿tuviste novio/a alguna vez? ¿Qué le dijiste para comenzar el noviazgo?
3. ¿Alguna vez alguien te ha ofrecido en su casa una comida que te disgustaba mucho? ¿Qué le dijiste?
4. ¿Alguna vez has rechazado la invitación de alguien con una mentira? ¿Qué le dijiste?
5. ¿Alguna vez le has dicho a alguien una verdad muy difícil de aceptar? ¿Qué le dijiste?

Actividad 15: Una obra de arte   **Parte A:** En parejas, busque cada uno un cuadro de este capítulo que le guste mucho o que no le guste y explíquele a su compañero/a por qué lo eligió.

Parte B: Ahora muéstrale el cuadro a la clase y cuéntale lo que dijo tu compañero/a.

B. *Pedir* and *preguntar*

When reporting what someone asked or requested, it is common to use the verbs **pedir** and **preguntar**. Read the following explanations to help you understand their use.

hacer preguntas = to ask questions

1. Use **preguntar** when reporting a question someone asked, asks, or will ask.

Ella me **preguntó** cuánto costaba la entrada.   *She asked me how much the ticket cost.*

Él me **pregunta** si quiero ir a la exhibición.	*He's asking me if I want to go to the exhibition.*
Voy a preguntarle si quiere ir conmigo.	*I'm going to ask her if she wants to come with me.*

preguntar → information

pedir → thing or action

2. Use **pedir** when either making or reporting a request someone made, makes or will make. In a request, you often ask someone else *for* something or *to do* something. In the latter case, **pedir** expresses influence and is followed by a dependent clause containing a verb in the subjunctive.

Le **pedí** a Marta su computadora.	*I asked Marta for her computer.*
Juan le **pidió** a Marta que le **prestara** su computadora.	*Juan asked Marta to lend him her computer.*
Te **pido** que no **hables** en voz alta.	*I'm asking you not to speak loudly.*
Voy a pedirle que me **traiga** el libro que le presté.	*I'm going to ask him to bring me the book that I lent him.*

Actividad 16: ¿Quién dijo qué?   A continuación hay tres columnas: (1) nombres de personas famosas, (2) individuos a quienes las personas famosas les pidieron o preguntaron algo, (3) lo que pidieron o preguntaron. Utiliza una expresión de cada columna y **pedir** o **preguntar** para formar oraciones lógicas en estilo indirecto. Sigue el modelo.

→   El Rey Felipe IV le pidió a Velázquez que le pintara un cuadro.

Felipe IV	Isabel la Católica	"Tráigame un café colombiano, por favor."
Hernán Cortés	Sancho Panza	"Recuéstese Ud. en el sofá porque le voy a hacer algunas preguntas."
Don Quijote	todos	"Tráeme mi lanza *(lance)*."
Julieta	un mesero	"¿Tienen Uds. oro?"
la Madre Teresa	una huésped	"¿Me puede dar el dinero para el viaje?"
Cristóbal Colón	una empleada doméstica	"¿Dónde estás, mi amor?"
Rita Moreno	Romeo	"¿Quiere Ud. una habitación con o sin ducha?"
Juan Valdéz	un paciente	"Vayan a ayudar a los pobres."
Freud	Velázquez	"Quiero que me pinte un cuadro."
Norman Bates	los aztecas	"Ponga mi Óscar al lado de mi Emmy que está delante de mi Tony que está a la derecha de mi Grammy."

Actividad 17: La entrevista de español   En parejas, Uds. tuvieron una entrevista con su profesor/a de español y están comparando qué les preguntó y qué les pidió que hicieran. Cada uno debe leer una de las listas de preguntas de la página siguiente y turnarse para decir qué ocurrió en su entrevista.

→   ¿Te gusta la música? Cuéntame cómo fue el último concierto que viste.

—Primero me preguntó si me gustaba la música y después me pidió que le contara cómo había sido el último concierto que había visto.

Lista de preguntas A:

1. Mira esta foto. Cuenta una historia.
2. ¿Qué haces generalmente en tus vacaciones de verano? Dime qué hiciste el verano pasado.
3. ¿Dónde vivías cuando eras niño/a? Descríbeme tu ciudad.
4. Dime cuál es tu pasatiempo favorito.

Lista de preguntas B:

1. Dime quién es tu pariente preferido. Cuéntame cómo es.
2. ¿Dónde y con quién viviste el año pasado?
3. ¿Quién era tu profesor favorito en la escuela secundaria? Dime qué te gustaba de esa persona.
4. Mira este dibujo. Háblame de las personas. ¿Quiénes son? ¿Qué están haciendo?

III. Discussing Art

El arte

El arte, when singular, generally takes masculine adjectives: **el arte moderno.** When plural, it takes feminine modifiers: **las bellas artes.**

La obra de arte

el autorretrato	self-portrait
la naturaleza muerta/el bodegón	still life
la obra maestra	masterpiece
el paisaje	landscape
la reproducción	
el retrato	portrait

Algunos movimientos artísticos: abstracto, barroco, cubismo, impresionismo, realismo.

la burla, burlarse de . . .	mockery, to mock/joke (make fun of)
la imagen	
expresar	
la fuente de inspiración	source of inspiration
glorificar	to glorify
el mensaje	message
la sátira	satire
simbolizar, el símbolo	

Apreciación del arte

la censura, el censor, censurar	
la crítica, el/la crítico/a, criticar	critique, critic, to critique; to criticize
la interpretación, interpretar	
(no) tener sentido	(not) to make sense

Actividad 18: Categorías Asocia las siguientes personas o instituciones con un mínimo de tres palabras de la lista de vocabulario y explica por qué elegiste esas palabras.

1. un crítico
2. una artista
3. el gobierno
4. una actriz
5. un comediante
6. una universidad

Actividad 19: Los símbolos   Las obras de arte están llenas de símbolos y mensajes. Habla del simbolismo en el arte combinando un símbolo con un concepto.

→   El color blanco representa/simboliza . . .

calavera

Símbolos	Conceptos
el color blanco	la muerte
el color rojo	la esperanza
una calavera	la religión
una cruz	la paz
una paloma (*dove*)	la pureza
el color verde	la violencia, la pasión

Actividad 20: ¿Dónde están?   En grupos de tres, digan dónde están las siguientes obras maestras. Sigan el modelo.

→   Estoy seguro/a de que . . . , la obra maestra de (nombre del artista), está en . . . / Sé que no . . . / (No) es posible que . . . / (No) creo que . . .

Obra maestra	Lugar
El David / Miguel Ángel	la Secretaría de Educación en la ciudad de México
La piedad / Miguel Ángel	la Galería de la Academia en Florencia
La vista de Toledo / El Greco	el Centro Reina Sofía en Madrid
La maja vestida / Goya	el Louvre en París
El Guernica / Picasso	el Museo Metropolitano en Nueva York
La Mona Lisa / da Vinci	el Vaticano
Cantando el corrido / Rivera	el Museo del Prado en Madrid

Diego Rivera
Internet

En 1923, un grupo de artistas mexicanos que habían vivido bajo la dictadura de Porfirio Díaz y habían pasado por un período de revolución cuando eran estudiantes de arte, formaron un sindicato de pintores y escultores. Entre ellos estaban los famosos muralistas Diego Rivera, David Alfaro Siqueiros y José Clemente Orozco. Debido a que este sindicato apoyaba el papel revolucionario del nuevo gobierno, éste les ofreció a los pintores diferentes paredes de la ciudad y de edificios públicos para que hicieran pinturas sobre ellas. Así comenzó el movimiento llamado Muralismo, el primero de la historia que desarrolló temas sociopolíticos en la pintura.

▶ Cantando el corrido, *Diego Rivera.*

Actividad 21: El arte en California Mucha gente cree, erróneamente, que el arte de los artistas mexicoamericanos en los Estados Unidos ha recibido influencia del arte hispanoamericano en general. La mayor influencia que se encuentra en el arte mexicoamericano es la de los muralistas mexicanos. En parejas, comparen el siguiente mural de una artista chicana con el del *¿Lo sabían?* de la página anterior. Usen palabras de la lista de vocabulario para decir en qué se parecen y en qué se diferencian.

▲ *Parte del mural*
La ofrenda, Yreina
Cervantez.

Actividad 22: ¿Qué es realmente arte? En parejas, discutan estas preguntas sobre el arte.

1. ¿Cuál es la diferencia entre arte y artesanía?
2. Cuando un niño hace un dibujo, ¿se considera arte?
3. ¿Cuál es la diferencia entre un grafiti y un mural? ¿Conocen a alguien que haya pintado grafiti? ¿Cómo era el grafiti y dónde lo pintó?
4. Muchos artistas de tiras cómicas *(comic strips)* usan sátira o se burlan de algo, pero existen periódicos que censuran estas tiras cómicas y no las publican. ¿Cuándo y por qué creen que los periódicos hacen esto? ¿Cuál es su tira cómica favorita y por qué?
5. Otro tipo de arte es el diseño gráfico. Las empresas gastan un dineral en crear sus logotipos *(logos)*. ¿Qué logotipos te gustan? ¿Simbolizan algo en especial? Miren los logotipos que se presentan aquí y digan qué simbolizan y qué promocionan.

Actividad 23: El arte en la ropa   Camiseta, un par de jeans y unos zapatos de tenis es la vestimenta más común que llevan los jóvenes de hoy en día. En parejas, averigüen qué tipo de mensajes tienen las camisetas que Uds. generalmente llevan. Sigan el modelo.

→   —¿Tienes una camiseta que tenga una imagen simbólica?

—Sí, tengo una con la paloma   —No, no tengo ninguna que tenga
de la paz de Picasso.   una imagen simbólica.

1. tener una imagen simbólica
2. tener un mensaje político o ecológico
3. glorificar la universidad, un equipo, etc.
4. criticar algo directamente
5. hacer sátira de algo
6. tener una obra de arte
7. tener algo gracioso

Actividad 24: La comunicación   El artista suele querer transmitir algo a los que ven su obra y, de hecho (*in fact*), durante muchos siglos, se usaba el arte para educar al público. En parejas, miren el cuadro de la derecha y digan qué historia quiere contar.

Actividad 25: Críticos de arte   Mira el cuadro que está abajo y después, en grupos de tres, discutan las ideas que se presentan a continuación.

1. su reacción al mirar el cuadro
2. por qué tienen esa reacción
3. describan todos los detalles que hay en el cuadro: la luz, las sombras, las figuras, las líneas diagonales y las curvas, los colores
4. cuál creen que haya sido la fuente de inspiración de la artista
5. cuál es el mensaje de este cuadro

◀ *Sueño y premonición*,
María Izquierdo (México).

▲ *Auto de fe*, *Pedro Berruguete* (España).

¿LO SABÍAN?

Durante muchos siglos las artes estuvieron dominadas por los hombres. En general, ellos eran quienes las patrocinaban *(sponsored)* y quienes tenían fama mundial. Actualmente se reconocen las contribuciones de las artistas también. Entre las más conocidas de Hispanoamérica se encuentran las mexicanas Frida Kahlo (1907–1954) y María Izquierdo (1902–1955), que lograron reconocimiento gracias a su conexión con Diego Rivera. Otras artistas conocidas en la actualidad son Lidy Prati (1921–) y Liliana Porter (1941–), ambas argentinas, la venezolana Marisol (1930–), la colombiana Ana Mercedes Hoyos (1942–) y la cubana Ana Mendieta (1948–1985). Intenta nombrar alguna artista norteamericana famosa del pasado o del presente. ¿Qué sabes sobre ella?

IV. Shifting the Focus in a Sentence

The Passive Voice

Many sentences you have dealt with up to this point have been in the active voice. That is to say that the subject (agent or doer of the action) does something to someone or something (the object of the action).

> Botero pintó *La familia presidencial.*

> *Botero painted* The Presidential Family.

Examine the following active sentences containing *subject + verb + object.*

	Active Voice	
Subject (Agent)	**Action**	**Object**
Siqueiros	pintó	muchos murales.
Siqueiros	*painted*	*many murals.*
La prensa	ha publicado	los resultados de las elecciones.
The press	*has published*	*the results of the election.*
La ciudad	va a construir	una casa para ancianos.
The city	*is going to build*	*a nursing home.*

1. The passive voice, which in Spanish is mainly found in writing, is used to place emphasis on the action and the receiver of the action instead of the doer of the action: *The movie was panned by the critics.* In Spanish, as in English, the passive construction is formed by reversing the word order and changing the form of the verb according to the following formula.

	Passive Voice		
Object (Passive Subject)	ser + past participle	por	Agent
Muchos murales *Many murals*	**fueron** pintad**os** *were painted*	por *by*	Siqueiros. *Siqueiros.*
Los resultados *The results*	**han sido** publicad**os** *have been published*	por *by*	la prensa. *the press.*
Una casa de ancianos *A nursing home*	**va a ser** construid**a** *is going to be built*	por *by*	la ciudad. *the city.*

Note: The past participle agrees in gender and in number with the object of the action.

2. Compare the following active and passive sentences.

Active	**Passive**
El presidente proclamó la paz.	La paz **fue proclamada** (por el presidente).
Las compañías petroleras van a explotar la selva.	La selva **va a ser explotada** (por las compañías petroleras).
La galería vendió el cuadro en un millón de pesos.	El cuadro **fue vendido** en un millón de pesos (por la galería).

Note: In many passive sentences it is possible to omit the agent (the phrase with **por**) when it is obvious or unimportant.

In Spanish, the passive voice isn't frequently used in the present. It is preferable to use the **se** construction instead.

3. When there is no clear agent, the **se** + *singular/plural verb* construction is preferred. To review, see Chapter 5, pages 130–131.

Se toma mate en Bolivia.	*Mate is drunk in Bolivia.*
Se ven muchos **anuncios** de mate en la televisión.	*Many ads for mate are seen on television.*

Actividad 26: Ciertas o falsas   Pon estas oraciones sobre el arte y la arqueología en la voz pasiva y después decide si son ciertas o falsas. Corrige las falsas.

1. Los romanos construyeron La Alhambra en Granada. F
2. Velázquez pintó el cuadro *Las meninas*. C
3. Los aztecas construyeron Machu Picchu. F
4. Ritchie Valens cantó "La bamba". C
5. Salvador Dalí pintó muchos murales en México. F
6. María Izquierdo pintó *Sueño y premonición*. C

Actividad 27: Acontecimientos importantes   Forma oraciones con la voz pasiva usando palabras de las tres columnas. Si no estás seguro/a, adivina.

→ El primer transplante de corazón fue realizado (*carried out*) por Christiaan Barnard.

La canción "*Volveré*"	componer	Pierre y Marie Curie
La vacuna contra la polio	crear	Pablo Picasso
Mujeres al borde de un ataque de nervios	desarrollar	Enrique Iglesias
	grabar	Pedro Almodóvar
La quinta sinfonía	dirigir	Alberto Einstein
El cuadro *Guernica*	descubrir	Isabel Allende
La teoría de la relatividad	pintar	Tomás Salk
La novela *Afrodita*	escribir	Beethoven
El metal radio		

V. Using Transitional Phrases

Expressions with *por*

Por is frequently used in transitional phrases that help to move a conversation or a narrative along. The following list contains common expressions with **por**:

por casualidad	by chance
por cierto	by the way
por ejemplo	for example
por eso/por esa razón	that's why, for that reason
por lo general	in general
por lo menos	at least
por un lado . . . por el otro	on one hand . . . on the other
por una parte . . . por la otra	
por otro lado/por otra parte	on the other hand
por (si) las dudas	
por si acaso	just in case
por si las moscas	
por lo tanto/por consiguiente	therefore

Actividad 28: Miniconversaciones   **Parte A:** Completa las siguientes conversaciones usando expresiones con **por.**

1. —¿Adónde vas con esos prismáticos (*binoculars*)?
   —Los llevo _____. Sé que tenemos asientos en la séptima fila, pero quiero ver bien a los actores.

2. —_Pa in los_ me gusta esta escultura, pero _____,
me parece carísima.
    —Entonces no la compres.

3. —Me fascinan las canciones de Ricky Martin, el ex integrante de Menudo.
    —_por cierto_,¿escuchaste su última canción? Es excelente.

4. —¿Has visto mi flauta _Casualidad_?
    —Creo que la vi en la mesa de la cocina, debajo del periódico.

5. —Esta exhibición me parece malísima; _por eso_ me voy.
    —Espérame, espérame que quiero ver algunos cuadros más.

6. —¿Cuánto crees que cueste esa obra de arte?
    —No estoy seguro, pero debe costar _por lo menos_ 100.000 pesos.

Parte B: Ahora en parejas, escojan una de las conversaciones y continúenla.

Actividad 29: Los comentarios   En parejas, digan qué piensan sobre cada una de las siguientes ideas usando por lo menos tres expresiones con **por** para cada situación.

→   las artesanías no son arte

   Por lo general eso es lo que piensa mucha gente y **por eso** no aprecia el trabajo de los artesanos. Pero **por otro lado**, . . .

1. el grafiti es arte
2. hay censura artística en este país
3. algún día van a desaparecer los libros

Actividad 30: ¿Censura o no?   Muchos gobiernos patrocinan (*sponsor*) las artes, pero siempre existe la posibilidad de la censura. Por ejemplo, en los Estados Unidos, están los casos del fotógrafo Mapplethorpe, con sus fotos eróticas, y del

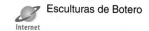
Esculturas de Botero

artista Serrano, cuyas imágenes causaron repugnancia y ofendieron a mucha gente. Cuando en Madrid se exhibieron, en un bulevar, esculturas de mujeres gordas desnudas del colombiano Fernando Botero, la gente se ofendió. Las encontraba desproporcionadas *(out of proportion)* y, por lo tanto, sin valor artístico y se opinaba que el estado no debería comprarlas. Desde hace algún tiempo se ha despertado en un sector del público un interés por controlar el dinero que gasta el gobierno en las artes. Así como el arte provoca reacciones, también provoca controversia.

Divídanse en dos grupos para debatir la siguiente idea:

> Los gobiernos no deben patrocinar obras de arte que la mayor parte de la población no acepta.

Cada grupo tiene cinco minutos para preparar su argumento a favor o en contra. Su profesor/a va a moderar el debate.

▲ *La quena: instrumento prohibido en Chile durante la dictadura de Pinochet.*

▼ *Alicia Alonso, bailarina y coreógrafa cubana. Se prohibió su entrada en los Estados Unidos durante casi todo el régimen de Castro por apoyarlo a él.*

▲ Pareja bailando, *Fernando Botero (Colombia)*. © Fernando Botero/ Licensed by VAGA, New York, NY. Courtesy The Marlborough Gallery, New York. Photo courtesy of Mary-Anne Martin/Fine Art, New York.

Vocabulario activo

El arte

Ver página 223.

Expresiones con *por*

Ver página 229.

Expresiones útiles

un dineral	*a great deal of money*
llevarle (a alguien) + *time period*	*to take (someone) + time period*
¡Qué barbaridad!	*Wow! (Literally, What a barbarity!)*
se me fueron las ganas de + *infinitive*	*I didn't feel like + verb + ing anymore*

Vocabulario personal

Matrimonios y algo más

▲ *Una pareja guatemalteca charla en un parque de la ciudad de Guatemala.*

COMMUNICATIVE GOALS

- stating future actions
- expressing conditions, giving advice, and making requests
- expressing probability
- discussing societal issues
- reporting what someone said (part two)
- hypothesizing about the future and the present

¡Que vivan los novios!

La boda
Internet

un/a amigo/a íntimo/a	a very close friend
¿No te/le/les parece?	Don't you think so?
mientras más vengan, mejor	the more, the merrier

▲ *Chicas argentinas tiran las cintitas de un pastel de boda.*

Actividad 1: Las bodas Marca qué costumbres asocias generalmente con bodas de tu país (MP), de países hispanos (PH) o de ambos (A).

1. _____ ceremonia civil o religiosa
2. _____ ceremonia civil y religiosa
3. _____ damas de honor como madrinas
4. _____ madres y padres como padrinos
5. _____ pajes con anillos
6. _____ tirarles arroz a los novios al salir de la iglesia
7. _____ fiesta con baile
8. _____ pastel de boda

Actividad 2: Otras costumbres **Parte A:** Escucha el programa de radio "Charlando con Dolores" para enterarte sobre por lo menos dos costumbres hispanas relacionadas con las bodas.

Parte B: Escucha el programa de radio otra vez y apunta todas las costumbres hispanas que se mencionan. Debes estar preparado/a para contárselas con detalle al resto de la clase.

Parte C: En parejas, describan costumbres norteamericanas relacionadas con las bodas que no se hayan mencionado en la actividad anterior.

Actividad 3: ¿Qué opinas?   En grupos de tres, discutan las siguientes ideas relacionadas con las bodas en su país.

1. Los padres de la novia deben pagar todos los gastos de la fiesta.
2. Los invitados sólo deben comprar regalos de la lista de regalos.
3. Las madrinas de la novia deben comprar el vestido que la novia elija por más feo que sea.
4. El novio y la novia pueden celebrar su despedida de soltero/a como quieran.

¿LO SABÍAN?

Entre las muchas tradiciones en torno a las bodas de los países hispanos se encuentran las serenatas en Colombia. Aunque esta costumbre parezca anticuada, todavía a veces se dan serenatas. En el pasado, el novio generalmente le mandaba a su futura esposa uno o varios músicos que le tocaban canciones frente a la ventana muy tarde por la noche.

Hoy día, es más común que el novio le lleve el conjunto de "serenateros" uno o dos días antes de la boda, generalmente la noche que reciben los regalos, y juntos con la familia pasan un rato escuchando música. Comenta qué piensas de esta tradición y si te gustaría recibir o mandarle una serenata a alguien.

I. Stating Future Actions

The Future Tense

In the radio program, you heard a caller say, **"Y la que se saque el anillo es la que se casará el año que viene"**, in reference to an action that will take place in the future. To do this, she used the future tense. You are already familiar with the two most common ways to refer to future actions: a construction with **ir a** + *infinitive* and the present tense.

1. The present tense is frequently used to refer to the near future, and a sense of certainty about the future is implied. **Ir a** + *infinitive* can be used to talk about both the near and distant future.

Esta noche **comemos** en casa de Wilson y Marta.

Tonight we are eating at Wilson and Marta's. (near future and sense of certainty)

| Ellos **van a hacer** una fiesta el sábado. | *They are going to have a party on Saturday. (near future)* |
| El año que viene **voy a estudiar** en el extranjero. | *I'm going to study abroad next year. (distant future)* |

2. Another way to refer to actions both in the near and distant future is by using the future tense. In everyday speech, this tense is not as common as the present or a construction with **ir a** + *infinitive*. The future tense is formed by adding the following endings to the infinitive form of the verb.

us**ar**		vend**er**		viv**ir**	
usar**é**	usar**emos**	vender**é**	vender**emos**	vivir**é**	vivir**emos**
usar**ás**	usar**éis**	vender**ás**	vender**éis**	vivir**ás**	vivir**éis**
usar**á**	usar**án**	vender**á**	vender**án**	vivir**á**	vivir**án**

For additional information on the formation of the future tense, see page 304.

Mi tío se murió el mes pasado, pero siempre lo **recordaré** con mucho cariño.	*My uncle died last month, but I will always remember him fondly.*
Con todo lo que está pasando hoy en día, no sé cómo **será** el mundo para mis nietos.	*With everything that is happening today, I don't know what the world will be like for my grandchildren.*
Él **querrá** que tú vayas a la boda.*	*He will want you to go to the wedding.*

*Note: In sentences requiring the subjunctive, if the independent clause contains the future, use the present subjunctive in the dependent clause.

3. You can use the future tense to make promises.

| —Quiero verte pronto en casa. | *I want to see you at home soon.* |
| —**Estaré** ahí a las ocho. | *I'll be there at eight.* |

Actividad 4: ¿Cómo serán?   En parejas, describan cómo creen que será físicamente la otra persona cuando tenga setenta y cinco años. A continuación hay algunas ideas que pueden ayudarlos. Justifiquen su descripción.

tener pelo blanco, canoso o teñido
ser calvo/a
llevar peluca *(wig, toupee)*
ser activo/a o sedentario/a
tener buena o mala salud
ser gordo/a o delgado/a

llevar anteojos bifocales o trifocales
tener arrugas *(wrinkles)*
ser fuerte o débil
ser musculoso/a o fofo/a
estar senil

Actividad 5: ¿Lo harán?   En parejas, túrnense para preguntarse cuáles de las actividades de la página siguiente no harán nunca y cuáles harán si pueden. Expliquen sus respuestas.

—¿Tendrás gatos?

—Sí, tendré gatos porque me encantan los animales.

—No, jamás tendré gatos porque les tengo alergia.

1. ganar un dineral
2. hacer un viaje al Oriente
3. vivir en la misma ciudad que sus padres
4. dedicarse a ayudar a los necesitados
5. adoptar a un niño
6. hacer el doctorado
7. aspirar a ser famoso/a
8. presentarse como candidato/a para un puesto del gobierno
9. matricularse en otro curso de español
10. aprender a hacer alas delta

Actividad 6: El pasado y el futuro   **Parte A:** Lee cómo era la vida en el año 1900 y luego di cómo será el mundo en el año 2075.

1. En el año 1900 las personas no viajaban mucho porque usaban caballos, barcos o trenes y cada viaje llevaba muchos días. En el año 2075 . . .
2. En el año 1900 se pagaba en las tiendas con monedas o billetes. En el año 2075 . . .
3. En el año 1900 la gente cerraba las puertas con llave y para entrar tenía que tener la llave. En el año 2075 . . .
4. En el año 1900 casi ninguna mujer ocupaba un puesto en el gobierno. En el año 2075 . . .
5. En el año 1900 existían tiendas donde se compraba comida, ropa, etc. En el año 2075 . . .

Parte B: Ahora usa la imaginación e imita el estilo de la Parte A para describir otros aspectos de la vida del año 1900 y después di qué pasará en el futuro.

1. las bodas
2. hacer las labores domésticas
3. el cáncer
4. trabajar 40 horas o más por semana
5. las guerras
6. las escuelas públicas

Actividad 7: La estructura familiar   En grupos de tres, lean las siguientes descripciones sobre la estructura familiar actual de los Estados Unidos y digan cómo creen que será esta estructura dentro de veinte años.

1. la mujer trabaja en la casa más que el hombre
2. hay desigualdad entre el sueldo que ganan los hombres y las mujeres
3. las parejas se casan entre los 25 y los 30 años
4. las familias tienen generalmente 2 hijos
5. hay bastante gente soltera con hijos
6. muchos jóvenes no pueden seguir sus estudios por falta de dinero
7. los adolescentes salen por la noche con permiso de los padres
8. el porcentaje de divorcios es alto
9. existen familias no tradicionales, pero son una minoría

Actividad 8: Promesas   Te vas a casar y quieres preparar una lista de cinco promesas para leerle a tu novio/a el día de la boda. Puedes usar las siguientes ideas:

La pareja
Internet

serle fiel

decirle la verdad siempre

ayudarlo/la en todo

quererlo/la para toda la vida

apoyarlo/la

hacerlo/la feliz

respetarlo/la

escucharlo/la siempre

no gritarle

tener presentes sus deseos

estar con él/ella en las buenas y en las malas

II. Expressing Conditions, Giving Advice, and Making Requests

The Conditional Tense

1. To express what someone would do in a given situation, use the conditional tense.

> **Sería** interesante hacer un estudio sobre los hombres que ganan menos dinero que su esposa. ¿Cómo **describirían** ellos su papel en la familia?

> *It would be interesting to do a study about men who earn less money than their wives. How would they describe their role in the family?*

2. The conditional is formed by adding the following endings to the infinitive form of the verb.

	us**ar**		vend**er**		viv**ir**	
	usaría	usaríamos	vendería	venderíamos	viviría	viviríamos
	usarías	usaríais	venderías	venderías	vivirías	viviríais
	usaría	usarían	vendería	venderían	viviría	vivirían

For additional information about the formation of the conditional, see page 305.

3. The conditional is frequently used to give advice when prefaced by the phrases **yo que tú/él/ella/ellos . . .** and **(yo) en tu/su lugar.**

> **Yo que tú, me casaría** con ella.

> *If I were you, I would marry her.*

> **(Yo) en tu lugar,** les **diría** la verdad.

> *If I were in your place, I would tell them the truth.*

4. You can also use the conditional to make very polite requests. The following requests are listed from the most direct (commands), to the most polite (conditional).

Dime dónde está el correo.	Haz esto.
¿Me dices dónde está el correo?	Quiero que hagas esto.
¿Puedes decirme dónde está el correo?	¿Quieres hacer esto?
¿**Podrías** decirme dónde está el correo?	**Me gustaría** que hicieras esto.*
	Querría que hicieras esto.*

*Note: When expressing influence, if the independent clause contains the conditional, use the imperfect subjunctive in the dependent clause.

Actividad 9: Situaciones de la vida diaria   **Parte A:** Lee individualmente las siguientes situaciones de la vida diaria y marca qué harías en cada una.

1. Estás en el banco y la mujer que está delante de ti sólo habla español y tiene problemas porque el cajero sólo habla inglés. ¿Qué harías?
   a. ayudarla y traducir para ella   b. no hacer nada
   c. buscar un cajero que hablara español
2. Llegas a tu casa solo/a de noche y encuentras la puerta abierta. ¿Qué harías?
   a. entrar para investigar   b. buscar a un vecino
   c. llamar a la policía
3. Un vendedor te devuelve diez dólares de más en una tienda. ¿Qué harías?
   a. devolverle el dinero   b. darle las gracias e irte
   c. comprar algo más en esa tienda
4. Un amigo que tiene novia te cuenta que está saliendo con otra chica. ¿Qué harías?
   a. decirle la verdad a la novia   b. no hablarle más a tu amigo
   c. sugerirle a él que se lo dijera a su novia
5. Viste a una señora poner un disco compacto en su bolso, pero no la vio nadie de la tienda. ¿Qué harías?
   a. avisarle a un/a vendedor/a   b. decirle algo a ella
   c. no decirle nada a nadie
6. Hay un incendio (*fire*) en una casa y hay niños gritando adentro, pero parece muy peligroso entrar. ¿Qué harías?
   a. buscar un teléfono y llamar a los bomberos
   b. entrar en la casa y sacar a los niños de allí
   c. buscar a un vecino para que te ayude
7. Un amigo que bebió seis cervezas mientras miraba un partido de basquetbol en tu casa quiere manejar a su casa. ¿Qué harías?
   a. llevarlo a casa   b. dejarlo ir solo
   c. ofrecerle un lugar para dormir en tu casa

Parte B: En parejas, miren las situaciones de la Parte A otra vez y marquen individualmente lo que creen que respondió su compañero/a. No pueden consultar con él/ella.

Parte C: Ahora hablen sobre las respuestas y las predicciones que hicieron.

→   A: ¿Qué haría yo en la primera situación?
B: Yo creo que no la ayudarías porque eres muy tímido/a.
A: Soy tímido/a, pero también soy amable y hablo bien español.

Actividad 10: ¿Qué harías?   Di qué harías en las siguientes situaciones y por qué.

1. Alguien te ha desafiado (*has challenged*) a saltar con una cuerda "bungee".
2. Has gastado más de $4.000 con la tarjeta de crédito y no tienes más crédito. En la cuenta bancaria tienes sólo $1.600 y quieres hacer un viaje a México con tus amigos durante las vacaciones.
3. Has chocado contra un auto estacionado y a tu auto no le ha pasado nada, pero el otro está un poco dañado. Calculas que el arreglo no costará más de $200. Nadie ha visto el choque y estás solo/a.

Actividad 11: Yo que tú . . .   En parejas, un estudiante mira las situaciones A y la otra persona mira las situaciones B. Cuéntense sus problemas y dense consejos usando las expresiones **yo que tú/él/ella/ellos** y **yo en tu/su lugar.**

A

1. Mi madre no quiere que yo acepte un trabajo en Bolivia, quiere que me quede aquí.
2. Mis padres van a ir a Europa y no saben si alquilar un carro o comprar un "Eurail pass".
3. Un amigo quiere que yo salga en el programa de Jerry Springer.

B

1. Un amigo me acusó de robarle el radio.
2. Mi padre no quiere que mi madre trabaje, pero ella quiere trabajar.
3. A mi hermano le ofrecieron un trabajo en una fábrica, pero es por la noche y no sabe qué hacer.

Actividad 12: Una emergencia   Estás en el trabajo y acabas de enterarte que tu padre tuvo un accidente y está en el hospital. Fuiste a pedirle algunos favores a una compañera, pero ella no está hoy. Por eso, decides pedirle los mismos favores a tu jefa, pero con ella necesitas ser más formal. Cambia lo que ibas a pedirle a tu compañera a la forma de Ud. y usa frases como: **¿Me podría . . . ?** , **Querría . . .** , **Me gustaría . . .**

1. "¿Me puedes ayudar?"
2. "¿Me dejas usar tu carro?"
3. "¿Puedes cancelar mis citas con los clientes?"
4. "¿Me puedes prestar cien dólares?"
5. "Quiero que llames a mi madre para decirle que iré enseguida al hospital."
6. "No quiero que le digas nada a nadie en la oficina."

III. Expressing Probability

The Future and Conditional Tenses

When you are not sure about something, you may express probability. For example, you may wonder about how old someone is, or if a person is late, you may wonder where he/she might be.

1. To wonder or to express probability about the present, use the future tense.

—¿Qué **estarán haciendo** los niños?
—**Harán** alguna travesura
  porque están tan callados.

I wonder what the kids are doing.
They must be doing something bad
  because they are so quiet.

—¿Cuántos años **tendrá** Ramón?
—**Tendrá** unos cincuenta.

I wonder how old Ramón is.
He's probably about fifty.

2. To wonder or to express probability about the past, use the conditional tense.

—¿Cómo ocurrió el accidente?
—De verdad no sé, pero **sería**
  por exceso de velocidad. Ella
  siempre maneja como una loca.
—¿A cuánto **iría?**
—**Iría** a 150 por lo menos.

How did the accident happen?
I don't really know, but it was
  probably speeding. She always drives
  like (a) crazy (woman).
I wonder how fast she was going.
She must have been going at least 150.

Actividad 13: ¿Qué pasará?   En parejas, miren las situaciones y usen la imaginación para hacer tres conjeturas sobre qué pasará en este momento en cada situación.

Actividad 14: Solos en casa   Ha habido muchos robos últimamente y te has puesto un poco paranoico/a. En parejas, Uds. están solos en una casa por la noche y hacen conjeturas acerca de lo que pasa. Sigan el modelo y miren la lista de la página siguiente.

→   oyen un ruido en otra habitación

A: ¿Oíste ese ruido?
B: Sí. ¿Qué será?
A: Será el viento. / Dejaría abierta la ventana.

1. un perro empieza a ladrar
2. suena el teléfono y al contestar, la otra persona cuelga
3. están mirando la televisión y de repente se corta la transmisión
4. escuchan la sirena de la policía
5. alguien llama a la puerta
6. se va la luz en toda la casa

Actividad 15: ¿En qué año sería?   Intenta decir el año exacto en que ocurrieron los siguientes acontecimientos. Si no estás seguro/a, mira las tres fechas aproximadas que se presentan y usa expresiones como: **sería a principio de los . . . / a fines de los . . .**

→   llegar / Armstrong a la luna

   a. a principios de los 60   b. a fines de los 60   c. a principios de los 70

   Armstrong llegó a la luna en 1969.   Sería a fines de los sesenta que
                                             Armstrong llegó a la luna.

1. México, Canadá y los Estados Unidos / firmar / el Tratado de Libre Comercio
   a. a mediados de los 80   b. a fines de los 80   c. a principios de los 90
2. ser / las Olimpiadas en Barcelona
   a. a principios de los 70   b. a fines de los 80   c. a principios de los 90
3. ser / la Copa Mundial de Fútbol en los Estados Unidos
   a. a mediados de los 70   b. a mediados de los 80   c. a mediados de los 90
4. Hernán Cortés / derrotar / a los aztecas
   a. a mediados del siglo XIV   b. a mediados del siglo XV   c. a mediados del siglo XVI
5. En Ecuador el gobierno / darle / el voto / a la mujer
   a. a fines de los 20   b. a fines de los 30   c. a fines de los 40
6. Arantxa Sánchez Vicario y Carlos Moya, españoles / ganar / el Abierto de Francia de Tenis
   a. a principios de los 90   b. a mediados de los 90   c. a fines de los 90

◄ *La española Arantxa Sánchez Vicario celebra la victoria de una final de tenis.*

IV. Discussing Societal Issues

La sociedad

pareja = couple; partner

La pareja

la falta de comunicación	lack of communication
la fidelidad, la infidelidad	
la igualdad de los sexos	equality of the sexes
el machismo	
ser(le) fiel/infiel (a alguien)	to be faithful/unfaithful (to someone)
sumiso/a	submissive
vivir juntos	to live together

La familia

la casa de ancianos	nursing home
la crianza, criar	raising/rearing, to raise/rear
ejercer autoridad	to exert authority
entrometerse (en la vida de alguien)	to intrude/meddle (in someone's life)
la generación anterior	previous generation
inculcar	to instill/inculcate
independizarse (de la familia)	to become independent (from his/her family)
los lazos familiares	family ties
malcriar	to spoil/to pamper (a child)
matriarcal, patriarcal	
moral, inmoral	
la niñera	nanny

Actividad 16: ¿Iguales o diferentes?   En parejas, una persona mira solamente la columna A y la otra mira la columna B. A debe definir las palabras pares y B debe definir las palabras impares. Al escuchar a tu compañero/a, di si la palabra que tienes bajo ese número es igual o diferente. Recuerda que no puedes utilizar la palabra en la definición. Usa frases como: **Es la acción de . . . , Es el lugar donde . . . , Es una cosa que . . .**

A

1. criar
2. serle fiel a alguien
3. sumiso/a
4. malcriar
5. independizarse
6. inmoral
7. entrometerse
8. matriarcal

B

1. inculcar
2. serle fiel a alguien
3. sumiso/a
4. criar
5. vivir juntos
6. inmoral
7. ejercer autoridad
8. patriarcal

Actividad 17: El matrimonio en el futuro   En una época, el matrimonio por amor y no por conveniencia se consideraba una idea muy radical. En parejas, discutan las siguientes preguntas sobre el matrimonio.

1. Cuando en generaciones anteriores el matrimonio era un arreglo, ¿qué tipo de conflictos tendrían los hombres y las mujeres?
2. ¿Qué tipo de problemas tendrán ahora que las parejas generalmente se casan por amor?
3. ¿Qué tipo de lazo creen que se establecerá entre dos personas en el futuro?

Actividad 18: La mujer mexicana   **Parte A:** El siguiente párrafo es parte de un artículo que apareció en una revista mexicana. Léelo para enterarte de cómo predice que será la mujer del año 2025.

ASÍ SERÁ LA MUJER

La mujer del año 2025 será realista, optimista y se sentirá cómoda con su incorporación a todos los ámbitos de la vida social. Formará una familia distinta a la tradicional, basada en las nuevas relaciones de pareja: el hogar dejará de ser el "reposo del guerrero", y el hombre compartirá las labores domésticas. Las cualidades que más valorará en su compañero serán la ternura, la inteligencia y el sentido del humor. Rechazará el papel de superwoman y no deseará ser perfecta. En el trabajo accederá a puestos de mayor responsabilidad, pero no cambiará su calidad de vida por conseguir el éxito a cualquier precio.

Parte B: Ahora en parejas, deduzcan las respuestas a estas preguntas sobre la vida de la mujer mexicana de hoy basándose en lo que acaban de leer.

1. ¿Cómo será la mujer mexicana actual?
2. Por lo general, ¿que tipo de familia tendrá ahora?
3. El hogar se ve en la actualidad como el "reposo del guerrero". ¿Qué significará esta frase?
4. ¿Qué tareas hará el hombre mexicano en el hogar hoy día?
5. ¿Cuáles séran las cualidades que más valora la mujer en un hombre?
6. ¿Qué papel creen que le asigne ahora la sociedad a la mujer?
7. Generalmente, ¿qué tipo de trabajo tendrá ahora la mujer fuera del hogar?

Actividad 19: La tele y la familia   En grupos de tres, miren el siguiente chiste de Quino, caricaturista argentino, y comenten las ideas que lo acompañan.

1. la televisión y la falta de comunicación en la familia
2. la televisión como un miembro más de la familia
3. la televisión como niñera
4. la televisión para inculcar valores tanto positivos como negativos

Actividad 20: Los más jóvenes y los ancianos   En grupos de tres, discutan estas preguntas sobre la educación infantil y el cuidado de los ancianos.

1. Imaginen que tienen un niño de un año. ¿Lo dejarían en una guardería todo el día? Den tres ventajas y tres desventajas.
2. ¿Quién debe ser responsable de la crianza de los niños y por qué?
3. ¿De qué forma creen que los padres malcríen a los niños? ¿Por qué creen que lo hagan?
4. ¿Qué papel desempeñan/desempeñaron sus abuelos en su familia?
5. Imagínense que sus padres son ancianos y necesitan cuidados especiales. ¿Cuáles serían tres ventajas y tres desventajas de que ellos vivieran con Uds.?
6. ¿Los pondrían en una casa de ancianos? ¿Cuáles serían las ventajas y desventajas de hacerlo?

Actividad 21: ¿Costumbres semejantes?   **Parte A:** En parejas, lean las siguientes nueve preguntas y discutan sus respuestas basándose en sus ideas sobre la sociedad norteamericana.

1. ¿Es común que un hombre soltero o una mujer soltera de treinta años viva con sus padres?
2. ¿Con quién viven los ancianos? ¿Tienen Uds. algún pariente en una casa de ancianos?
3. ¿Hay presión para que los recién casados tengan hijos?
4. ¿Comparten los padres por igual la crianza de los niños?
5. ¿Quiénes cuidan a los niños durante el día?

6. ¿Cómo dividen las responsabilidades de la casa las parejas casadas?
7. ¿Tiene la mujer de hoy más independencia que antes? Expliquen.
8. En la actualidad, ¿ejerce el padre la misma autoridad que ejercían su padre o su abuelo?
9. Cuando se presenta una situación crítica en una familia, por ejemplo, un divorcio, ¿creen que los familiares se preocupan por el qué dirán (*what others may say*)?

Parte B: En parejas, lean las preguntas nuevamente y traten de imaginar lo que contestaría un hispano.

→   Un hispano diría que (no) es común que un hombre de treinta años viva con sus padres.

¿LO SABÍAN?

A continuación hay una lista de respuestas que dio un joven hispano a las preguntas de la actividad anterior.

• Es común y aceptable que un hombre o una mujer de treinta años viva con sus padres si todavía no se ha casado.

• Relativamente pocas personas tienen parientes en casas de ancianos.

• En general, la madre es la que más se ocupa de la crianza de los niños.

• La familia espera que los recién casados tengan hijos pronto.

• Dentro de la casa, generalmente la mujer sigue ocupándose de la mayoría de las labores domésticas. El padre, normalmente, es el que mantiene a la familia y todavía se lo ve como el protector del hogar.

• Los abuelos y otros familiares ayudan a cuidar a los niños cuando los padres lo necesitan y suelen vivir en la misma ciudad.

• La mujer de clase media tiene cada vez más independencia y trabaja más fuera del hogar.

• Un padre tiene menos autoridad en el hogar que su padre o su abuelo, pero no mucho menos.

• Los mayores se preocupan más que los jóvenes por el qué dirán.

▼ *Un abuelo y su nieta se divierten en un parque de La Habana, Cuba.*

Actividad 22: Una pareja hispano-norteamericana   Después de discutir las preguntas de la Actividad 21 y de leer la información del **¿Lo sabían?**, en grupos de tres, hagan conjeturas sobre qué conflictos habría si se casaran una mujer norteamericana y un hispano.

V. Reporting What Someone Said (Part Two)

Reported Speech

In Chapter 9 you learned some ways to report what someone said. Study the combinations in the following examples showing how to report what someone said he/she will or would do.

Estilo directo	Estilo indirecto
Futuro	**Futuro**
"**Tendremos** dos hijos."	Dice que **tendrán** dos hijos.
Futuro	**Condicional**
"**Vendré** a la reunión de mañana."	Dijo que **vendría** a la reunión de mañana.*
Condicional	
"¿Qué **harías** en mi lugar?"	Me preguntó qué **haría** yo en su lugar.
"Le **diría** la verdad."	Le respondí que le **diría** la verdad.

Remember that in reported speech some common introductory phrases include: **dice que, dijo que, explicó que, añadió que, preguntó si/qué/ quién, contestó que, respondió que.**

*Note: The conditional follows a reporting verb in the preterit.

Actividad 23: ¿Qué dice? En grupos de tres, todos Uds. están en un lugar donde hay mucho ruido y, por eso, necesitan que les repitan las cosas. Intenten mantener una conversación sobre los planes para esta semana. Sigan el modelo.

→   A: ¿Qué piensas hacer mañana?
    B: Voy a ir al cine.
    C: ¿Cómo?
    A: Dice que irá al cine. / Dijo que iría al cine.

Actividad 24: Las promesas de fin de año **Parte A:** A fin de año, todos solemos hacer promesas para el año que comienza. Escribe alguna promesa que hiciste este año. Si no hiciste ninguna promesa, inventa una.

Parte B: Pregúntales por lo menos a cinco personas qué promesa hicieron este año y averigua si la cumplieron.

Parte C: Ahora, en parejas, cuéntenle a su compañero/a lo que dijeron las personas que entrevistaron.

→   Diane prometió que llamaría a sus abuelos de vez en cuando, pero todavía no lo ha hecho.

VI. Hypothesizing About the Future and the Present

Si Clauses

In this chapter you will learn to discuss hypothetical situations about the future and the present.

1. When making a hypothetical statement about possible future situations, use the following formula:

Si Clause	Result Clause
si + *present indicative,*	present indicative **ir a** + *infinitive* future command
Si llueve, *If it rains,* *(which it may or may not)*	**no patino hoy.** *I am not rollerskating today.* **no voy a patinar.** *I am not going to rollerskate.* **no patinaré.** *I will not rollerskate.* **no patines.** *don't rollerskate.*

2. When you want to express hypothetical situations about the present, use the following formula. Notice that the **si** clause contains a contrary-to-fact statement (if I were a rich man—which I am not).

Si Clause si + *imperfect subjunctive,*	Result Clause *conditional*
Si tuviera el dinero, *If I had the money, (which I do not)*	te lo **daría.** *I would give it to you.*
Si vivieras en Santo Domingo, *If you lived in Santo Domingo,* *(which you do not)*	**irías** a la playa todos los días. *you would go to the beach every day.*

Mi hermana me dijo que **si** ella
  fuera presidenta,
My sister told me that if she were
  president, (which she is not)
	acabaría con la violencia de una vez
	  por todas.
	she would end violence once and for all.

3. In all sentences with **si** clauses, either the result clause or the **si** clause can come first.

Si Uds. me ayudan, terminaremos pronto.	=	Terminaremos pronto si Uds. me ayudan.
Si nos escucháramos más, nos pelearíamos menos.	=	Nos pelearíamos menos si nos escucháramos más.

Actividad 25: Situaciones para niños Imagina que eres un/a niño/a y acabas de participar en un taller *(workshop)* sobre seguridad personal. Di qué harías en las siguientes situaciones.

1. Si alguien en la calle te preguntara cómo llegar a un lugar, . . .
2. Si un amigo o una amiga te ofreciera un cigarrillo, . . .
3. Si un amigo o una amiga te sugiriera que Uds. robaran algo en una tienda, . . .
4. Si tú estuvieras solo o sola en casa y una persona llamara por teléfono y preguntara por uno de tus padres, . . .
5. Si en la calle alguien te ofreciera un dulce, . . .

Actividad 26: ¿Alondra o búho? **Parte A:** Los cronobiólogos aseguran que existen personas orgánicamente más dispuestas al trabajo físico y mental diurno y otras al trabajo nocturno. Contesta este cuestionario para averiguar a qué grupo perteneces.

1. De poder elegir[1] con toda libertad y sin ninguna restricción laboral o de otro tipo, ¿a qué hora se levantaría?
   A- entre las 5 y las 6
   B- entre las 6 y las 7
   C- entre las 7.30 y las 10
   D- entre las 10 y las 11
   E- entre las 11 y las 12

2. Supongamos que Ud. se ha presentado a un nuevo trabajo y que tiene que realizar una prueba psicofísica que dura algunas horas y es mentalmente cansadora, ¿a qué hora le gustaría que le tomaran la prueba?
   A- entre las 8 y las 10
   B- entre las 11 y las 13
   C- entre las 15 y las 17
   D- entre las 19 y las 21

3. Si pudiera planear su noche con toda libertad y sin ninguna restricción laboral o de otro tipo, ¿a qué hora se acostaría?
   A- entre las 20 y las 21
   B- entre las 21 y las 22.15
   C- entre las 22.15 y las 0.30
   D- entre las 0.30 y la 1.45
   E- entre la 1.45 y las 3

4. Supongamos que se ha decidido a hacer ejercicio físico (un deporte, como el tenis, por ejemplo) y un amigo le sugiere hacerlo entre las 7 y las 8 de la mañana. En base a su predisposición natural, ¿cómo se encontraría Ud. si aceptara la invitación?
   A- estaría en muy buena forma
   B- estaría bastante en forma
   C- me sería difícil
   D- me sería muy difícil

5. Si tuviera que realizar dos horas de ejercicio físico pesado, ¿cuáles de estos horarios elegiría?
   A- de 8 a 10
   B- de 11 a 13
   C- de 15 a 17
   D- de 19 a 21

6. Si Ud. se fuera a dormir a las 23, ¿en qué nivel de cansancio se sentiría?
   A- nada cansado
   B- algo cansado
   C- bastante cansado
   D- muy cansado

7. ¿Se siente cansado durante la primera media hora luego de levantarse?
   A- muy cansado
   B- medianamente cansado
   C- sin cansancio pero no en forma plena
   D- en plena forma

8. ¿A qué hora del día se siente mejor?
   A- de 8 a 10
   B- de 11 a 13
   C- de 15 a 17
   D- de 19 a 21

[1] si pudiera elegir →

9. Supongamos que otro amigo le sugiere hacer jogging entre las 22 y las 23, tres veces por semana. Si no tuviera otro compromiso y en base a su predisposición natural, ¿cómo se encontraría Ud. si aceptara la invitación?

A- estaría en muy buena forma

B- estaría bastante en forma

C- me sería difícil

D- me sería muy difícil

RESULTADO

Sume los puntos obtenidos de acuerdo con el siguiente puntaje:

Puntaje

Pregunta 1: A=1, B=2, C=3, D=4, E=5

Pregunta 2: A=1, B=2, C=3, D=4

Pregunta 3: A=1, B=2, C=3, D=4, E=5

Pregunta 4: A=1, B=2, C=3, D=4

Pregunta 5: A=1, B=2, C=3, D=4

Pregunta 6: A=4, B=3, C=2, D=1

Pregunta 7: A=4, B=3, C=2, D=1

Pregunta 8: A=1, B=2, C=3, D=4

Pregunta 9: A=4, B=3, C=2, D=1

2 owl   3 lark (known for its early morning song)

Interpretación del resultado

9-15:   Definidamente matutino

16-20: Moderadamente matutino

21-26: Ni búho[2] ni alondra[3], intermedio

27-31: Moderadamente vespertino

32-38: Definitivamente vespertino

Parte B: Ahora comparte tu resultado con la clase.

Actividad 27: Acciones poco comunes **Parte A:** Entrevista a personas de la clase para averiguar si han hecho o harían, si pudieran, las actividades de la siguiente lista. Debes hacerle sólo una pregunta a cada persona que entrevistes y escribir sólo un nombre para cada acción. Sigue el modelo.

→ A: ¿Alguna vez has comido ancas de rana?

B: Sí, lo he hecho.

A: ¿Cuándo?

B: El verano pasado y me gustaron mucho.

B: No, nunca lo he hecho.

A: ¿Lo harás si puedes?

B: No, nunca lo haré. / Creo que sí lo haré.

	Lo ha hecho	Nunca lo hará	Lo hará si puede
1. correr un maratón	_____	_____	_____
2. escalar una montaña muy alta	_____	_____	_____
3. asistir al partido final de una Copa Mundial de Fútbol	_____	_____	_____
4. hacer un viaje por la selva amazónica	_____	_____	_____
5. vivir por lo menos un año en un país de habla española	_____	_____	_____
6. actuar en una película de Hollywood	_____	_____	_____
7. trabajar en su casa y no en una oficina	_____	_____	_____
8. ser reportero/a para un periódico de chismes	_____	_____	_____

Parte B: Ahora en parejas, díganle a la otra persona los datos que obtuvieron.

→ Beth dice que si puede, comerá ancas de rana.

Actividad 28: ¿Cómo serías?   En parejas, túrnense para decir cómo sería su vida si Uds. fueran diferentes en ciertos aspectos.

→   ser más alto

Si fuera más alto, podría ser un buen jugador de basquetbol. Practicaría todos los días y también viajaría mucho para jugar partidos.

1. ser más bajo/a o alto/a
2. ser más inteligente
3. tener más/menos dinero
4. ser más/menos deportista
5. ser famoso/a
6. estar casado/a o soltero/a
7. tener seis hijos
8. tener pelo de otro color

Actividad 29: La clonización   En grupos de tres, discutan las siguientes preguntas sobre la clonización (*cloning*).

1. ¿Qué significa el término "planificación familiar"?
2. Si tuviéramos clonización y mapas genéticos de embriones, ¿cómo cambiaría la definición de "planificación familiar"?
3. ¿Creen que la clonización sea moral o inmoral? Justifiquen su respuesta.
4. ¿Crees que muchas personas se harían un clon de sí mismas si pudieran?
5. ¿Cómo se sentiría un niño si supiera que es producto de una clonización?
6. ¿Qué consecuencias tendría la clonización para la estructura familiar? ¿Cómo cambiaría el concepto de "hermanos" o el de "padres"?

Actividad 30: Un anuncio publicitario   **Parte A:** Mira el anuncio de la derecha y contesta estas preguntas.

1. ¿Qué ofrece este anuncio?
2. ¿A quién está dirigido?
3. ¿Qué supone el anuncio que la persona esté haciendo?
4. Si una empresa quisiera ofrecerle algo a ese consumidor en los Estados Unidos, ¿aceptaría el consumidor este tipo de anuncio o lo interpretaría como ofensivo?
5. Si tuvieras que hacer un anuncio para ofrecerle este tipo de servicio a un hombre, ¿qué dirías en el anuncio?

Parte B: En grupos de tres, lean las siguientes ideas sobre los anuncios comerciales y digan qué opinan.

1. El hombre vende productos caros en los anuncios y la mujer vende productos baratos.
2. Los anuncios para adelgazar son para las mujeres.
3. Los anuncios de juguetes para niños están dirigidos a las mujeres.
4. Muchos anuncios presentan a la mujer como un "premio".

Actividad 31: Lectura entre líneas   Parte A: En grupos de cuatro, Uds. son empleados de una fábrica. Uno de Uds. tocó una tecla equivocada en la computadora y aparecieron en su pantalla los mensajes electrónicos entre Pura Morales, que es la nueva presidenta del sindicato, y el dueño de la fábrica. Lean los mensajes y hagan conjeturas sobre lo que ocurrió. Usen frases como: **Aquí dice que . . . , pero antes decía que . . .; Sería que ellos . . .; Esto implicaría que . . .; Será posible que . . .**

A: Felipe Bello   Fecha: 30/3
De: Pura Morales   Tema: Reunión

Sr. Bello: Me gustaría hablar con Ud. el lunes, 3 de abril, a las 15:00. ¿Estaría bien y le convendría esa hora? La cita no es para hablar de trabajo.

A: Pura Morales   Fecha: 31/3
De: Felipe Bello   Tema: Reunión

Srta. Morales: No tengo ningún inconveniente. Ya es hora de que nos conozcamos personalmente.

A: Pura Morales   Fecha: 4/4
De: Felipe Bello   Tema: Nuestro secreto

Pura, no sabes cuánto me gustó conocerte. Eres una persona muy especial. ¡Hay pocas mujeres tan valientes! Confía en mí, no voy a decir nada a nadie de lo nuestro. Dime cuándo puedes reunirte conmigo.

A: Felipe Bello   Fecha: 5/4
De: Pura Morales   Tema: El secreto

Felipe, ¿qué te parece si vamos al restaurante Le Rendezvous este sábado? El dueño es un íntimo amigo mío y es de confianza. Él no le dirá nada a nadie. Seguro que el dueño nos puede dar una sala especial sólo para nosotros donde podamos escuchar tangos.

A: Pura Morales   Fecha: 6/4
De: Felipe Bello   Tema: Le Rendezvous

Pura, me es imposible. Este sábado me toca cuidar a los niños ya que no me gusta dejarlos con la niñera. Lo siento mucho, pero ¿qué tal el sábado que viene? Seguro que puedo decirle a mi mujer que voy a un partido de fútbol, y así no podrá comunicarse conmigo.

A: Felipe Bello   Fecha: 7/4
De: Pura Morales   Tema: A las ocho

Felipe, obviamente no quiero entrometerme en tu vida familiar. El sábado que viene está perfecto. Estaré allí a las ocho.

A: Pura Morales   Fecha: 18/4
De: Felipe Bello   Tema: Una rosa roja

Pura, ¡qué día! Hace mucho tiempo que no me divertía tanto. Desde luego, entre nosotros no existe falta de comunicación. Cuando te vea el viernes, tendré una rosa roja para que la lleves entre los dientes. Hasta el viernes próximo en Le Rendezvous a las ocho.

Parte B: Para ver qué pasó de verdad, lean el artículo que salió en el boletín (*newsletter*) de la fábrica a principios de mayo y comparen sus deducciones con la información del boletín. (Ver página 298.)

Parte C: Ahora discutan las siguientes preguntas sobre la infidelidad.

1. ¿Creen que sea común la infidelidad entre personas que tienen un vínculo amoroso? Si supieran que la pareja de un amigo íntimo es infiel, ¿bajo cuáles de estas circunstancias le dirían algo?
   - si fueran novios
   - si vivieran juntos, pero no estuvieran casados
   - si pensaran casarse
   - si estuvieran casados sin hijos
   - si estuvieran casados con hijos

2. ¿Cambiaría su respuesta si fuera una amiga íntima?
3. Si estuvieran Uds. en cualquiera de estas situaciones, ¿les gustaría que alguien les dijera la verdad? ¿Preferirían enterarse de otra forma? ¿Preferirían no saber nada?

Vocabulario activo

La sociedad

Ver página 243.

el qué dirán   *what others may say*

Expresiones útiles

un/a amigo/a íntimo/a   *a very close friend*
mientras más vengan, mejor   *the more, the merrier*
¿No te/le/les parece?   *Don't you think so?*

Vocabulario personal

Drogas y violencia

◀ Una estudiante muestra un cartel en una campaña antidrogas en San José, Costa Rica.

COMMUNICATIVE GOALS

- hypothesizing about the future and the past
- expressing past influence, emotions, and other feelings and reactions
- discussing crime and violence
- expressing accidental or unintentional occurrences

ADDITIONAL GOAL

- using transitional words

La coca
Internet

Pretende aprobar el examen cuando no ha estudiado.

¿Coca o cocaína?

a propósito	on purpose
(para) dentro de (diez) horas/días/años/etc.	in (ten) hours/days/years/etc.
pretender + *infinitive*	to try + *infinitive*

▶ *Hombre boliviano en una plantación de coca en Cochabamba, Bolivia.*

Actividad 1: ¿Es droga o no?   Lee la siguiente definición sobre la droga. Después, decide cuáles de las siguientes sustancias son drogas.

Droga: "Se dice de cualquier sustancia de origen vegetal, mineral o animal que tiene un efecto depresivo, estimulante o narcótico."

el café	la hoja de coca	el cigarrillo
el alcohol	LSD	la heroína
los somníferos	las pastillas para	la mariguana
el té	adelgazar	la Coca-Cola

Actividad 2: ¿Cuál es su opinión?   Mientras escuchas a un boliviano hablar sobre la diferencia entre la coca y la cocaína, determina cuál de las siguientes ideas representa su opinión.

1. _____ la cocaína es una droga, pero no debe ser ilegal

2. _____ la coca no es una droga y no debe ser ilegal

3. _____ la coca y la cocaína son drogas que deben ser ilegales

Actividad 3: ¿Qué es la coca?   Ahora, lee las siguientes preguntas y después, para contestarlas, escucha la entrevista otra vez.

1. ¿Cuál es la diferencia entre la coca y la cocaína?
2. ¿En qué países se consume la coca?
3. ¿Con qué bebida compara el narrador el mate de coca?
4. Según el narrador, ¿cuáles son algunos de los grupos que consumen coca y por qué la consumen?
5. ¿Qué ha hecho el gobierno boliviano con respecto a la coca?
6. ¿Qué hizo la Reina Sofía de España cuando llegó a La Paz?

¿LO SABÍAN?

La hoja de coca es utilizada de diferentes maneras por indígenas en Perú, Bolivia, el norte de Argentina, Ecuador, Colombia, Venezuela, Brasil y Chile:

- como unidad monetaria para intercambiar alimentos ya que los indígenas tienen poco acceso a la moneda
- en ceremonias religiosas (nacimientos, bautizos, casamientos, actos relacionados con la naturaleza, etc.) porque se considera una planta sagrada
- como medicamento para enfermedades de la piel, el aparato digestivo y el sistema circulatorio, se considera un remedio popular y de bajo costo.

En los Estados Unidos esta hoja se utilizó por primera vez en 1884 en una bebida llamada Vino Francés de Coca inventado por el Dr. Pemberton en Atlanta. Años después él creó la Coca-Cola (con la hoja de coca y la nuez kola) que era una gaseosa y a la vez un medicamento para el dolor de cabeza.

Actividad 4: ¿Qué harían?   En grupos de tres, discutan qué harían en las siguientes situaciones.

1. ¿Tomarían mate de coca si estuvieran en La Paz como turistas?
2. Si Uds. fueran el/la presidente de los Estados Unidos y estuvieran de visita en Bolivia, ¿tomarían mate de coca si se lo ofreciera el alcalde de una ciudad? Si aceptaran, ¿cómo lo interpretaría el pueblo norteamericano? ¿Y el pueblo boliviano?

I. Hypothesizing About the Future and the Past

A. The Future Perfect and the Conditional Perfect

In Chapter 10, you studied how to express probability about the present and the past using the future and the conditional. In this chapter you will learn how to hypothesize about the future and the past.

1. In the interview you heard at the beginning of this chapter, the Bolivian says that he believes that **"para dentro de diez años, el mundo ya habrá entendido la diferencia entre uno y otro"** to express what *will have happened* in ten years. When talking about what will have happened by a certain time in the future, use the future perfect, which is formed as follows:

haber (future)		
habré	habremos	
habrás	habréis	+ *past participle*
habrá	habrán	

To review the formation of past participles, see page 308.

—Dentro de un mes **habré dejado** de fumar.

In a month I will have quit smoking.

—Y ¿**habrás comenzado** a sentirte mejor dentro de tres meses?

And will you have started to feel better in three months?

2. When talking about what *would have happened* in the past, use the conditional perfect, which is formed as follows:

haber (conditional)		
habría	habríamos	
habrías	habríais	+ *past participle*
habría	habrían	

To review the formation of past participles, see page 308.

—La muchacha les contó a sus padres que su hermano era drogadicto. ¿Qué **habrías hecho** en su lugar?

The young woman told her parents that her brother was a drug addict. What would you have done in her place?

—Yo le **habría hablado** a mi hermano primero.

I would have talked to my brother first.

Actividad 5: El cigarrillo   Hoy en día se habla mucho del cigarrillo y sus efectos. En parejas, miren la página siguiente para hablar de cuál será la actitud hacia el cigarrillo dentro de cinco años. Sigan el modelo.

→   el gobierno / prohibir / fumar en presencia de los niños

—¿Crees que dentro de cinco años el gobierno ya habrá prohibido fumar en presencia de los niños?

—Sí, el gobierno ya lo habrá prohibido.   —No, el gobierno no lo habrá prohibido todavía.

▶ *Grupo de jóvenes fuman mientras charlan en una discoteca de Valencia, España.*

1. el gobierno / prohibir / fumar en todos los bares y restaurantes
2. los médicos / inventar / un método para dejar de fumar en un día
3. algún niño / demandar *(to sue)* / a sus padres por fumar en casa
4. las máquinas que venden cigarrillos / desaparecer
5. las compañías tabacaleras / hacer / un cigarrillo que no produzca humo *(smoke)*
6. el número de fumadores menores de 18 años / bajar / drásticamente
7. el gobierno / limitar / la cantidad de nicotina en los cigarrillos

Actividad 6: Tu futuro   En parejas, entrevisten a su compañero/a para averiguar cómo habrán cambiado ciertos aspectos de su vida dentro de tres y diez años, y escriban la información en forma telegráfica.

→   —¿Cómo habrá cambiado tu vida amorosa dentro de tres años?
       —Me habré casado/a . . .

Vida	3 años	10 años
amorosa	_____	_____
familiar	_____	_____
profesional	_____	_____
turística	_____	_____

Actividad 7: La mejor excusa   En parejas, inventen el contexto en que se dijeron estas preguntas y las excusas que se dieron en cada caso. Sigan el modelo.

→   —¿Por qué no le prestaste el coche a tu hermano?
       —Estábamos en el centro y él quería irse a casa *(contexto)*. Se lo habría prestado, pero él estaba borracho *(excusa)*.

1. ¿Por qué no lo invitaste a salir?
2. ¿Por qué no te pusiste los pantalones negros que te regalé?
3. ¿Por qué no devolviste el video?
4. ¿Por qué no le abriste la puerta?

Actividad 8: Situaciones difíciles   En grupos de tres, lean cada situación y luego discutan qué habrían hecho Uds. en cada caso y por qué.

1. Teresa estaba en una tienda de regalos y sin querer rompió un animalito de cristal muy caro, pero nadie vio lo que ocurrió. En la tienda había un cartel que decía: "Si lo rompe, es suyo". ¿Qué habrían hecho Uds. en el lugar de Teresa y por qué?

2. John estaba en una discoteca en un país extranjero con leyes muy estrictas y conoció a unos muchachos que lo invitaron a ir a un bar. En el carro uno de los muchachos encendió un porro *(lit a joint)* y se lo ofreció a John. ¿Qué habrían hecho Uds. en el lugar de John y por qué?

3. Mariano y Silvia siempre se pelean a causa de los amigos del otro. El sábado organizaron una cena y un amigo de Silvia encendió un cigarrillo inmediatamente después de terminar de comer. Mariano odia el humo y no sabía qué hacer porque no quería causar tensión entre él y su esposa. ¿Qué habrían hecho Uds. en el lugar de Mariano y por qué?

4. Era un día lindísimo y la playa estaba llena de gente. Patricio se metió en el mar para refrescarse y una ola gigantesca lo revolcó en el agua. Cuando se recuperó, se dio cuenta de que había perdido el traje de baño. ¿Qué habrían hecho Uds. en el lugar de Patricio y por qué?

B. *Si* Clauses

In Chapter 10 you studied how to make hypothetical statements about the future and the present: **Si tengo tiempo, iré. Si tuviera tiempo, iría.** In this chapter you will learn how to hypothesize about the past.

1. When you want to make hypothetical statements about the past, use the following formula. Notice that the **si** clause contains a contrary-to-fact statement.

Si Clause si + *pluperfect subjunctive*	Result Clause *conditional perfect*
Si hubiera ido a la fiesta, *If I had gone to the party,* *(which I didn't)*	**habría visto** a Isabel Allende. *I would have seen Isabel Allende.*
Si hubiéramos tenido más dinero, *If we had had more money,* *(which we didn't)*	**habríamos ido** a más países. *we would have gone to more countries.*

Remember that either the result clause or the **si** clause can come first.

2. The pluperfect subjunctive is formed as follows:

haber (imperfect subjunctive)		
hubiera	hubiéramos	
hubieras	hubierais	+ *past participle*
hubiera	hubieran	

There is an optional form, frequently used in Spain and in some areas of Hispanic America, in which you may substitute -**se** for -ra; for example: **hubiera = hubiese.**

To review the formation of past participles, see page 308.

3. The phrase **como si** is always followed by the imperfect subjunctive to make contrary-to-fact statements about the present or past, or by the pluperfect subjunctive to indicate that a situation is not how it appears or appeared.

Habla **como si fuera** el rey de España.	*He talks as if he were the king of Spain (which he is not).*
Corría **como si fuera** un atleta.	*He ran as if he were an athlete (which he was not).*
Me mira **como si** yo **hubiera cometido** un crimen.	*She's looking at me as if I had committed a murder (which I didn't).*
Comían **como si no hubieran comido** en un mes.	*They were eating as if they hadn't eaten in a month (which they did).*

4. The following chart summarizes hypothetical situations with **si** and **como si.**

Future situation ⟶	**si** + present, + future

Si **tengo** tiempo, **iré** a la fiesta mañana.	*If I have time, I will go to the party tomorrow.*

Present situation ⟶	**si** + imperfect subjunctive, + conditional **como si** + imperfect subjunctive

Si **tuviera** tiempo, **iría** a la fiesta.	*If I had time (which I don't), I would go to the party.*
Ella vive **como si ganara** mucho dinero.	*She lives as if she earned a lot of money (which she doesn't).*

Past situation ⟶	**si** + pluperfect subjunctive, + conditional perfect **como si** + imperfect subjunctive **como si** + pluperfect subjunctive

Si **hubiera tenido** tiempo, **habría ido** a la fiesta.	*If I had had time (which I didn't), I would have gone to the party.*
Gastaba **como si fuera** millonario.	*He used to spend money as if he were a millionaire (which he wasn't).*
Estaba cansada **como si hubiera corrido** un maratón.	*I was as tired as if I had run a marathon (which I didn't).*

Actividad 9: La seguridad en la universidad Imagina que ya terminaste la universidad. Di qué habrías hecho para mejorar la seguridad en tu universidad si hubieras podido.

→ Si hubiera podido, yo . . .

1. aumentar el número de policías
2. crear un servicio de guardias que acompañara a la gente de noche
3. mejorar el sistema de alumbrado (*lighting*) de los estacionamientos
4. instalar más teléfonos de emergencia
5. expulsar a los estudiantes problemáticos
6. financiar un sistema de transporte nocturno gratis
7. poner cámaras de video en las bibliotecas
8. ofrecerles a los estudiantes un curso sobre seguridad personal

Actividad 10: Un mundo diferente   En grupos de tres, terminen estas frases con una cláusula que explique de qué manera habría sido diferente el mundo en las siguientes situaciones.

1. Si en 1491 los aztecas hubieran descubierto Europa, . . .
2. Si Portugal, en vez de España, hubiera financiado los viajes de Colón, . . .
3. Si México hubiera ganado la guerra con los Estados Unidos en 1848, . . .
4. Si no hubieran construido el Canal de Panamá, . . .
5. Si no hubieran asesinado a JFK, . . .

Actividad 11: La tecnología en la historia   **Parte A:** En parejas, miren estos chistes de la versión mexicana de la revista *MAD* y contesten las preguntas para hablar sobre lo que habría pasado si la tecnología hubiera invadido la historia.

Due to advances in technology, it is common to borrow words from other languages for newly created items. Use may vary from country to country and it takes time for a lexical item to become accepted as standard. Such is the case with *fax*, *walkman*, and *beeper*.

¿Y si Moisés hubiera tenido un fax?

¿Y si Vincent Van Gogh hubiera tenido un walkman?

¿Y si Alexander Graham Bell hubiera tenido espera de llamadas?

¿Y si los caballeros medievales hubieran tenido imanes para refrigerador?

¿Y si Nerón hubiera tenido una máquina de Cantaré?

¿Y si Paul Revere hubiera tenido un beeper?

Parte B: Ahora, inventen dos preguntas semejantes sobre la tecnología y la historia. Luego háganle sus preguntas al resto de la clase.

Actividad 12: Los remordimientos   **Parte A:** Mucha gente se arrepiente de *(regret)* no haber hecho ciertas cosas en su vida o de haber hecho otras. Escribe los remordimientos *(regrets)* de conciencia que podrían haber tenido tres personas famosas. No menciones el nombre de las personas.

→   Si yo no hubiera mentido, no habría tenido que renunciar a la presidencia. (Richard Nixon)

Parte B: Ahora, léele tu mejor oración a la clase para que tus compañeros adivinen quién podría haber tenido ese remordimiento.

Actividad 13: ¿Cómo habría sido tu vida?   En parejas, cuéntense con detalle cómo habría sido su vida si hubieran ocurrido las siguientes cosas. Sigan el modelo.

→   (no) ser hijo único

Si yo no hubiera sido hijo único, habría tenido pocos juguetes. También me habría peleado mucho con mis hermanos y habría tenido que compartir la habitación con ellos.

1. (no) ser hijo único
2. (no) crecer en una ciudad pequeña
3. (no) ir a una escuela secundaria privada

Actividad 14: Como si . . .   Anoche estuviste en una fiesta y oíste sólo partes de algunas conversaciones. Escribe posibles finales para estas frases que oíste.

1. Odio a la gente que habla como si . . .
2. Hay gente que va muy elegante a la universidad como si . . .
3. Mi profesor de historia nos manda leer un montón de libros como si . . .
4. Ayer mi mejor amigo/a tenía una cara larga como si . . .
5. En el último partido, nuestro equipo jugó como si . . .

Actividad 15: Un anuncio comercial   En parejas, inventen un anuncio comercial de treinta segundos para uno de los productos de la siguiente lista. Incluyan un lema *(motto)* y la expresión **como si** en su anuncio. Sigan el modelo.

→   Gap, la tienda que lo soluciona todo. Ropa para cada ocasión.
Con la ropa de Gap, lucirán como si fueran modelos.

un carro Saturn
un televisor Zenith
los donuts de Dunkin Donuts
un viaje por Nueva Inglaterra en autobuses
  Greyhound
las bebidas de Snapple

II. Expressing Past Influence, Emotions, and Other Feelings and Reactions

The Pluperfect Subjunctive

1. You have already seen in this chapter how to use the pluperfect subjunctive to hypothesize about the past. Like other tenses of the subjunctive, the pluperfect can be used after expressions of emotion, doubt, influence, or desire, and in descriptions of the unknown. In all these cases, the pluperfect usually refers to an action that preceded another past action. Look at the following sentences.

Unknown: Chapter 7

La policía **buscaba** a alguien que **hubiera visto** a la narcotraficante.
The police were looking for someone who had seen the drug dealer.

Feelings: Chapter 6

Me alegré de que ella **hubiera dejado** el alcohol.
I was happy that she had quit drinking.

Influencing: Chapter 5

Habría querido que la policía **hubiera sido** más dura con los ladrones.*
I would have liked the police to have been tougher with the thieves.

*Note: This combination of **habría** + *past participle* + **que** + **hubiera** + *past participle*, is frequently used to express hindsight: **Habríamos preferido que él no hubiera venido el domingo.**

2. Compare the following sentences containing either the imperfect subjunctive or the pluperfect subjunctive.

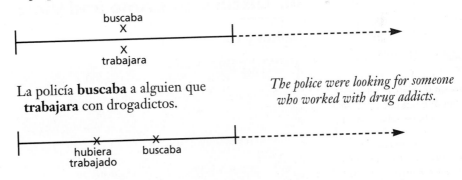

La policía **buscaba** a alguien que **trabajara** con drogadictos.
The police were looking for someone who worked with drug addicts.

La policía **buscaba** a alguien que **hubiera trabajado** con drogadictos.
The police were looking for someone who had worked with drug addicts.

Actividad 16: No estaba de acuerdo   Completa con detalle estas situaciones para indicar cómo se sintieron las personas en cada caso. Usa el pluscuamperfecto del subjuntivo.

1. Marta me dijo que ella había visto un robo en la calle y que unos policías habían atrapado al delincuente y le habían pegado mucho, pero como Marta siempre cuenta historias, yo no creía que . . . porque . . .

2. José, de catorce años de edad, llegó a casa después de una fiesta con un olor a alcohol muy fuerte, pero les juró a sus padres que él no había bebido. Ellos dudaban que . . . porque . . .

3. La hija del Sr. Salinas era contadora, tenía cuarenta años y estaba en la cárcel por haber cometido fraude en el trabajo. Su padre habría querido que . . . porque . . .

4. Hace unos años quedé embarazada y fumé durante todo el embarazo. Mi médico habría preferido que . . . porque . . .

Actividad 17: Mirar el pasado   En grupos de tres, digan cómo habrían querido que hubieran sido ciertos aspectos de su infancia y adolescencia. Sigan el modelo.

→   mis profesores / darme / materia más/menos difícil

Habría querido que mis profesores me hubieran dado materia más difícil porque así (yo) habría estudiado más y . . .

1. mi escuela / ofrecer / más/menos actividades extracurriculares
2. mis padres / ser / más/menos estrictos
3. mis padres / tener / más/menos hijos
4. mi escuela / dar / explicaciones más/menos explícitas sobre la sexualidad
5. mi familia / residir / en una zona más urbana/rural
6. mis amigos / participar / más/menos en las actividades de la escuela

III. Discussing Crime and Violence

Delitos y consecuencias

La violencia
Internet

Asesinar refers to all homicides and not just to those of important people. **Crimen** doesn't mean crime but rather homicide. **Delincuente** is someone of any age who breaks the law.

Personas	Hechos y cosas	Acciones
el/la asesino/a	el asesinato	asesinar
	el atraco (*holdup; mugging*)	atracar
	el castigo (*punishment*)	castigar
el/la carcelero/a (*jailer, warden*)	la cárcel (*jail, prison*)	encarcelar
el/la condenado/a (*the convict*)	la condena	condenar (a alguien) a (10) meses/años de prisión
el/la delincuente (*criminal*)	la delincuencia	
el/la drogadicto/a	la droga	drogarse
	la legalización	legalizar
el/la narcotraficante	el narcotráfico	traficar en drogas
el/la pandillero/a (*gang member*)	la pandilla (*gang*)	
	la prohibición	prohibir
	el rescate (*ransom*)	rescatar (*to rescue*)
	el robo (*robbery*)	robar

el/la secuestrador/a *(kidnapper; hijacker)*	el secuestro	secuestrar
el/la sentenciado/a	la sentencia	sentenciar
	el soborno *(bribe)*	sobornar
el/la suicida	el suicidio	suicidarse
el/la terrorista	el terrorismo	
el/la violador/a *(rapist)*	la violación	violar (a alguien)

Otras palabras relacionadas con el delito

la adicción	addiction
la cadena perpetua	life sentence
el cartel (de drogas)	
consumir drogas	to use drugs
el delito	offense, crime
detener	to arrest
el homicidio	
el ladrón/la ladrona	thief
la libertad condicional	parole
la pena de muerte/pena capital	death penalty
el/la preso/a	prisoner
el/la ratero/a	pickpocket
la sobredosis	drug overdose
el toque de queda	curfew
la víctima	
la violencia	

Víctima is always feminine even when referring to men: Él fue **la única víctima**.

El no dejó de inyectarse drogas... por eso lo dejé.

No sé si compartió con otros las agujas. Solo sé que se inyectaba, y eso es peligroso. Creo que yo no le importaba tanto como para dejar las drogas. El sabía que los dos podíamos adquirir el SIDA, y le rogué que no lo hiciera. Hasta le pedí que buscara consejo y tratamiento contra las drogas. Yo hice todo lo posible, pero él no me hizo caso. Por eso . . . lo dejé.

AMERICA RESPONDE AL SIDA
1-800-344-SIDA
1-800-344-7432

Actividad 18: ¿Cuánto sabes? Habla sobre las siguientes personas, instituciones o cosas usando palabras de la lista de vocabulario. Sigue el modelo.

→ Jesse James fue un **ladrón** que participó en muchos **robos** durante el siglo XIX. **Robaba** bancos y trenes y finalmente fue **asesinado**, pero nunca estuvo en la **cárcel**.

1. Charles Manson
2. Bonnie y Clyde
3. Alcatraz
4. la silla eléctrica
5. la escuela Columbine de Colorado
6. John Wilkes Booth
7. John Lennon
8. ???

Actividad 19: Los titulares Lee los siguientes titulares (*headlines*) y complétalos con palabras de la lista de vocabulario.

Se discute en el Senado la _____ de la mariguana

Se _____ la jueza Roviralta
Salta del balcón de un 10° piso

Comienza el _____
Calles sin menores de 18 después de las 22 hrs.

_____ a 8 jugadores de fútbol
No pasan el control antidrogas

Condenan al _____ del avión de Aeroméxico a _____

Actividad 20: Delitos mayores y menores   **Parte A:** Piensa en este país y numera del 1 al 11 los siguientes actos criminales, del que más te preocupa al que menos te preocupa.

a. _____ las violaciones

b. _____ los robos de bancos

c. _____ la corrupción

d. _____ los robos de casas

e. _____ la delincuencia

f. _____ el narcotráfico

g. _____ el terrorismo

h. _____ el soborno en el gobierno

i. _____ la destrucción de la propiedad

j. _____ los asesinatos

k. _____ las pandillas

Parte B: Ahora, en grupos de tres, comparen el orden que escogió cada uno y expliquen por qué ciertos delitos les preocupan más/menos que a sus compañeros. Intenten decidir cuáles son los dos más importantes y los dos menos importantes.

→   A mí me preocupa más/menos . . . porque . . .

▲ *Manifestación en contra de los actos terroristas de la ETA en España.*

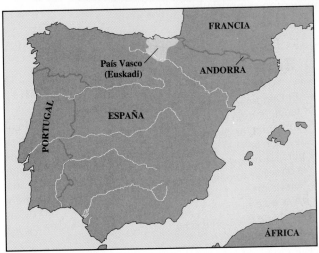

¿LO SABÍAN?

La ETA es una organización terrorista en España que busca la secesión del llamado País Vasco —región que se encuentra en la parte norte del país— del resto de España. En septiembre de 1998 la ETA y el gobierno español acordaron una tregua *(truce)* como un principio para resolver este conflicto, pero aún no se sabe cómo se resolverá la situación.

Actividad 21: La culpabilidad   La siguiente es una estrofa del poema "Contra las injusticias del hombre al hablar de las mujeres" de Sor Juana Inés de la Cruz, una monja mexicana del siglo XVII. En la estrofa, la monja pregunta si son más culpables las prostitutas o los hombres que contratan sus servicios.

> O ¿cuál es más de culpar,
> aunque cualquiera mal haga,
> la que peca por la paga
> o el que paga por pecar?

Hoy en día se discute mucho el tema de la culpabilidad en lo que a la oferta y la demanda de las drogas ilegales se refiere: ¿Quién es más culpable por el alto nivel de consumo de drogas estupefacientes *(narcotic)*, los que las venden o los que las compran o son culpables por igual? En grupos de tres, discutan esta pregunta y estén preparados para justificar su opinión.

Actividad 22: La demanda   En los Estados Unidos hay un alto índice de consumo de drogas ilícitas. En grupos de tres, hagan una lista de lo que hace y de lo que podría hacer el gobierno para reducir la demanda en este país. Luego digan cuáles les parecen más eficaces y por qué.

Actividad 23: La violencia   En grupos de tres, discutan las siguientes preguntas relacionadas con la violencia.

1. ¿Cuáles son las cinco causas más importantes de la violencia en este país? ¿Cómo se podría solucionar este problema?
2. Algunos dicen que la televisión fomenta la violencia en la sociedad, pero para otros la programación es sólo un reflejo de una sociedad enfermiza. Den dos argumentos a favor de la primera idea y dos a favor de la segunda.
3. ¿Qué tipo de programas televisivos prefieren los niños de hoy? ¿En qué se diferencian estos programas de los que veían Uds. de niños? ¿Son más o menos violentos? ¿Más o menos educativos? Mencionen algunos ejemplos.
4. ¿Creen que los programas de noticias que muestran la reconstrucción de un asesinato sean beneficiosos para la sociedad? ¿Es buena idea dejar que los niños vean ese tipo de programa? Si contestan que no, ¿cómo se podría lograr que no lo vieran?

¿LO SABÍAN?

En varios países hispanos como Colombia, España y Argentina el gobierno les prohíbe a los canales de televisión presentar programas de contenido pornográfico o con mucha violencia antes de las diez de la noche y exige que se le recuerde al televidente la finalización de este horario con anuncios como "Aquí termina el horario de protección al menor. La presencia de los niños frente al televisor queda bajo la exclusiva responsabilidad de los padres." Di si crees que sería bueno utilizar este sistema de control en los Estados Unidos.

Sexo y violencia en televisión

El Congreso de los Diputados aprobó el jueves 30 con carácter definitivo, la ley por la cual se incorpora al derecho español la directiva comunitaria de "televisión sin fronteras". En ella se atribuye al Ministerio de Obras Públicas el control e inspección de todas sus disposiciones, incluidas las emisiones pornográficas o de "violencia gratuita", que los espectadores no podrán recibir entre las seis de la mañana y las diez de la noche.

—El País

Actividad 24: Decidan ustedes   **Parte A:** Lee las siguientes situaciones y di cuál es tu reacción.

1. Un criminal violó y mató a una niña de ocho años y fue condenado a cadena perpetua. Después de ocho años, salió en libertad condicional.
2. Un muchacho de quince años que mató a una anciana de setenta y cinco años y le robó su dinero, fue encarcelado, pero a los veintiún años lo soltaron por haber cometido el crimen cuando era menor de edad.

Parte B: En grupos de tres, cuéntenles a sus compañeros, con detalle, un crimen o un delito reciente.

Actividad 25: ¿Una solución final?   Un cuarto de la población de los Estados Unidos está a favor de la pena de muerte. En parejas, hagan una lista de cinco razones a favor y cinco en contra de la pena de muerte.

IV. Expressing Accidental or Unintentional Occurrences

Unintentional *se*

1. To express accidental or unintentional occurrences use the following construction with **se** and an *indirect-object pronoun*:

Note that the singular and plural nouns function as subjects of the verbs in this construction even though they are placed after the verb.

se me, se te, se le + *singular verb + singular noun*	
se nos, se os, se les + *plural verb + plural noun*	+ (a + *noun / pronoun*)

Se nos cayó la **computadora**.   *We dropped the computer.*

Se le perd**ieron** las **llaves**.   *He/She/You lost the keys.*

Se le perd**ieron** las **llaves** (a María).*

(A María) **se le** perd**ieron** las **llaves**.   *María lost the keys.*

*Note: A phrase introduced by **a** can be used to provide clarity or emphasis of the indirect object pronoun (**me, te, le, nos, os, les**). It can be placed at the beginning or end of a sentence.

2. Compare the following sentences, one involving an intentional occurrence and the other an unintentional one:

Intentional Occurrence	**Unintentional Occurrence**
El otro día me enfadé con mi novio y **quemé su foto** para no tener ningún recuerdo de él. *The other day I got mad at my boyfriend, and I burned his picture so as not to have any reminder of him.*	El otro día prendí una vela cerca de la foto de mi novio y me fui; cuando volví **se me había quemado la foto.** *The other day I lit a candle near my boyfriend's picture and I left. When I returned, the picture had burned.*

3. The following list presents verbs commonly used with this construction.

Descomponer (some countries in Hispanic America) = **averiar** (Spain).

acabar/terminar	**Se me acabó** el dinero. No tengo ni un centavo.
caer	**Se le han caído** dos platos al suelo (a Jorge).
descomponer	**Se me descompuso** el televisor y me costó 250 pesos arreglarlo.
olvidar	Siempre **se le olvidan** las llaves del carro (a ella).
perder	¡Qué lástima que **se te haya perdido** el perrito!
quedar	**Se me quedaron** los anteojos en casa.
quemar	¡Qué mala suerte! **Se nos quemó** la cena.
romper	**Se les va a caer** el estéreo y **se les va a romper.**

Actividad 26: La boda   Dos parejas que se casaron ayer tuvieron bastante mala suerte el día de su boda. En parejas, una persona mira la información del matrimonio A y la otra la información del matrimonio B. Después, cuéntense qué le ocurrió a cada pareja y luego decidan cuál creen que tuvo peor suerte y por qué.

A: Clara Gómez y Aldo Portillo
(a ella) caer / un pedazo de pastel de boda / en el vestido
(a él) romper / la cremallera de los pantalones
(a él) perder / el anillo de matrimonio
(a ellos) quedar / los pasaportes en la casa

B: Santiago Vélez y Sara Sosa
(a él) romper / una botella de champaña
(a ellos) olvidar / los pasajes de avión en la casa
(a ellos) acabar / la gasolina camino al aeropuerto
(a ella) perder / la maleta

Actividad 27: Excusas por llegar tarde   Mañana cinco policías van a llegar tarde al trabajo para protestar contra los sueldos bajos. Escribe las cinco excusas que van a dar por llegar tarde, usando la construcción con **se**. Empieza las oraciones con frases como: **Una policía va a decir que . . . , Un policía se va a disculpar diciendo que . . .**

V. Linking Ideas

A. *Pero, sino,* and *sino que*

Pero, sino, and **sino que** are conjunctions, that is, they join different parts of a sentence.

1. Pero means *but* (when *but* means *however*) and can be used after affirmative or negative clauses.

Note the use of a comma before **pero.**

Iba a ir a clase, **pero** estaba muy cansado.	*I was going to go to class, but/however I was very tired.*
No iba a ir a clase, **pero** tenía un examen.	*I wasn't going to go to class, but/however I had an exam.*

2. Sino and **sino que** also mean *but* (when *but* means *but rather* or *but instead*). These words can only be preceded by a negative clause. **Sino** is followed by a word or a phrase that does not contain a conjugated verb, and **sino que** introduces a clause that contains a conjugated verb.

No fui a clase **sino** a la cafetería.	*I didn't go to class but rather to the cafeteria.*
No quería estudiar **sino dormir.**	*He didn't want to study but rather to sleep.*
No estaba estudiando **sino durmiendo.**	*He wasn't studying but rather sleeping.*
No fui a clase **sino que me quedé** en la cafetería.	*I didn't go to class but instead I stayed in the cafeteria.*
No manejaban al trabajo **sino que caminaban.**	*They didn't use to drive to work but instead they walked.*

Actividad 28: Consejos a un amigo   **Parte A:** Tienes que darle consejos a un/a amigo/a que está por irse de viaje al extranjero. Termina las ideas usando **pero, sino** o **sino que.**

1. No debes llevar joyas de oro _____ de fantasía.
2. No debes llevar bolsa _____ debes llevar una riñonera *(fanny pack)*.
3. Puedes llevar dinero en efectivo, _____ es mejor usar el cajero automático.
4. Nunca debes dejar la cámara fotográfica en el asiento de un auto estacionado _____ tenerla contigo en todo momento.

→

5. Puedes llevar el pasaporte contigo, _____ también es buena idea tener una fotocopia del pasaporte en el hotel.

6. No debes cambiar dinero en el aeropuerto _____ en un banco o casa de cambio porque te dan más dinero.

7. En el aeropuerto no debes dejar las maletas solas _____ debes llevarlas contigo a todos lados.

Parte B: En grupos de tres, discutan si han estado en algunas de las situaciones que se mencionan en la Parte A, en el extranjero o en este país. Digan si les han robado algo alguna vez. Describan qué ocurrió.

B. *Aunque, como,* and *donde*

The conjunction **aunque,** and the adverbs **como,** and **donde** are used as follows:

1. Aunque *(even if, even though, although)* is used to disregard information. It is usually followed by the subjunctive.

Siempre estudian por la noche **aunque estén** cansadas.	*They always study at night although they may be tired.*
Aunque te vayas temprano mañana, quiero ir contigo al aeropuerto.	*Even though you may be leaving early tomorrow, I want to go to the airport with you.*
Paco nunca probaría drogas **aunque** se las **ofrecieran.**	*Paco would never try drugs even if they were offered to him.*

Don't confuse **cómo** and **dónde,** which are question words, with **como** and **donde,** which are adverbs.

2. Como *(as, how, any way)* and **donde** *(where, wherever)* use the indicative when referring to a specific manner or place, and the subjunctive when referring to an unknown manner or place.

Specific: Indicative	Unknown: Subjunctive
Lo escribí **como** yo **prefería.** *I wrote it as I preferred.*	Bueno, escríbelo **como prefieras.** *OK, write it any way you prefer.*
Se vistió **como quería.** *She went dressed as she wanted.*	Dile que se vista **como quiera.** *Tell her to go dressed any way she wants.*
Cuelga el cuadro **donde** yo **quiero**; allí. *Hang the painting where I want; over there.*	Cuelga el cuadro **donde quieras.** *Hang the painting wherever you want.*
Busqué el restaurante **donde servían** pupusas. *I looked for the restaurant where they served pupusas.*	Busqué un restaurante **donde sirvieran** pupusas. *I looked for a restaurant where they served pupusas.*

pupusas = a Salvadoran round flat dough, which is generally stuffed with cheese or pork

Actividad 29: Combinaciones   Combina cada idea de la columna A con una de la columna B para formar oraciones lógicas.

A

Seguiremos viajando aunque
Nunca te dejaría aunque
Ayer trasnochamos aunque
Ella volvió al lugar donde
Busco un apartamento donde
Puedes venir vestido a mi fiesta como
Prepara el mate de coca como yo

B

enseñarte / la semana pasada
estar / muy cansados
pasar / su adolescencia
dejarme / de querer
querer
poder vivir / cómodamente
quedarse / sin dinero

Actividad 30: Delitos mayores   Termina las siguientes ideas sobre delitos mayores.

1. El hombre que violó a esa mujer salió en libertad condicional aunque . . .
2. Quisiéramos vivir en un lugar donde . . .
3. Muchos criminales cometen crímenes horribles aunque . . .
4. Es necesario implementar el toque de queda donde . . .
5. Muchos asesinos parecen personas normales aunque . . .
6. El acusado del secuestro le dijo al juez que su abogado no lo trataba como . . .

Actividad 31: ¿Legalización o no?   **Parte A:** La legalización de las drogas en varios países del mundo, inclusive en los Estados Unidos, es un tema muy controvertido. Lee las siguientes ideas sobre la legalización de las drogas e indica si crees que muestran una posición a favor (AF) o en contra (EC). Luego comparte tus ideas con el resto de la clase.

1. _____ Una de las formas de destruir el narcotráfico es la legalización, pero esto no significa legalizar a los capos del narcotráfico.

2. _____ Los narcotraficantes obtienen ganancias increíbles debido a la prohibición de la droga. Hay que acabar con esta situación.

3. _____ Sería muy peligroso legalizar la mariguana en un país democrático. Esto podría crear la imagen de una narcodemocracia.

4. _____ Es factible que la legalización de la droga traiga como resultado un aumento del consumo.

5. _____ La legalización no es una buena solución pues la droga siempre va a estar prohibida para alguien, como por ejemplo, los menores de edad.

6. _____ Para terminar con la droga hay que acabar con los narcotraficantes.

7. _____ La muerte de poderosos narcotraficantes no ha afectado el mercado.

8. _____ Legalizar las drogas sería como perdonar y olvidar todos los crímenes cometidos por el narcoterrorismo.

9. _____ Los países productores no producirían tanta droga si no hubiera una demanda tan intensa de parte de los países consumidores. Hay que reducir la demanda.

Parte B: Ahora, formen dos grupos: uno a favor de la legalización de la droga en los Estados Unidos y el otro en contra. Tomen unos minutos para preparar sus argumentos usando ideas de la Parte A como punto de partida. Luego, hagan un debate sobre la legalización de la droga.

Vocabulario activo

Delitos y consecuencias

Ver páginas 264–265.

Expresiones útiles

a propósito	*on purpose*
(para) dentro de (diez) horas/días/años/etc.	*in (ten) hours/days/ years/etc.*
pretender + *infinitive*	*to try* + infinitive

Verbos que se usan con la construcción *se* + pronombre de complemento indirecto

acabar/terminar	*to finish*
caer	*to fall*
descomponer	*to break down*
olvidar	*to forget*
perder	*to lose*
quedar	*to leave behind*
quemar	*to burn*
romper	*to break*

Vocabulario personal

La comunidad latina en los Estados Unidos

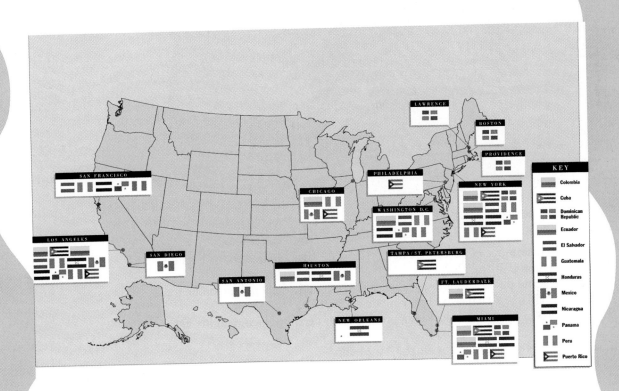

COMMUNICATIVE GOALS

- discussing immigration
- narrating and describing in the past, present, and future (a review)

ADDITIONAL GOAL

- using the infinitive

Un poema

Actividad 1: Proyecciones   Mira el siguiente mapa sobre la población de los Estados Unidos y discute las preguntas que lo acompañan.

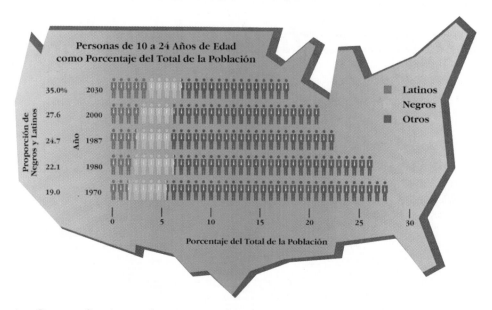

1. ¿Crece o disminuye el porcentaje de personas de 10 a 24 años en los Estados Unidos entre 1970 y 2030?
2. Entre la gente de 10 a 24 años, ¿cuál era el porcentaje de la población negra y latina en 1970? ¿Y cuál será el porcentaje en 2030?
3. ¿Disminuyen o aumentan los siguientes sectores de la población en los Estados Unidos entre 1970 y 2030?
   a. los negros y latinos juntos entre 10 y 24 años
   b. los negros entre 10 y 24 años
   c. los latinos entre 10 y 24 años

Actividad 2: Un poema   **Parte A:** La locutora de un programa de radio de Laredo, en Texas, va a leer un poema. Antes de escucharlo, busca la ciudad de Laredo en el mapa que está al final del libro y contesta las siguientes preguntas.

1. ¿Cómo crees que sea la población de esa ciudad?
2. ¿Crees que sea una ciudad típica de los Estados Unidos? ¿Por qué?
3. ¿Qué idiomas crees que se hablen allí?

Parte B: Ahora vas a trabajar con algunas palabras que aparecen en el poema. Lee las siguientes oraciones y luego asocia las palabras en negrita con su significado.

- Antonio tenía un puesto muy bueno, pero se sintió **desplazado** cuando le dieron su puesto a otro empleado.
- No me importan los problemas **ajenos.** Sólo me preocupo por los míos.

- A ella le molesta **andarse con tiento** y no poder decir lo que piensa.
- Cada vez que recuerdan la comida deliciosa que les hacía su madre, a los hermanos **se les hace agua la boca.**
- Tengo 60 años **¿y qué?** Puedo comprarme ropa para gente joven si me gusta.
- ¡Qué terrible! Cuando escuché la noticia del accidente de avión, **se me hizo un nudo en la garganta.** Traté de no llorar, pero no pude contener las lágrimas.
- Para hacerle un **injerto** a esa planta, le hice un corte y le puse otra. Pero mi experimento no resultó pues la planta no **pegó** y se murió.
- Odio que me llamen **pocho.** Yo soy mexicano, vivo en EE.UU. y punto.
- Cuando el nadador olímpico escuchó el himno nacional al recibir el premio en los Juegos Olímpicos, **se le enchinó el cuero.**

1. _____ andarse con tiento
2. _____ ajenos
3. _____ desplazado
4. _____ hacérsele agua la boca
5. _____ ¿y qué?
6. _____ hacérsele un nudo
en la garganta
7. _____ injerto
8. _____ pegar
9. _____ pocho
10. _____ enchinársele el cuero

a. y no importa lo que piensen los demás
b. que lo han quitado de su lugar
c. recordar con gran placer una comida
d. de otras personas
e. emocionarse tanto que se le pone
la piel de gallina
f. implantarle una planta a otra con éxito
g. estar a punto de llorar
h. implante de parte de una planta a otra
i. mexicano o de ascendencia mexicana que
vive en EE.UU.
j. tener cuidado con lo que se dice o hace

Parte C: Ahora usa la información de la Parte A y el vocabulario de la Parte B para predecir el tema del poema llamado "Soy Como Soy Y Qué" de Raquel Valle Sentíes. Luego escucha el poema para confirmar tu predicción.

Soy flor injertada que no pegó.
Soy mexicana sin serlo.
Soy americana sin sentirlo.
La música de mi pueblo,
la que me llena,
los huapangos, las rancheras,
el himno nacional mexicano,
hace que se me enchine el cuero,
que se me haga un nudo en la garganta,
que bailen mis pies al compás,
pero siento como quien se pone
sombrero ajeno.
Los mexicanos me miran como diciendo
¡Tú, no eres mexicana!

El himno nacional de Estados Unidos
también hace
que se me enchine el cuero,
que se me haga un nudo
en la garganta.
Los gringos me miran
como diciendo,
¡Tú no eres americana!
Se me arruga el alma.
En mí no caben dos patrias
como no cabrían dos amores.
Desgraciadamente,
no me siento ni de aquí,
ni de allá.   →

Ni suficientemente mexicana.
Ni suficientemente americana.
Tendré que decir
Soy de la frontera.
De Laredo.
De un mundo extraño
ni mexicano,
ni americano.
Donde al caer la tarde
el olor a fajitas asadas con mesquite,
hace que se le haga a uno agua la boca.
Donde en el cumpleaños
lo mismo cantamos
el *Happy Birthday* que las mañanitas.
Donde festejamos en grande
el nacimiento de Jorge Washington
¿quién sabe por qué?
Donde a los foráneos
les entra *culture shock*
cuando pisan Laredo
y podrán vivir cincuenta años
aquí y seguirán siendo
foráneos.
Donde en muchos lugares
la bandera verde, blanca y colorada
vuela orgullosamente
al lado de la *red, white and blue*.

Soy como el Río Grande,
una vez parte de México,
desplazada.
Soy como un títere
jalado por los hilos de dos culturas
que chocan entre sí.
Soy la mestiza,
la pocha,
la Tex-Mex, la Mexican-American,
la hyphenated,
la que sufre
por no tener identidad propia
y lucha por encontrarla,
la que ya no quiere cerrar los ojos
a una realidad que golpea,
que hiere
la que no quiere andarse con tiento,
la que en Veracruz
defendía a Estados Unidos
con uñas y dientes.
La que en Laredo
defiende a México
con uñas y dientes.
Soy la contradicción andando.

En fin, como Laredo,
soy como soy y qué.

🎧 **Actividad 3: La "hyphenated"** Antes de escuchar el poema otra vez, lee las siguientes ideas. Luego escucha el poema para buscar la información correspondiente.

1. de quién habla y dónde vive
2. de qué país es y de dónde se siente que es
3. qué conflicto tiene con los mexicanos y con los americanos
4. qué problema tienen los foráneos (las personas de otro país) en Laredo
5. a qué conclusión llega la persona que habla

Actividad 4: Tu opinión **Parte A:** Después de escuchar el poema, expresa tu reacción al conflicto que tiene la poeta.

Parte B: En parejas, una persona es el/la locutor/a del programa de radio donde se leyó el poema y la otra persona llama para decir si le gustó. Justifiquen su opinión.

I. Discussing Immigration

La inmigración

los antepasados
la ascendencia
el asilo político
asimilarse
el bilingüismo, bilingüe
la ciudadanía, el/la ciudadano/a
el "coyote"
el/la descendiente
el/la emigrante, emigrar (de)
el exilio, el/la exiliado/a, vivir en el exilio

la frontera, fronterizo
el/la indocumentado/a
el/la inmigrante, inmigrar (a)
legal, ilegal
la "migra"
el/la "migrante"
la nostalgia, sentir nostalgia
el/la refugiado/a político/a
la residencia, el/la residente
la tarjeta verde

Actividad 5: Explícalo Las palabras de la lista de vocabulario no están traducidas porque muchas son cognados y las otras se pueden adivinar con un poco de imaginación. Intenta explicar estas palabras que aparecen en el vocabulario anterior.

la nostalgia
el/la residente
la tarjeta verde
el/la indocumentado/a
el asilo político

el "coyote"
el/la ciudadano/a
la "migra"
el bilingüismo
el/la "migrante"

Actividad 6: Emigración e inmigración   En parejas, hagan una lista de cinco motivos por los cuales hay más inmigración a los Estados Unidos y menos emigración de los Estados Unidos a otros países. Estén preparados para explicar los motivos.

Actividad 7: La nostalgia   Ésta es la idea que expresó una inmigrante mexicana en los Estados Unidos. En parejas, discutan si alguna vez han sentido nostalgia de algo, y digan de qué y por qué.

> "Cuando vine a este país comencé a extrañar (*miss*) todas las cosas de mi país, inclusive a los mariachis que en México los odiaba."

◀ *Estudiantes y su maestra en una clase bilingüe de Austin, Texas.*

Actividad 8: Un cuestionario   Vas a dar una opinión **anónima** sobre puntos importantes concernientes a los hispanos en este país. Escribe en una hoja los números del 1 al 12 y, mientras lees cada oración del cuestionario, asígnale una letra (a, b, c). Luego entrégale la hoja a tu profesor/a y sigue sus instrucciones.

    a. estoy de acuerdo
    b. no estoy completamente de acuerdo
    c. no estoy en absoluto de acuerdo

1. Muchos inmigrantes intentan pasar por refugiados políticos cuando lo que en realidad buscan es dinero.
2. Los inmigrantes son muy trabajadores.
3. Debemos mandar a todos los inmigrantes ilegales a su país de origen.
4. Los inmigrantes ilegales sólo deben recibir servicio médico en caso de emergencia.
5. La pobreza de México es la causa del alto índice de inmigrantes de ese país a los Estados Unidos.

6. La gente que emplea a los trabajadores indocumentados tiene la culpa de que haya tantos inmigrantes ilegales.
7. Los inmigrantes ilegales pagan más dólares en impuestos de lo que el gobierno gasta en servicios públicos para ellos.
8. El gobierno acepta cuotas mayores de inmigrantes europeos que de personas de países tercermundistas.
9. La inmigración ilegal existe porque hay una relación de oferta y demanda: los Estados Unidos necesitan la mano de obra barata y los inmigrantes ilegales necesitan trabajo.
10. Los inmigrantes indocumentados contribuyen al progreso de la economía del país.
11. Si pudieran, muchos inmigrantes no saldrían de su país de origen; sólo lo hacen por necesidad económica o política.
12. El gobierno debe vigilar más las fronteras del país.

Actividad 9: Una amiga norteamericana   Lee la siguiente anécdota y luego di cómo te sentirías si estuvieras en el lugar de esta muchacha norteamericana.

Tengo una amiga norteamericana a la que le ocurre algo muy curioso. En los Estados Unidos mucha gente le pregunta de dónde es y cuando ella dice que es de Crystal City, una ciudad de Texas, le vuelven a preguntar de qué parte de México es. Como ella tiene la piel oscura y ciertos rasgos que tienen muchos mexicanos, la gente piensa que ella es mexicana sin lugar a dudas. Pero hace cuatro generaciones que su familia vive en los Estados Unidos y ella no habla ni una palabra de español. Ella no es inmigrante. Es tan estadounidense como cualquiera y es muy incómodo que constantemente le hagan esta pregunta porque la pregunta implica: "Con ese color de piel, tú no puedes ser de los Estados Unidos".

II. Using the Infinitive

Review and Other Uses of the Infinitive

During this course you have used the infinitive in a variety of situations. The following rules will help you review the different uses.
Use an infinitive:

1. after verbs such as **querer, necesitar, deber, desear** and **poder**

Los inmigrantes sólo **quieren dar**les una vida mejor a sus hijos.	*Immigrants only want to give their children a better life.*
Ella **desea tener** un buen trabajo, **dar** de comer a sus hijos y **vivir** en paz.	*She wants to have a good job, feed her children, and live in peace.*

Note: A present participle follows verbs such as **continuar** and **vivir** to denote actions in progress or repetitive actions: **Los inmigrantes continúan trabajando por necesidad.**

2. after **tener que** and **hay que**

Tengo que sacar un número de seguro social.	*I have to get a social security number.*
Hay que obtener un permiso de residencia.	*It's necessary to get a residence permit.*

3. after impersonal expressions such as **es posible** or **es necesario** when there is no specific subject mentioned

Es necesario tener buen seguro médico.	*It's necessary to have a good health insurance plan.*

Spanish: preposition + infinitive (**después de obtener**)
English: preposition + gerund (*after getting*)

4. directly after a preposition

Los inmigrantes, tanto legales como ilegales, suelen pagar impuestos **después de obtener** una tarjeta del seguro social.	*Immigrants, both legal and illegal, normally pay taxes after getting a social security card.*
No puedes entrar a este país **sin tener** visa.	*You can't enter this country without having a visa.*

5. after **al**

Al llegar, encontraron un lugar para vivir.	*Upon arriving, they found a place to live.*

6. when a verb is the subject of the sentence

(El) **Emigrar** es a veces necesario.	*Emigrating is a necessity at times.*

The infinitive also functions as the subject after verbs that follow the pattern of **gustar.**

A los niños **no les gusta cambiar** de escuela con frecuencia.	*Children do not like to change schools frequently.*

Actividad 10: Ideas sobre la inmigración   Completa estas ideas sobre la inmigración usando el infinitivo y otras palabras necesarias.

1. Si quieres cruzar la frontera con México es imprescindible . . .
2. . . . un país extranjero es una experiencia muy valiosa.
3. El refugiado político sufre mucho al . . .
4. Un indocumentado no puede . . .
5. Un coyote gana mucho dinero por . . .
6. . . . a la nueva cultura lleva tiempo, pero esta integración es de suma importancia.
7. Toda la familia le ayudó a ese pariente, un nuevo residente, a . . .
8. . . . trabajo cuando no se habla el idioma del país no es nada fácil.

Actividad 11: Bienvenidos al programa   Uds. son locutores de una emisora de radio y tienen que escribir una serie de mensajes cortos para educar a la comunidad. Pueden estar dirigidos a los jóvenes que dejan los estudios, que venden drogas o se drogan, que pertenecen a pandillas y que no escuchan a sus padres; también pueden estar dirigidos a los padres que están muy preocupados y no saben qué hacer con sus hijos. Usen el infinitivo cuando sea posible.

→   **Utilizar** agujas usadas para **drogarse** es una de las maneras más comunes **de contraer** el SIDA. **Deben dejar de drogarse,** o por lo menos, **usar** siempre una jeringa nueva. **Drogarse** es un pasaje de ida solamente.

III. Narrating and Describing in the Past, Present, and Future (A Review)

In this chapter you will review how to narrate and describe in the past, present, and future. Before reviewing each, read the following chart, which is a synopsis of the life of a man and his family. First, read the columns vertically. Then go back and compare the horizontal columns to each other.

Past	Present	Future
Cuando era joven, Juan vivía en Puerto Rico.	Ahora Juan vive en Nueva York con su familia.	Juan va a comprar una casa en Puerto Rico y vivirá allí durante los veranos.
Tenía 17 años cuando terminó la secundaria.	Tiene 40 años y trabaja en el Hospital Mount Sinai.	Tendrá 65 años cuando se jubile.
Sus padres querían que él fuera a los Estados Unidos a estudiar medicina.	Tiene una hija y quiere que ella pase los veranos con sus abuelos en Puerto Rico para que aprenda bien el español.	Él y su esposa querrán que su hija también estudie en Harvard.
Como había sacado buenas notas en la escuela, lo aceptaron en Harvard.	Como ella saca buenas notas en la escuela, no tiene que estudiar durante el verano.	Seguramente ella sacará buenas notas y será médica como sus padres.
Mientras estaba estudiando en Harvard, conoció a su esposa, Marta.	Mientras su esposo está en el hospital, Marta, que también es médica, trabaja con niños que padecen de SIDA.	Mientras ella esté estudiando la carrera universitaria, trabajará como voluntaria en un hospital.
Siempre decía que si se hubiera quedado en Puerto Rico, nunca la habría conocido.	Si Marta tuviera más tiempo, iría a las escuelas para hablar sobre la prevención del SIDA.	En caso de que pueda, tratará de trabajar con niños que padezcan de SIDA, igual que su madre.

Now you will review how to discuss past, present, and future actions and states. If you feel you need more in-depth explanations, you should consult the pages given in the annotations in the margin.

A. Discussing the Past

To review narration and description in the past, see pages 67–76 and 87–96. Note that throughout the chapter, topic titles and page references are given in the margin to tell you where you can review the topic.

1. Look at how the preterit and imperfect are used to talk about the past as you read this brief summary of Cuban immigration to the United States.

Preterit	Imperfect
	• **Setting the scene** Durante la década de los 50, **había** en Cuba mucha corrupción en la dictadura de Batista.
• **Completed action** **Hubo** una revolución en 1959 y después Fidel Castro **subió** al poder.	• **Age** Castro **tenía** sólo 32 años.
• **End of action** La revolución le **puso fin** a la dictadura de Batista.	• **Action or state in progress** Pero muchas personas le **tenían** miedo al nuevo régimen comunista.
• **Beginning of action** En 1959 **empezó** el gran éxodo de cubanos hacia los Estados Unidos y en 1966 **comenzó** la salida de otra ola de refugiados.	• **Habitual or repeated action** Cada día **llegaba** más y más gente a las costas y aeropuertos de los Estados Unidos, la cual **buscaba** asilo político.
	• **Action in progress interrupted** Cuando **intentaban/estaban intentando** salir de Cuba en embarcaciones pequeñas, muchos **murieron.**
• **Action over specific period of time** Algunos de los marielitos (los inmigrantes que llegaron en 1980), **permanecieron cuatro años** en bases militares o cárceles de los Estados Unidos antes de ser deportados. Otros todavía están en este país.	• **Simultaneous ongoing actions** Mientras **llegaban** los marielitos en 1980, mucha gente **protestaba** contra su entrada a los Estados Unidos porque muchos eran delincuentes.
	• **Ongoing emotion or mental state** En los Estados Unidos, muchos cubanos **sentían** nostalgia por su isla y por su vida anterior al gobierno de Castro.

Past action preceded by other past actions, see page 78.

2. To denote a past action that preceded another past action, use the pluperfect.

> En 1980 Fidel Castro **dejó emigrar** a miles de cubanos desde el puerto de Mariel, pero antes **había abierto** las cárceles para deshacerse de personas no gratas.

Narrating in the past, see page 196.

3. To ask the question *Have you ever?* and to refer to past events with relevance to the present, use the present perfect.

> —¿**Has leído** algún artículo sobre la situación cubana actual?
> —Últimamente no **he visto** nada sobre Cuba en el periódico.

Imperfect subjunctive, see page 212.

4. To describe something that may or may not have existed, use the imperfect subjunctive in dependent adjective clauses.

> Los cubanos que salieron de Cuba querían ir a **un lugar donde pudieran** empezar una vida nueva.

Pending actions, see pages 173, 190, 212.

5. To refer to a pending or not yet completed past action in relation to a point of reference in the past, use the imperfect subjunctive in dependent adverbial clauses.

> Muchos refugiados políticos pensaban quedarse en los Estados Unidos sólo **hasta que cambiara** el gobierno de su país.

> Trabajaban **para que** sus hijos **tuvieran** un futuro mejor.

Present perfect subjunctive, imperfect subjunctive and pluperfect subjunctive, see pages 142, 212, 263.

6. To talk about past actions or states after expressions of influence, emotion, and other feelings and reactions, use the present perfect subjunctive, the imperfect subjunctive, or the pluperfect subjunctive in the dependent clause.

> Es una pena que tantas familias **se hayan separado** por razones políticas.

> Mucha gente quería que Kennedy **interviniera** militarmente en contra de Castro.

> Cuando era pequeño, me sorprendía que mis padres **hubieran dejado** a mis abuelos en Cuba y **venido** a Miami, pero ahora lo entiendo.

Hypothesizing about the past, see page 259.

7. To hypothesize about a past occurrence that is contrary to fact, use **si** + *pluperfect subjunctive,* + *conditional perfect.*

> **Si** yo **hubiera sido** un exiliado político, no **habría podido** volver a mi país.

Actividad 12: Los inmigrantes hispanos Habla de la llegada de los tres grupos principales de hispanos (mexicanos, cubanos, puertorriqueños) a los Estados Unidos usando los datos que aparecen en la página siguiente. Incorpora el nombre del grupo apropiado en tus oraciones.

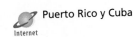
Puerto Rico y Cuba
Internet

→   en 1959 / empezar a salir de la isla / cuando subir / al poder Fidel Castro

En 1959 los cubanos empezaron a salir de la isla cuando subió al poder Fidel Castro.

1. vivir / en la zona que se extiende de Texas a California antes de los primeros inmigrantes anglosajones
2. llegar / como refugiados políticos
3. en 1917 / recibir / el estatus de ciudadanos estadounidenses
4. en 1848 / firmar / el Tratado de Guadalupe Hidalgo con los Estados Unidos
5. para 1980 / ya / vivir / en Chicago, Los Ángeles, Miami, Filadelfia y el norte de Nueva Jersey
6. establecerse / principalmente en Miami
7. después de la Segunda Guerra Mundial / comenzar / la movilización a Nueva York
8. traer / a EE.UU. / la industria del puro (cigar)
9. no querer / que sus hijos / vivir / bajo un régimen comunista

Actividad 13: Otros inmigrantes   Di por qué llegaron los siguientes grupos a los Estados Unidos y más o menos cuándo lo hicieron.

    1. los judíos
    2. los irlandeses
    3. los africanos
    4. los vietnamitas, camboyanos y laosianos

Actividad 14: Un anuncio comercial   **Parte A:** Mira el siguiente anuncio comercial y busca pistas (clues) que indiquen que está dirigido específicamente a hispanos inmigrantes en los Estados Unidos.

© 1994 McDonald's Corporation

¡Qué chiquito es el mundo! Mira que encontrarme a Rubén aquí en Estados Unidos después de tanto tiempo.

Yo estaba almorzando con una compañera del trabajo en el McDonald's de aquí a la vuelta y lo vi entrar.

"Rubén", le grité.

"¡Ernesto!", y nos dimos tremendo abrazo.

"¿Qué haces aquí?", pregunté.

"Lo mismo que tú, a punto de comerme un Big Mac", me contestó vacilándome como lo hacía antes.

Me contó que se casó con Lupe, su novia de toda la vida, que tienen dos niñas preciosas y que lo acaban de transferir aquí a Estados Unidos.

Y así se nos pasó el tiempo.

Si no hubiera sido porque teníamos que regresar a trabajar, nos hubiéramos quedado el resto de la tarde platicando en McDonald's.

¡Qué agradable reencontrarnos!

vacilar = to kid (around)

Lo que quieres, aquí está.

Parte B: Contesta las seis preguntas que siguen.

1. ¿Por qué crees que McDonald's haya hecho un anuncio comercial dirigido a inmigrantes? Justifica tu respuesta.
2. Si este anuncio hubiera aparecido en inglés en una revista como *Time* o *Sports Illustrated*, ¿habría tenido éxito? Justifica tu respuesta.
3. En el anuncio Ernesto dice: "¡Qué chiquito es el mundo!" ¿Estás de acuerdo con esta frase?
4. Mientras estabas en otra ciudad u otro país ¿alguna vez te has encontrado con *(have you run into)* alguien a quien conocías? ¿Qué pasó?
5. Estando de vacaciones, ¿has conocido a alguien que era de tu estado o tu ciudad? ¿Sentiste alguna afinidad con esa persona?
6. Si cuando eras niño/a se hubieran tenido que trasladar *(transfer)* tus padres a otro país, ¿dónde te habría gustado vivir? ¿Por qué?

Actividad 15: Inmigrantes ilustres   Los siguientes inmigrantes han aportado mucho a la cultura norteamericana. En grupos de tres, digan de dónde son y qué han hecho las siguientes personas.

1. Martina Navratilova
2. Alberto Einstein
3. Henry Kissinger
4. la Dra. Ruth Westheimer
5. Mikhail Baryshnikov
6. Arnold Schwarzenegger
7. Ted Koppel
8. Andrew Carnegie

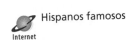

Hispanos famosos
Internet

Actividad 16: Contribuciones hispanas a los EE.UU.   En parejas, lea cada uno la información sobre uno de los siguientes hispanos famosos para luego contársela a la otra persona, usando verbos en el pasado.

Roberto Clemente (1934–1972)

- nacer / en Puerto Rico
- mientras / jugar / con los Piratas de Pittsburg / dar / 3000 batazos *(hits)*
- ayudar / a su equipo a ganar dos Series Mundiales
- llegar a ser / cuatro veces bateador campeón de la Liga Nacional
- los puertorriqueños / considerarlo / héroe nacional
- ser / muy generoso
- mientras / viajar / a Managua, Nicaragua para ayudar a víctimas de un terremoto / morir / en un accidente de avión en 1972
- ser / elegido al Salón de la Fama de Béisbol en 1973

Jaime Escalante (1930–)

- nacer / en Bolivia
- enseñar / matemáticas y física en La Paz 11 años
- en 1964 / mudarse / a Los Ángeles
- California / no reconocer / su experiencia laboral
- trabajar / como cocinero y / ser / técnico electrónico mientras / estudiar / matemáticas en la universidad
- en 1964 / graduarse / con título de matemáticas
- trabajar / en la escuela secundaria Garfield en East Los Ángeles
- lograr / que muchos estudiantes / aprobar / el examen de cálculo de AP
- su historia / ser / la fuente de inspiración para la película *Con ganas de triunfar (Stand and Deliver)*

▲ *El actor Edward James Olmos con Jaime Escalante durante un alto en la filmación de la película* Con ganas de triunfar.

Actividad 17: Mujeres mexicoamericanas   Lee las siguientes biografías que están escritas en el presente histórico y cámbialas al pasado.

Dolores Huerta

Nace en Nuevo México en 1930 y al dejar la casa de sus padres, se muda con su madre, dos hermanos y su abuelo a Stockton, California, donde tiene parientes. Puesto que su madre llega a tener un restaurante y un hotel, puede vivir con cierta comodidad. Después de fracasar en su primer matrimonio, durante el cual nacen dos hijas, obtiene un título universitario. Después de la Segunda Guerra Mundial participa en un grupo que se dedica a inscribir a la gente para votar y organiza clases de ciudadanía; finalmente termina trabajando como la mano derecha de César Chávez en la organización y administración del sindicato de trabajadores agrícolas *United Farm Workers*. Llega a tener un total de once hijos.

▲ *Dolores Huerta en una conferencia de prensa en Keene, California.*

Ellen Ochoa

Nace en 1958 en Los Ángeles y con el tiempo sus padres se divorcian y vive con su madre y cuatro hermanos. Durante su infancia, su madre les habla con frecuencia de la importancia de estudiar para triunfar. Sus materias favoritas en la escuela secundaria son matemáticas y ciencia, pero en la universidad cambia de carrera cinco veces; de música a negocios a periodismo a ciencias de la computación y finalmente a física. Se gradúa en la Universidad de Stanford con un doctorado en ingeniería electrónica. En 1991, llega a ser la primera astronauta hispana.

◄ *Ellen Ochoa toca la flauta para distraerse en un vuelo del taxi espacial Discovery.*

Actividad 18: Tus antepasados   En grupos de tres, discutan las siguientes preguntas para hablar de sus antepasados. Si tienen alguna anécdota, cuéntensela a sus compañeros/as.

1. ¿De dónde vinieron sus antepasados? Si alguno de Uds. pertenece a un grupo indígena de este país, puede hablar de cómo era la vida de sus antepasados y los cambios que ocurrieron por la llegada de inmigrantes.
2. ¿Cuántas generaciones de su familia han nacido en este país?
3. ¿Sufrieron sus antepasados algún tipo de discriminación? Expliquen por qué sí o no.
4. Cuando eran niños, ¿se hablaba en su casa un idioma que no fuera inglés? ¿Y cuando sus padres eran niños? ¿Y cuando sus abuelos eran niños?
5. ¿Qué querían los inmigrantes de su familia que hicieran sus hijos en este país?

B. Discussing the Present

Narrating in the present, see pages 18 and 41.

1. To talk about present habitual actions or present events or states, use the present indicative.

> Nunca **tengo** tiempo para hacer todo lo que **quiero.**

> Hoy en día muchos hispanos **ocupan** puestos importantes en el gobierno.

> **Hace** calor y **estoy** cansada.

Actions in progress, see page 46.

2. To discuss actions in progress at the moment of speaking, you may use either the present indicative or the present progressive.

Ellos **estudian/están estudiando** en la biblioteca ahora.

Describing the unknown, see page 168.

3. To describe something that may or may not exist, use the present subjunctive in the dependent clause.

Quiero ir a un lugar donde no **existan** los prejuicios.

Present subjunctive, see pages 114 and 138.

4. To talk about present actions or states after expressions of influence, emotion, and other feelings and reactions, use the present subjunctive in a dependent clause.

Resulta sorprendente que el 90 por ciento de los trabajadores agrícolas de California **sean** hispanos.

Present subjunctive, see pages 114 and 119.

Commands, see pages 121 and 123.

5. To influence someone's actions, use a command or the present subjunctive after an expression of influence.

Ayúdame.

Dile que me **ayude.**

Quiero que me **ayudes.**

Hypothesizing about the present, see page 248.

6. To hypothesize about present contrary-to-fact situations, use **si** + *imperfect subjunctive*, + *conditional*.

Si fuera político (*which I am not*), **haría** todo lo posible para obtener el voto hispano.

Actividad 19: ¿Cuánto sabes?   Haz el siguiente test para ver cuánto sabes sobre la población hispana de los Estados Unidos.

1. En el año 2010, se calcula que la población negra va a representar el 12,5% de la población estadounidense y que la hispana va a representar el:
   a. 8,5%   b. 12,9%   c. 14,4%
2. El porcentaje de hispanos que vive en áreas suburbanas es del:
   a. 17%   b. 34%   c. 43%
3. El porcentaje de hispanos que no habla español como lengua materna en los Estados Unidos es del:
   a. 20%   b. 30%   c. 40%
4. En la población norteamericana hay 2,6 personas por familia. En la familia hispana hay:
   a. 2,8   b. 3,4   c. 4,5
5. El norteamericano (no hispano) mira un promedio de 3,2 horas de televisión al día. El hispano mira un promedio de:
   a. 1,7   b. 2,5   c. 3,6
6. El sueldo promedio en los Estados Unidos es de $30.500; el del hispano es:
   a. $18.500 b. $23.900   c. $26.500

$\longrightarrow$

7. El 25% de la población estadounidense es católica. El porcentaje de hispanos católicos es del:
   a. 55%   b. 70%   c. 80%

8. En los Estados Unidos la edad promedio es de 34 años; entre los hispanos es de:
   a. 25   b. 30   c. 38

Actividad 20: El poder adquisitivo   El poder adquisitivo de los hispanos en los Estados Unidos es de 348 mil millones de dólares y, por supuesto, las grandes empresas no pueden darle la espalda a este mercado. En grupos de tres, Uds. trabajan en una empresa de mercadeo y deben hacerles recomendaciones a compañías de *Fortune 100* teniendo en cuenta lo que aprendieron en la actividad anterior. Piensen en los siguientes factores.

mil millones = one billion

- a qué sector de la población hispana le ofrecerían productos
- qué tipos de productos ofrecerían
- qué medios de comunicación usarían
- a qué lugares de la comunidad irían para regalarle muestras *(samples)* gratis a la gente

Actividad 21: Un anuncio de Coca-Cola   Lee el siguiente guión de un anuncio comercial que ha hecho la empresa Coca-Cola para la televisión. Después, contesta las preguntas que le siguen.

A: ¡Oye! ¡Qué padre! Un jueguito de fútbol ¿no?
B: Muchacho, ¿cómo que "padre"? Se dice "chévere".
C: Ya comenzaron de nuevo.
B: ¿Qué pasa? . . . Mira, "gaseosa".
A: Que ya se dice "soda".
C: No, "refresco".
B: No, no, no, no, no, ya . . . una Coca-Cola.
A: Ándale, ya nos entendemos.
B: Salud.
C: Salud.
B: ¡Oye! Mira, flaco, nos va a dejar la guagua.
C: ¿La "guagua"?
A: Es el "camión".
C: No, es el "bus".
A: No, el "camión".
C: No, es el "bus".
B: "Guagua."

padre (México) = **chévere** (Caribe)

camión (México) = **guagua** (Caribe)

1. ¿Cuáles son las dos expresiones sinónimas de **¡qué bien!**? Hay tres expresiones diferentes que usan los muchachos para referirse al tipo de bebida que es la Coca-Cola, ¿cuáles son? ¿Qué palabras usan para decir autobús?
2. ¿A quién está dirigido este anuncio comercial?
3. ¿Usaría la empresa Coca-Cola este anuncio comercial en España? ¿En Chile? ¿En Venezuela? ¿Por qué sí o no?

En los Estados Unidos la población consumidora hispana consta de unos veinte subgrupos que incluyen doce millones de mexicanos, dos millones y medio de puertorriqueños, dos millones de centro y suramericanos y un millón de cubanos. Cada subgrupo se caracteriza por tener su propia cultura y diferencias lingüísticas, lo cual presenta un dilema al promocionar un producto. Algunos anuncios presentados en el oeste son dirigidos a la comunidad mexicana, mientras que los anuncios presentados en la Florida se dirigen principalmente a los cubanos. Por supuesto, muchas veces resulta más eficaz crear anuncios comerciales más generales para toda la comunidad hispana y usar un acento y vocabulario relativamente comunes y fáciles de entender para todos.

Actividad 22: Elementos para comerciales   Teniendo en cuenta lo que sabes de los hispanos en los Estados Unidos, marca para qué grupo o grupos se utilizarían los siguientes elementos al hacer un anuncio comercial. Justifica tus respuestas.

a. puertorriqueños   b. mexicanos   c. cubanos

1. _____ música de fondo: salsa
2. _____ abogados para conseguir una tarjeta verde
3. _____ música de fondo: mariachis cantando rancheras
4. _____ colores verde, blanco y rojo
5. _____ protagonistas negros y blancos
6. _____ colores blanco, rojo y azul
7. _____ un jugador de fútbol
8. _____ un jugador de béisbol
9. _____ un hombre fumando un puro (cigar)
10. _____ un político del partido republicano

Actividad 23: El show de Cristina   Uno de los programas más populares de la televisión hispana de los Estados Unidos es "El show de Cristina", un programa semejante al de Oprah Winfrey. El tema del programa de hoy es "Padres hispanos, hijos rebeldes". Éste es un tema de interés en la comunidad hispana ya que muchos padres tienen conflictos cuando sus hijos comienzan a relacionarse con niños y adolescentes de otras culturas de este país y a rebelarse contra las tradiciones familiares. Las siguientes son algunas de las cosas que dicen los padres y los hijos:

Comentarios de los padres

"Mi niña es una rebelde. Nunca llega a casa a la hora que le digo."
"Ahora anda con unos pandilleros."

Comentarios de los hijos

"Mamá no habla inglés."
"Odio el español."
"Me controlan constantemente."

En parejas, Uds. son psicólogos invitados al programa de Cristina. Piensen en las citas (quotes) anteriores al preparar por lo menos tres consejos para darles a padres e hijos hispanos.

→   Es importante que Uds. aprendan a escucharse el uno al otro.

→   Les recomiendo que conozcan a los amigos de sus hijos.

Actividad 24: La discriminación Contesta las siguientes preguntas sobre la discriminación.

Remember: **discriminar a alguien.**

1. ¿Qué significa discriminar? ¿Por qué discrimina la gente?
2. ¿Alguna vez has sido víctima de discriminación?
3. ¿Quiénes discriminan a quiénes?
4. ¿A quién se discrimina en este país?
5. ¿A qué grupos discriminaba la gente en el pasado?
6. ¿Existe discriminación en tu universidad? En los Estados Unidos, se habla de *reverse discrimination*. ¿Qué significa? ¿Crees que exista?

Actividad 25: ¿Qué falta aquí? En parejas, lean este anuncio y discutan las preguntas de la página siguiente.

¿QUÉ FALTA AQUÍ?

Observa detenidamente este grupo de personas. Todas ellas tienen algo. Algunas tienen herramientas, otras portan una maleta, conducen un vehículo o llevan cualquier utensilio. Todas ellas podrían considerarse normales, gente corriente.

Sin embargo, hay una excepción. Ese buen hombre, el segundo por la derecha, en la tercera fila, parece no tener nada.

En efecto, no tiene nada. Es un refugiado. Y, como en principio habrás podido notar, es una persona como todas las demás. Porque los refugiados son gente corriente. Como tú y como yo. Gente normal con una pequeña diferencia: todo lo que tenían ha sido destruido

o confiscado, arrebatado tal vez a cambio de sus vidas.

No tienen nada.

Y nunca más lo tendrán si no les ayudamos.

Por supuesto, no podemos devolverles aquello que les fue arrebatado. Pero sí podemos ofrecerles nuestra solidaridad. Por eso no te pedimos dinero, aunque la más mínima

contribución siempre es una gran ayuda. Ahora lo que más necesitan es sentirse recibidos con cordialidad.

Tal vez una sonrisa no parezca gran cosa. Pero para un refugiado puede significarlo todo.

El ACNUR es una organización con fines exclusivamente humanitarios, financiada únicamente por contribuciones voluntarias. En la actualidad se ocupa de más de 19 millones de refugiados en todo el mundo.

**ACNUR
Alto Comisionado para los Refugiados
Apartado 69045
Caracas 1062a
Venezuela**

**ACNUR
Naciones Unidas
Alto Comisionado para los refugiados**

Cambio 16

1. ¿De quiénes habla el anuncio y cómo los describe?
2. ¿A quién está dirigido?
3. ¿Cuál es el propósito del anuncio y quién lo patrocina *(sponsors)*?
4. Durante el régimen de Castro, muchos cubanos han venido a los Estados Unidos como refugiados políticos. ¿Conocen Uds. a hispanos de otros países que también hayan sido aceptados como refugiados políticos? ¿Cuál era la causa?

◀ *Una familia de refugiados salvadoreños se cubren la cara para no ser identificados por las autoridades de Inmigración (Cincinnati, Estados Unidos, 1982).*

¿LO SABÍAN?

Durante los años 70 y 80 muchos de los habitantes de El Salvador, Guatemala y Nicaragua huyeron de su patria porque su vida corría peligro, cruzaron México e intentaron entrar en los Estados Unidos. A excepción de los nicaragüenses, que fueron bien recibidos pues el gobierno nicaragüense no era reconocido por los Estados Unidos, se prohibió la entrada a los inmigrantes de los otros dos países, y el gobierno norteamericano decidió no aceptarlos como refugiados políticos. Fue así como muchas iglesias se organizaron y fundaron el movimiento "Santuario" para ayudarles a cruzar la frontera y darles casa, comida y apoyo tanto económico como espiritual. Algunos de los líderes norteamericanos del movimiento fueron encarcelados por su participación. Di si crees que un grupo religioso que quebranta la ley debe ser procesado *(prosecuted)* por participar en lo que considera actividades humanitarias.

C. Discussing the Future

Future actions, see pages 11 and 235.

1. To refer to a future action, you can use the following:

a. the present indicative — Esta noche **hay** una reunión de inmigrantes guatemaltecos.

b. **ir a** + *infinitive* — Los hispanos **van a formar** el grupo minoritario más grande de los Estados Unidos.

c. the future tense — En el futuro los hispanos **ocuparán** más puestos en el gobierno.

Present subjunctive, see pages 114 and 138.

2. To talk about future actions or states after expressions of influence, emotion, and other feelings and reactions, use the present subjunctive in dependent clauses.

Las grandes compañías querrán que los hispanos **compren** sus productos.

Para educar a la gente, es importante que **hagan** más anuncios sobre los efectos del cigarrillo.

Pending actions, see pages 173 and 190.

3. To describe actions that are pending or have not yet taken place, use the present subjunctive in dependent adverbial clauses.

Pienso ir a México a hacerle una visita a mi familia cuando **tenga** vacaciones.

Hypothesizing about the future, see page 256.

4. To say something will have happened by a certain time in the future, use the future perfect.

Para el año 2010 la población hispana de los Estados Unidos **habrá alcanzado** el 12,9 por ciento.

Hypothesizing about the future, see page 248.

5. To hypothesize about the future use **si** + *present indicative*, + *future* / **ir a** + *infinitive*.

Si los Estados Unidos **incrementan** sus exportaciones a Hispanoamérica, **crearán/van a crear** más empleos.

Actividad 26: Un poco de imaginación Una familia migratoria va a viajar por los Estados Unidos, de pueblo en pueblo, para trabajar en la agricultura. En parejas, identifiquen por lo menos tres problemas que creen que puedan tener los niños de esa familia, los cuales tienen siete y once años.

Actividad 27: English Only En 1983, el entonces senador Hayakawa de California creó el movimiento de *U.S. English* para lograr, entre otros, los siguientes objetivos:

- adoptar una enmienda *(amendment)* constitucional para que el inglés fuera el idioma oficial de este país
- limitar los fondos gubernamentales para la educación bilingüe

Dividan la clase en dos grupos para debatir si el inglés debe convertirse en el idioma oficial de este país. Cada grupo tiene que preparar un argumento a favor o en contra. Lean las siguientes citas para apoyar sus ideas. Su profesor/a va a moderar el debate.

"Si se hablan muchos idiomas, ¿cómo es posible conducir los asuntos oficiales?"
"Los niños hispanos sufren un shock muy fuerte cuando entran en la escuela y no entienden a los maestros ni a sus compañeros."
"El inglés sigue siendo el idioma predominante aunque se hablen otros idiomas."
"Quiero que mis empleados hablen sólo inglés para saber de qué hablan."
"La educación bilingüe es necesaria para que nuestros niños sean competitivos en un mercado global. Privarlos de esa ventaja afectaría el futuro económico de este país."

→

"Las clases bilingües han creado dos sistemas educativos paralelos: uno en inglés y otro bilingüe. Esto lleva a que ciertos estudiantes se gradúen con deficiencias en inglés."

"El 94 por ciento de la población de los Estados Unidos habla inglés. Estamos gastando millones de dólares en clases bilingües."

"Los inmigrantes pueden tener una vida mejor si aprenden inglés."

"Hablar una variedad de idiomas contribuye a la riqueza cultural de un país."

"Los estudiantes americanos que hablan inglés van a 'English class' durante doce años. Los niños hispanos deberían estudiar tanto el inglés como el español durante doce años también."

Actividad 28: El futuro ¡Felicitaciones por haber terminado este curso de español de nivel intermedio! Algunos de Uds. van a dejar el estudio del idioma después de este curso, otros irán a un país de habla española el año que viene para poner en práctica lo que han aprendido y otros van a continuar sus estudios del idioma en la universidad. En el futuro, todos Uds. van a usar el español de una forma u otra, sea en un viaje a un país de habla española, al mirar una película en español o posiblemente al usarlo en el trabajo. En grupos de tres, discutan cómo creen que puedan usar el español en el futuro.

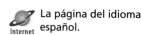

La página del idioma español.

Vocabulario activo

La inmigración

el bilingüismo, bilingüe
el/la emigrante, emigrar (de)
el exilio, vivir en el exilio,
  el/la exiliado/a
el/la inmigrante, inmigrar (a)
legal, ilegal
la nostalgia, sentir nostalgia
el/la refugiado/a político/a
la residencia, el/la residente

los antepasados	*ancestors*
la ascendencia	*ancestry*
el asilo político	*political asylum*
asimilarse	*to assimilate*
la ciudadanía	*citizenship*
el/la ciudadano/a	*citizen*
el "coyote"	*person who helps another to cross the border with Mexico illegally (slang)*
el/la descendiente	*descendant*
la frontera, fronterizo	*the border, adj. meaning on or near the border*
la "migra"	*Immigration and Naturalization Service (slang)*
el/la "migrante"	*immigrant (slang)*
el/la indocumentado/a	*undocumented person*
la tarjeta verde	*green card*

Vocabulario personal

Buena comida y ¿un tango sensual?

Como todos los años, los trabajadores de la fábrica tuvieron una fiesta en el restaurante Le Rendezvous después de Semana Santa. Esta reunión fue algo extraordinario. La nueva presidenta del sindicato ha sido fiel a su palabra: dijo que mejoraría las relaciones entre la dirección y los empleados y prometió que no lo haría de una manera convencional. Este viernes cumplió con su palabra cuando bailó un tango sensacional con Felipe Bello.

El tango fue una representación cómica e irónica de las relaciones entre la gerencia y el sindicato. Él

llevaba un saco con sus iniciales y ella una camiseta blanca con el símbolo del sindicato. Él ejercía el control mientras ella bailaba con una rosa entre los dientes. Los dos se burla-

ban del control que tiene un jefe y de cómo puede abusar de los empleados. Pero poco a poco cambió el baile y al final, él tenía la rosa entre los dientes y era ella quien ejercía el control.

Un reportero le preguntó al Sr. Bello qué significaba el final cuando él estaba tendido en el suelo con la rosa en una mano y el pie de la mujer sobre su estómago. Él le explicó que la presidenta había negociado un aumento de sueldo a partir del primero de mayo. El anuncio inesperado fue recibido con grandes aplausos del público eufórico.

Reference Section

Appendix A: Formation of Tenses

Appendix A contains rules for verb conjugations in all tenses and moods. Since you may already be familiar with much of the information in this appendix, you should read through the explanations and focus on what is new to you or what you feel you may need to review in more detail. Highlighting portions of the explanations might help you study more efficiently. Inexpensive reference books that may help you find specific verb conjugations are *201 Spanish Verbs* and *501 Spanish Verbs*, published by Barron's Educational Series.

- While studying these rules, remember that most compound verbs are conjugated like the base verb they contain: con*seguir*, ob*tener*, re*volver*, etc.
- Reflexive verbs can be used in all tenses and moods. To review placement of reflexive pronouns and other object pronouns, see page 313.
- To review accentuation rules, see page 314.

The Present Indicative Tense—*El presente del indicativo*

A. Regular Forms

1. To form the present indicative of regular verbs, drop the **-ar, -er,** or **-ir** ending of the infinitive and add the appropriate endings to the stem.

dibujar		correr		vivir	
dibuj**o**	dibuj**amos**	corr**o**	corr**emos**	viv**o**	viv**imos**
dibuj**as**	dibuj**áis**	corr**es**	corr**éis**	viv**es**	viv**ís**
dibuj**a**	dibuj**an**	corr**e**	corr**en**	viv**e**	viv**en**

2. Certain verbs are regular but need spelling changes in the **yo** form to preserve the pronunciation. Remember these spelling conventions to help you:

    Hard "g" sound: **ga gue gui go gu**
      extin**gu**ir: extin**go**, extingues, extingue, etc.

    Soft "g" sound: **ja ge gi jo ju**
      diri**g**ir: diri**jo**, diriges, dirige, etc.
      esco**g**er: esco**jo**, escoges, escoge, etc.

    "z": **za ce ci zo zu**
      ven**c**er: ven**zo**, vences, vence, etc.

B. Irregular Forms

1. The following verbs have irregular **yo** forms. All other forms are regular.

    caber → quepo; caer → caigo; dar → doy; haber → he;
    hacer → hago; poner → pongo; saber → sé; salir → salgo;
    traer → traigo; valer → valgo; ver → veo

Most verbs that end in **-cer** and **-ucir** have irregular **yo** forms.

cono**cer**: conozco, conoces, conoce, etc.
trad**ucir**: traduzco, traduces, traduce, etc.

2. Verbs that end in **-uir** have the following irregular conjugation:

    constr**uir**: construyo, construyes, construye, construimos, construís, construyen

3. Verbs ending in **-uar** (but not **-guar**) and some verbs ending in **-iar** (**confiar, criar, enviar**) require an accent to reflect pronunciation.

    contin**uar**: continúo, continúas, continúa, continuamos, continuáis, continúan.
    But: averi**guar**: averiguo, averiguas, etc.
    conf**iar**: confío, confías, confía, confiamos, confiáis, confían

4. The following verbs require an accent on certain verb forms.

    re**unir**: reúno, reúnes, reúne, reunimos, reunís, reúnen
    pro**hib**ir: prohíbo, prohíbes, prohíbe, prohibimos, prohibís, prohíben

5. The following verbs are irregular and should be memorized.

    estar: estoy, estás, está, estamos, estáis, están
    ir: voy, vas, va, vamos, vais, van
    oír: oigo, oyes, oye, oímos, oís, oyen
    oler: huelo, hueles, huele, olemos, oléis, huelen
    ser: soy, eres, es, somos, sois, son

    Note: *There is/are* = **hay.**

C. Stem-Changing Verbs

Stem-changing verbs have a change in spelling and pronunciation in the stem in all forms except the **nosotros** and **vosotros** forms, which retain the vowel of the infinitive. The change occurs in the *stressed* syllable of the conjugated verb which is also the last syllable of the stem. There are four categories: **e > ie, o > ue, e > i,** and **u > ue.** All stem-changing verbs are noted in vocabulary lists and in dictionaries by indicating the change in parentheses: **volver (ue).**

perder (e > ie)		probar (o > ue)	
pierdo	perdemos	pruebo	probamos
pierdes	perdéis	pruebas	probáis
pierde	pierden	prueba	prueban

pedir (e > i)		jugar (u > ue)	
pido	pedimos	juego	jugamos
pides	pedís	juegas	jugáis
pide	piden	juega	juegan

Stem-changing verbs that also have irregular **yo** forms include the following: **decir (e > i)→ digo; tener (e > ie)→ tengo; venir (e > ie)→ vengo.**

Note that **reírse** has an accent on all forms: **me río, te ríes, se ríe, nos reímos, os reís, se ríen.**

The Present Participle—*El gerundio*

1. The present participle is formed by dropping the **-ar** of regular and stem-changing verbs and adding **-ando** and by dropping the **-er** and **-ir** of regular verbs and the **-er** of stem changers and adding **-iendo** (for **-ir** stem changers, see point 2 below).

    > cerr**ar** → cerr + ando → cerr**ando**
    > viv**ir** → viv + iendo → viv**iendo**
    > corr**er** → corr + iendo → corr**iendo**

2. The **-ir** stem changers have a change in the stem: **dormir (ue, u), vestirse (i, i), sentir (ie, i).** In dictionary listings, the first vowel or vowel combination refers to the change in the stressed vowel in the present indicative tense; the second refers to changes made when forming the present participle (see also the discussions of the preterit and present subjunctive).

    dormir → d**u**rmiendo; vestirse → v**i**stiéndose*; sentir → s**i**ntiendo

3. Verbs with stems ending in a vowel + **-er** or **-ir** (except a silent **-u-,** as in **seguir**) take a **-y-** instead of the **-i-** in the ending.

    constr**uir** → constr**uyendo**

    Common verbs that fit this pattern include the following: **leer → leyendo; creer → creyendo; oír → oyendo; destruir → destruyendo; caer → cayendo.**

The Preterit—*El pretérito*

A. Regular Forms

1. To form the preterit of regular **-ar, -er,** and **-ir** verbs and **-ar** and **-er** stem changers (but not **-ir** stem changers), drop the **-ar, -er,** or **-ir** ending of the infinitive and add the appropriate endings to the stem.

cerrar		vender		vivir	
cerr**é**	cerr**amos**	vend**í**	vend**imos**	viv**í**	viv**imos**
cerr**aste**	cerr**asteis**	vend**iste**	vend**isteis**	viv**iste**	viv**isteis**
cerr**ó**	cerr**aron**	vend**ió**	vend**ieron**	viv**ió**	viv**ieron**

---

* To review placement of object pronouns with present participles, see page 313. To review accents, see page 314.

Notice that the **-ar** and **-ir** endings for **nosotros** are identical in the present and the preterit.

2. Certain verbs are regular but need spelling changes in the **yo** form to preserve the pronunciation. Remember these spelling conventions to help you:

Hard "g" sound: **ga gue gui go gu**
  pa**gar**: pa**gué**, pagaste, pagó, etc.

Hard "c" sound: **ca que qui co cu**
  bus**car**: bus**qué**, buscaste, buscó, etc.

"z": **za ce ci zo zu**
  empe**zar**: empe**cé**, empezaste, empezó, etc.

B. Irregular Forms

1. The following verbs have irregular forms in the preterit.

dar: di, diste, dio, dimos, disteis, dieron
ir: fui, fuiste, fue, fuimos, fuisteis, fueron
ser: fui, fuiste, fue, fuimos, fuisteis, fueron

estar: estuve, estuviste, estuvo, estuvimos, estuvisteis, estuvieron
tener: tuve, tuviste, tuvo, tuvimos, tuvisteis, tuvieron

poder: pude, pudiste, pudo, pudimos, pudisteis, pudieron
poner: puse, pusiste, puso, pusimos, pusisteis, pusieron
saber: supe, supiste, supo, supimos, supisteis, supieron

hacer: hice, hiciste, hizo, hicimos, hicisteis, hicieron
venir: vine, viniste, vino, vinimos, vinisteis, vinieron

2. The verbs **decir, traer,** and verbs ending in **-ducir** take a **-j-** in the preterit. Notice that they drop the **-i-** in the third person plural and are followed by **-eron.**

decir: dije, dijiste, dijo, dijimos, dijisteis, di**jeron**
traer: traje, trajiste, trajo, trajimos, trajisteis, tra**jeron**
producir: produje, produjiste, produjo, produjimos, produjisteis, produ**jeron**

3. Verbs with stems ending in a vowel **+ -er** or **-ir** (except the silent **-u-**, as in **seguir**) take a **-y-** in the third person singular and plural instead of the **-i-.**

construir: construí, construiste, constru**yó**, construimos, construisteis, constru**yeron**
leer: leí, leíste, le**yó**, leímos, leísteis, le**yeron**
oír: oí, oíste, o**yó**, oímos, oísteis, o**yeron**

Note: *There was/were* = **hubo.**

C. *-Ir* Stem-Changing Verbs

Stem-changing verbs ending in **-ir** only have a stem change in the third person singular and plural. In dictionary listings, these changes are the second change listed: **morir (ue, u).**

dormir (ue, **u**): dormí, dormiste, d**u**rmió, dormimos, dormisteis, d**u**rmieron
mentir (ie, **i**): mentí, mentiste, m**i**ntió, mentimos, mentisteis, m**i**ntieron
vestirse (i, **i**): me vestí, te vestiste, se v**i**stió, nos vestimos, os vestisteis, se v**i**stieron

The Imperfect—*El imperfecto*

A. Regular Verbs

To form the imperfect of regular verbs, drop the **-ar, -er,** or **-ir** ending of the infinitive and add the appropriate endings to the stem. Notice that all **-ar** verbs end in **-aba** and **-er** and **-ir** verbs end in **-ía.**

cerrar*		conocer		servir*	
cerraba	cerrá**bamos**	conocía	conocíamos	servía	servíamos
cerrabas	cerrabais	conocías	conocíais	servías	servíais
cerraba	cerraban	conocía	conocían	servía	servían

* Note: Stem-changing verbs do not change in the imperfect.

B. Irregular Verbs

Common irregular verbs are:
ir: iba, ibas, iba, íbamos, ibais, iban
ser: era, eras, era, éramos, erais, eran
ver: veía, veías, veía, veíamos, veíais, veían

Note: *There was/were* = **había.**

The Future—*El futuro*

A. Regular Verbs

To form the future of regular verbs, add **-é, -ás, -á, -emos, -éis, -án** to the entire infinitive.

hablar		comer		ir	
hablaré	hablar**emos**	comeré	comeremos	iré	iremos
hablarás	hablaréis	comerás	comeréis	irás	iréis
hablará	hablarán	comerá	comerán	irá	irán

Note: There is no accent in the **nosotros** form.

B. Irregular Verbs

Some verbs have irregular stems in the future, but all use the same endings: add **-é, -ás, -á, -emos, -éis, -án** to the irregular, future stem.

Infinitive	Future stem	Infinitive	Future stem
caber	cabr-	querer	querr-
decir	dir-	saber	sabr-
haber	habr-	salir	saldr-
hacer	har-	tener	tendr-
poder	podr-	valer	valdr-
poner	pondr-	venir	vendr-

Note: *There will be* = **habrá.**

The Conditional—*El condicional*

A. Regular Verbs

To form the conditional of regular verbs: add **-ía, -ías, -ía, -íamos, -íais, -ían** to the entire infinitive.

hablar		comer		ir	
hablaría	hablaríamos	comería	comeríamos	iría	iríamos
hablarías	hablaríais	comerías	comeríais	irías	iríais
hablaría	hablarían	comería	comerían	iría	irían

B. Irregular Verbs

Irregular conditional forms use the same irregular stems as for the future (see the explanation for the future tense) but with the following endings added to the irregular stems: **-ía, -ías, -ía, -íamos, -íais, -ían.**

Note: *There would be* = **habría.**

The Present Subjunctive—*El presente del subjuntivo*

A. Regular Forms

1. The present subjunctive of most verbs is formed by following these steps:

- Take the present indicative **yo** form: **hablo, leo, salgo**
- Drop the **-o: habl-, le-, salg-**
- Add endings starting with **-e-** for **-ar** verbs and **-a-** for **-er** and **-ir** verbs:

hablar		leer		salir	
que hable	hablemos	que lea	leamos	que salga	salgamos
hables	habléis	leas	leáis	salgas	salgáis
hable	hablen	lea	lean	salga	salgan

2. Certain verbs are regular but need spelling changes to preserve the pronunciation. Remember these spelling conventions to help you:

Hard "g" sound: **ga gue gui go gu**
pa**g**ar: pa**gue**, pa**gues**, pa**gue**, etc.

Soft "g" sound: **ja ge gi jo ju**
ele**g**ir: eli**j**a, eli**j**as, eli**j**a, etc.

Hard "c" sound: **ca que qui co cu**
sa**c**ar: sa**que**, sa**ques**, sa**que**, etc.

"z": **za ce ci zo zu**
empe**z**ar: empie**ce**, empie**ce**s, empie**ce**, etc.

B. Irregular Forms

Common irregular forms include the following:
dar: dé, des, dé, demos, deis, den
estar: esté, estés, esté, estemos, estéis, estén
haber: haya, hayas, haya, hayamos, hayáis, hayan
ir: vaya, vayas, vaya, vayamos, vayáis, vayan
saber: sepa, sepas, sepa, sepamos, sepáis, sepan
ser: sea, seas, sea, seamos, seáis, sean

Note: *There is/are* = **haya.**   *There will be* = **haya.**

C. Stem-Changing Verbs

1. Stem-changing verbs ending in **-ar** or **-er** have the same stem changes as in the present indicative tense.

almor**z**ar: alm**ue**rce, alm**ue**rces, alm**ue**rce, almorcemos, almorcéis, alm**ue**rcen
quer**er**: qu**ie**ra, qu**ie**ras, qu**ie**ra, queramos, queráis, qu**ie**ran

2. Stem-changing verbs ending in **-ir** have the same stem changes as in the present indicative except for the **nosotros** and **vosotros** forms, which require a separate stem change. In dictionary listings, this is the second change indicated and is the same change as in the preterit and the present participle: **dormir (ue, u).**

mentir (ie, **i**): m**ie**nta, m**ie**ntas, m**ie**nta, m**i**ntamos, m**i**ntáis, m**ie**ntan
morir (ue, **u**): m**ue**ra, m**ue**ras, m**ue**ra, m**u**ramos, m**u**ráis, m**ue**ran
pedir (i, **i**): p**i**da, p**i**das, p**i**da, p**i**damos, p**i**dáis, p**i**dan

Commands—*El imperativo*

A. Negative Commands

All negative commands use the corresponding present subjunctive forms.

¡No comas eso!	¡No comamos eso!
¡No coma (Ud.) eso!	¡No comáis eso!
	¡No coman (Uds.) eso!

B. Affirmative Commands

1. Use the third person forms of the present subjunctive to construct affirmative **Ud.** and **Uds.** commands

hable (Ud.)	salga (Ud.)	vaya (Ud.)
hablen (Uds.)	salgan (Uds.)	vayan (Uds.)

Note: If the pronoun **Ud.** or **Uds.** is used, it must be placed after the verb.

2. To form regular affirmative **tú** commands, use the third person singular of the verb in the present tense.

habla (tú)	come (tú)	duerme (tú)

Irregular affirmative **tú** commands include the following:

Infinitive	Tú Command	Infinitive	Tú Command
decir	di	salir	sal
hacer	haz	ser	sé
ir	ve	tener	ten
poner	pon	venir	ven

3. Affirmative **nosotros** commands (*let's + verb*) use the corresponding present subjunctive forms.

comamos	salgamos	hablemos

Note: **Vamos** is often used instead of **vayamos** as the affirmative **nosotros** command form of **ir.**

4. The affirmative **vosotros** commands are formed by replacing the **-r** of the infinitive with a **-d.** If a reflexive pronoun is added, the **-d** is deleted.

habla**d**   come**d**   sali**d**   lenvataos*

Note: It is common simply to use the infinitive form as an affirmative **vosotros** command in colloquial speech.

---

* To review placement of object pronouns with commands, see page 313.

The Imperfect Subjunctive—*El imperfecto del subjuntivo*

1. The imperfect subjunctive is formed by following these steps:

    - Take the third person plural of the preterit: **decir = dijeron**
    - Drop **-ron** to create an imperfect subjunctive stem: **dije-**
    - Add either of the following sets of endings:

-ra	-ramos	-se	-semos
-ras	-rais	-ses	-seis
-ra	-ran	-se	-sen

Note: The **-ra** endings are used by more speakers of Spanish. The **-se** endings are common in Spain and in some areas of Hispanic America.

Infinitive	3rd person pl. pret.	Imp. sub. stem	Imp. sub.
venir ——▶	vinieron ——▶	vinie ——▶	viniera/viniese

-ra Forms		-se Forms	
que viniera	viniéramos	que viniese	viniésemos
vinieras	vinierais	vinieses	vinieseis
viniera	vinieran	viniese	viniesen

Note: The **nosotros** form always takes an accent.

2. All imperfect subjunctive verbs follow this pattern. There are no irregular verbs in the imperfect subjunctive, since all are based on the third person plural of the preterit. Review the preterit tense, especially the third person plural, to ensure proper formation of the imperfect subjunctive.

    Note: *There was/were* = **hubiera/hubiese.**

The Past Participle—*El participio pasivo*

The past participle is a verbal form that can be used either as part of a verb phrase or as an adjective modifying a noun. When used as part of a verb phrase, the past participle has only one form, which ends in **-o.** When used as an adjective modifying a noun, the past participle agrees with the noun in gender and number.

A. Regular Forms

The past participle of **-ar** verbs is formed by adding **-ado** to the stem. The past participle of **-er** and **-ir** verbs is formed by adding **-ido** to the stem.

comprar → compr**ado**   vender → vend**ido**   decidir → decid**ido**

The past participle of **ser** is **sido** and of **ir** is **ido.**

B. Irregular Forms

1. Common irregular past participles include the following:

Infinitive	Past Participle	Infinitive	Past Participle
abrir	abierto	morir	muerto
cubrir	cubierto	poner	puesto
decir	dicho	resolver	resuelto
describir	descrito	romper	roto
escribir	escrito	ver	visto
hacer	hecho	volver	vuelto

Note: Compound verbs are usually conjugated like the verb they contain: **devolver → devuelto, deshacer → deshecho, reponer → repuesto.**

2. Some past participle forms differ if used as part of a verb phrase (e.g., **he bendecido**) or as an adjective (**está bendito**). The following is a list of common verbs that have two different forms.

Infinitive	Past Participle in a Verb Phrase	Past Participle as an Adjective
bendecir	bendecido	bendito/a
confundir	confundido	confuso/a
despertar	despertado	despierto/a
freír	freído	frito/a
imprimir	imprimido	impreso/a
soltar	soltado	suelto/a

The Perfect Tenses—*Los tiempos perfectos*

The perfect tenses are formed by using a form of the verb **haber** + *past participle*. See the explanation of the formation of past participles if needed.

The Present Perfect—*El presente perfecto*

he	hemos		
has	habéis	} +	past participle
ha	han		

The Present Perfect Subjunctive—*El presente perfecto del subjuntivo*

haya	hayamos		
hayas	hayáis	} +	past participle
haya	hayan		

The Pluperfect—*El pluscuamperfecto*

había	habíamos		
habías	habíais	+	past participle
había	habían		

The Pluperfect Subjunctive—*El pluscuamperfecto del subjuntivo*

hubiera	hubiéramos		
hubieras	hubierais	+	past participle
hubiera	hubieran		

Note: There is an optional form, frequently used in Spain and in some areas of Hispanic America, in which you may substitute **-se** for **-ra: hubiera = hubiese.**

The Future Perfect—*El futuro perfecto*

habré	habremos		
habrás	habréis	+	past participle
habrá	habrán		

The Conditional Perfect—*El condicional perfecto*

habría	habríamos		
habrías	habríais	+	past participle
habría	habrían		

Appendix B: Gender of Nouns

1. Most nouns that end in **-l, -o, -n,** and **-r** are masculine.

    un cartel   **el** partido   **el** examen   **el** televisor

    Common exceptions: **la imagen, la mano.** Remember that **la foto (fotografía)** and **la moto (motocicleta)** are feminine.

2. Most nouns that end in **-a, -ad, -ión, -umbre,** and **-z** are feminine.

    la lámpara   **la** libertad   **una** canción   **la** costumbre   **una** luz

    Common exceptions: **el camión, el avión, el día, el lápiz, el pez**

3. Feminine nouns that begin with a stressed **-a** sound (**agua, área, arpa, hambre**), use the articles **el/un** in the singular, and the articles **las/unas** in the plural. If adjectives are used with these nouns they are feminine.

    el alma pura   **las** almas puras   **el** agua fresca   **las** aguas frescas

    Note: Nouns like **actitud** and **armonía** that do not begin with a stressed **-a** sound and are feminine, use the article **la: No me gusta la actitud de mi jefe.**

4. Memorize the gender of nouns that end in **-e.** Common words include:

    Masculine: **el accidente, el cine, el coche, el diamante, el hombre, el pasaje, el viaje**

    Feminine: **la clase, la fuente, la gente, la noche, la tarde**

5. Many nouns that are borrowed from languages other than Latin are usually masculine in Spanish. Here are a few nouns that are borrowed from English: **los blue jeans, el hall, el kleenex.**

6. Many masculine nouns that end in **-ma** and **-ta** are of Greek origin: **el drama, el idioma, el planeta, el poema, el problema, el programa, el sistema, el tema.**

Appendix C: Position of Object Pronouns

Prior to studying the position of object pronouns (direct, indirect, and reflexive), you may want to familiarize yourself with the following terms.

A.   Infinitives—*Infinitivos*

- In the following sentence, *to work* is an infinitive.

  I have *to work* tomorrow.

- The infinitive is the verb form listed in Spanish dictionaries.
- Infinitives in Spanish always end in **-ar, -er,** or **-ir.**
- In the following sentence, **trabajar** is an infinitive.

  Tengo que **trabajar** mañana.

B.   Present Participles—*Gerundios*

- In the following sentence, *studying* is a present participle. In English, present participles end in *-ing*.

  I am *studying*.

- In Spanish, present participles end in **-ando, -iendo,** or **-yendo.**
- In the following sentence, **estudiando** is a present participle.

  Estoy **estudiando.**

C.   Commands—*Órdenes*

- Commands are direct orders given to people to do something. In the following sentence, *help* is a command.

  Help me!

- In the following sentence, **ven** is a command.

  Niño, ¡**ven** aquí en seguida!

D.   Conjugated Verbs—*Verbos conjugados*

- In the following sentence, *am* and *is* are conjugated verbs. Their infinitive is the verb *to be*.

  I *am* smart, and this *is* easy.

- Conjugated verbs are any verbs that are not infinitives, commands, or present or past participles.
- Conjugated verbs can be in the present, past, future or conditional tense, as well as part of the perfect tenses, and they can be in both the indicative and subjunctive moods.

- In the following sentences, the conjugated verbs are in bold.

  Ella **trabaja** para IBM.

  ¿Dónde **comieron** Uds. anoche?

  Quería que ellos **vinieran** a mi casa.

Object pronouns include direct-objects (**me, te, lo, la, nos, os, los, las**), indirect objects (**me, te, le, nos, os, le**), and reflexive pronouns (**me, te, se, nos, os, se**).

When an indirect and a direct object pronoun are used in succession, **le** becomes **se** when followed by **lo, la, los,** or **las.** When two object pronouns are used in the same phrase, they are not separated and must be used in succession.

The placement of object pronouns is as follows:

1. Before a conjugated verb:
   Lo habré hecho para el lunes.
   Lo haré el lunes.
   Te lo voy a hacer el lunes.*
   Quiero que **lo hagas** el lunes.
   Lo hago los lunes.
   Te lo estoy haciendo.**
   Si **lo hiciera** ahora, no podría terminar.

   Lo hice el lunes pasado.
   Lo hacía los lunes.
   Lo había hecho el lunes antes de trabajar.
   Si él **lo hubiera hecho,** yo no **lo habría sabido.**

2. Before the verb in a negative command:
   ¡No **lo hagas**!   ¡No **se lo compre**!

3. After and attached to an affirmative command:
   ¡Hazlo!   **¡Cómpreselo!**†   **¡Dáselo!**†

   When the reflexive pronoun **os** is attached to the **vosotros** command, the **-d** is dropped.
   bes**aos**   quer**eos**

   The only exception is the verb **irse: idos.**

   When the reflexive pronoun **nos** or the indirect-object pronoun **se** is attached to the **nosotros** command, the **-s** is dropped.
   Comprémonos un coche.   **Comprémosela.**

4. After and attached to an infinitive:
   Voy a **hacerlo** el lunes.   Voy a **hacértelo** el lunes.

5. After and attached to a present participle:
   Estoy **haciéndolo.**   Estoy **haciéndotelo.**

---

* See point 4.
** See point 5.
† When another syllable is added to a command consisting of two or more syllables, or when two pronouns are added to monosyllables, place an accent over the stressed syllable.

Appendix D: Accentuation and Syllabication

Stress—*Acentuación*

1. If a word ends in **-n, -s,** or a *vowel,* the stress falls on the *next-to-last syllable.*

   lava**pla**tos   e**xa**men   **ho**la   aparta**men**to

2. If a word ends in any **consonant** other than **-n** or **-s,** the stress falls on the *last syllable.*

   espa**ñol**   us**ted**   regu**lar**   prohi**bir**

3. Any exception to rules 1 and 2 has a written accent mark on the stressed vowel.

   televi**sión**   te**lé**fono   **ál**bum   cen**tí**metro

   Note: **Nación,** *but* **naciones.**

4. Question and exclamation words, e.g., **cómo, dónde, cuál, qué,** always have accents.

5. Certain words change their meaning when written with an accent although the pronunciation remains the same.

cómo	how	**como**	like, I eat
dé	give (*command*)	**de**	of, from
él	he/him	**el**	the
más	more	**mas**	but
mí	me	**mi**	my
sé	I know	**se**	*3rd person pronoun*
sí	yes	**si**	if
sólo	only (*adv.*)	**solo**	alone
té	tea	**te**	you (*object pronoun*)
tú	you	**tu**	your

6. Demonstrative pronouns usually have a written accent to distinguish them from demonstrative adjectives (except for **esto, eso,** and **aquello,** which are neuter pronouns and never have an accent).

   este niño   éste   estas blusas   éstas

Diphthongs—*Diptongos*

1. A diphthong is the combination of a weak vowel (**i, u**) and a strong vowel (**a, e, o**) or the combination of two weak vowels in the same syllable. When two

vowels are combined, the strong vowel or the second of the weak vowels takes a slightly greater stress in the syllable:

vuelvo   *a*utomático   tiene   concienci*a*   ci*u*dad

2. When the stress of the word falls on the weak vowel of a strong-weak combination, the weak vowel takes a written accent mark to break the diphthong. No diphthong occurs because the vowels belong to different syllables.

    pa-**ís**   d**í**-a   t**í**-o   en-v**í**-o   Ra-**ú**l

    Note: **Ma-rio**, *but* **Ma-rí-a**.

Syllabication—*Silabeo*

1. A single consonant between vowels always goes with the second vowel. Remember that **ch, ll**, and **rr** are considered a single consonant in Spanish.

    A-**m**é-**r**i-**c**a   to-**m**a-**t**e   ca-**j**e-**r**o   But: pe-**rr**o

2. When there are two or more consonants between vowels, the second vowel takes as many consonants as can be found at the beginning of a Spanish word (English and Spanish allow the same consonant groups at the beginning of a word, except for **s** + consonant). The other consonants remain with the first vowel.

    Pa-**bl**o (*bl*-starts words, as in **blanco**)
    e**s**-**p**e-ran-za (**s** + consonant does not start words in Spanish)
    e**x**-**pl**o-rar (**xpl** does not begin words)
    tra**ns**-**p**or-tar (**nsp** does not begin words)

3. A diphthong is never separated unless the stress of the word falls on the weak vowel of a strong-weak vowel combination.

    a-**mue**-blar   c**iu**-dad   ju-l**io**   But: d**í**-a

    Note: Two strong vowels never form a diphthong: **po-e-ta, le-er**.

Appendix E: Thematic Vocabulary

The following lists contain basic vocabulary. For more advanced vocabulary on some of these topics, see the vocabulary entries in the glossary.

La ropa

la blusa	*blouse*
la camisa	*shirt*
la chaqueta	*jacket*
la corbata	*tie*
la falda	*skirt*
las medias	*socks*
los pantalones	*pants*
el saco	*sports coat*
el sombrero	*hat*
el traje de baño	*bathing suit*
el vestido	*dress*
los zapatos	*shoes*

Los colores

amarillo/a	*yellow*
anaranjado/a	*orange*
azul	*blue*
blanco/a	*white*
gris	*gray*
marrón	*brown*
morado/a	*purple*
negro/a	*black*
rojo/a	*red*
rosa, rosado/a	*pink*
verde	*green*

Los días de la semana

lunes	*Monday*
martes	*Tuesday*
miércoles	*Wednesday*
jueves	*Thursday*
viernes	*Friday*
sábado	*Saturday*
domingo	*Sunday*

Los meses del año

enero	*January*
febrero	*February*
marzo	*March*
abril	*April*
mayo	*May*
junio	*June*
julio	*July*
agosto	*August*
septiembre	*September*
octubre	*October*
noviembre	*November*
diciembre	*December*

Las estaciones

el invierno	*winter*
la primavera	*spring*
el verano	*summer*
el otoño	*fall*

La comida

el ajo	*garlic*
la carne de res	*beef*
la cebolla	*onion*
el cerdo	*pork*
la coliflor	*cauliflower*
el cordero	*lamb*
los espárragos	*asparagus*
la fruta	*fruit*
las habichuelas	*green beans*
los huevos	*eggs*
el jamón	*ham*
el jugo	*juice*
la lechuga	*lettuce*
la mantequilla	*butter*
la mermelada	*marmalade*
el pan	*bread*
la pimienta	*pepper*
el pollo	*chicken*
el queso	*cheese*
la sal	*salt*
el tomate	*tomato*
la tostada	*toast*
el vinagre	*vinegar*
el yogur	*yoghurt*

Los deportes

el basquetbol	*basketball*
el béisbol	*baseball*
el fútbol	*soccer*
el fútbol americano	*football*
el golf	*golf*
la natación	*swimming*
el squash	*squash*
el tenis	*tennis*
el voleibol	*volleyball*

El arte

el/la artista	*artist*
la copia	*copy*
el cuadro/la pintura	*painting*
dibujar	*to draw*
el dibujo	*drawing*
la escena	*scene*
el/la escultor/a	*sculptor*
la escultura	*sculpture*
la estatua	*statue*
la exhibición	*exhibition*
el mural	*mural*
el original	*original*
el pincel	*brush*
pintar	*to paint*
el/la pintor/a	*painter*

El medio ambiente

la basura	*trash*
la ecología	*ecology*
en peligro	*in danger*
la energía nuclear	*nuclear energy*
la energía solar	*solar energy*
la fábrica	*factory*
la lluvia ácida	*acid rain*
el reciclaje	*recycling*
reciclar	*recycle*

Los números ordinales

primer(o)	*first*
segundo	*second*
tercer(o)	*third*
cuarto	*fourth*
quinto	*fifth*
sexto	*sixth*
séptimo	*seventh*
octavo	*eighth*
noveno	*ninth*
décimo	*tenth*

Los números cardinales

0 cero	40 cuarenta
1 uno y un/a*	50 cincuenta
2 dos	60 sesenta
3 tres	70 setenta
4 cuatro	80 ochenta
5 cinco	90 noventa
6 seis	100 cien + *noun*, ciento
7 siete	101 ciento uno/a* (un)
8 ocho	110 ciento diez
9 nueve	200 doscientos*
10 diez	300 trescientos*
11 once	400 cuatrocientos*
12 doce	500 quinientos*
13 trece	600 seiscientos*
14 catorce	700 setecientos*
15 quince	800 ochocientos*
16 dieciséis (diez y seis)	900 novecientos*
17 diecisiete (diez y siete)	1.000 mil
18 dieciocho (diez y ocho)	2.000 dos mil
19 diecinueve (diez y nueve)	100.000 cien mil
20 veinte	200.000 doscientos mil*
21 veintiuno (veintiún/ veintiuna)*	500.000 quinientos mil*
22 veintidós (veinte y dos)	1.000.000 un millón (de)**
30 treinta	2.000.000 dos millones (de)**
31 treinta y uno (un/a)*	1.000.000.000 mil millones (de)**
32 treinta y dos	

→

---

* These numbers agree in gender with the nouns they modify.
 Había *trescientas personas* en la conferencia.
** **De** is used before a noun: Había un millón de personas.

Notes:

a. Numbers ending in **uno** drop the **-o** before a masculine noun: **veintiún libros, cuarenta y un libros.** But: **veintiuna chicas.**

b. The numbers 16 through 19 are more commonly written as one word: **veintitrés.**

c. The numbers **dieciséis, veintidós, veintitrés,** and **veintiséis** have an accent.

d. The word **y** is only used between the numbers 16 through 99: **treinta y dos,** *but* **tres mil doscientos cuatro.**

e. *1,000,000,000 = one billion,* but **1.000.000.000 = mil millones.**

Spanish-English Vocabulary

This vocabulary includes both active and passive vocabulary found throughout the chapters. The definitions are limited to the context in which the words are used in the book. Exact or reasonably close cognates of English are not included, nor are certain common words that are considered to be within the mastery of a second-year student, such as numbers, articles, pronouns, and possessive adjectives. Adverbs ending in **-mente** and regular past participles are not included if the root word is found in the vocabulary or is a cognate.

The gender of nouns is given except for masculine nouns ending in **-l, -o, -n, -r,** and **-s** and feminine nouns ending in **-a, -d, -ión,** and **-z.** Nouns with masculine and feminine variants are listed when the English correspondents are different words (*son, daughter*); in most cases, however, only the masculine form is given (**carpintero, operador**). Adjectives are given only in the masculine singular form. Irregular verbs are indicated, as are stem changes in the present and preterit.

The following abbreviations are used in this vocabulary:

adj.	adjective	*inf.*	infinitive	*pl.*	plural
adv.	adverb	*irreg.*	irregular verb	*p.p.*	past participle
conj.	conjunction	*m.*	masculine	*prep.*	preposition
f.	feminine	*n.*	noun	*sing.*	singular

a: a fines de at the end of; **a las. . .** at . . . o'clock; **a la vuelta de** around the corner from; **a menos que** unless; **a menudo** often, frequently; **a principio(s) de** at the beginning of (time); **a propósito** on purpose; **a través de** through; **a veces** sometimes
abarrotar to become packed (with people)
abierto open
absoluto: no, en absoluto no, not at all
abuela grandmother
abuelo grandfather; *pl.* grandparents
aburrido bored; boring
aburrirse (de) to become bored (with)
acabar to finish
acabar de to have just
acallar to stifle, silence
acampar to go camping
acceder to assent, consent
aceite *m.* oil
acogedor welcoming, warm
aconsejable advisable
aconsejar to advise
acontecimiento event
acordarse (ue) de to remember

acoso harassment
acostarse (ue) to go to bed
acostumbrarse (a) to become accustomed (to)
actitud attitude
actriz actress
actual present-day, current
actualidad: en la actualidad at the present time
actualmente at present, nowadays
acuerdo *n.* agreement; pact; **de acuerdo a** according to; **estar de acuerdo** to be in agreement
acusado accused
adelgazar to lose weight
adivinar to guess
afeitarse to shave
agobiante exhausting
agrandarse to grow larger
agregar to add
agridulce sweet and sour
agrio sour
aguantar to tolerate, stand
águila *f.* (*but* **el águila**) eagle
aguinaldo end-of-the-year bonus
aguja needle
agujero hole
ahorrar to save

aire *m.* air; **al aire libre** outdoors
aislado isolated
ajo garlic
ajustado tight
alcalde *m./f.* mayor
alcanzar to be sufficient; to reach, attain
alegrarse (de) to become happy (about)
alemán *n., adj.* German
alfabetización literacy
algo something; **algo así** something like that
alguien someone
alianza alliance
alimenticios *adj.* eating
alimento food
almorzar (ue) to have lunch
alondra lark
alquilar to rent
alquiler *n.* rent
alto stop
alto en calorías high in calories
altura height
alumbrado *n.* lighting
ama *f.* (*but* **el ama**) **de casa** housewife
amante *m./f.* lover
amargo bitter
ámbito atmosphere; field

ambos both
amenaza threat
amenazar to threaten
analfabeto *n., adj.* illiterate
ancas *pl.* **de rana** frogs' legs
andar *irreg.* to work, function
anidamiento nesting
anillo ring
año: año clave key year; **año escolar** school year
anoche last night
anorak *m.* parka
anteanoche night before last
anteayer day before yesterday
antepasado ancestor, forefather
anterior previous
antes *adv.* before; **antes de** *prep.* before; **antes (de) que** *conj.* before
apagar to turn off
apariencia appearance
apenas hardly
apoyar to support
apoyo *n.* support
apreciar to appreciate
aprieto: sacar a alguien de un aprieto to get someone out of a jam
aprobar (ue) to pass (a course); to approve
apuntar to write down; to make note of
apuntes *pl. m.* class notes
armario closet
arquitecto architect
arrancar to start (a motor); to tear out
arrebatar to snatch, seize
arrecife *m.* reef
arreglarse to make oneself presentable
arreglo *n.* repair; agreement
arrepentirse to regret
arroz *m.* rice
arruga *n.* wrinkle
artesanía crafts
artista *m./f.* artist
asado barbecue
ascendencia ancestry
asegurar to assure
asemejarse a to resemble, be like
asignatura *n.* subject, course
asilo político political asylum
asimilarse to assimilate
asimismo in the same way, likewise
asistir a una clase/reunión to attend a class/meeting
asombro amazement
asombroso astonishing

aspiradora vacuum cleaner
aspirar a ser to aspire to be
astuto clever
asunto político/económico political/economic issue
atentado *n.* attempt
atento polite, courteous
atrevido *adj.* daring; *n.* daredevil, bold person (negative connotation)
atroz huge
atún tuna
audaz daring (positive connotation)
aumentar to raise, increase
aumento *n.* raise, increase
auto de fe punishment by the Inquisition tribunal
autorretrato self-portrait
ave *f. (but* **el ave***)* bird
averiguar to find out (about)
avisar to inform, notify; to warn
avisos clasificados classified ads
ayer yesterday
ayudante de cátedra *m./f.* teaching assistant
ayunas: en ayunas before breakfast
azafata airline stewardess

ballena whale
bandeja tray
bañarse to bathe
barajar to shuffle
barba beard
barbaridad: ¡Qué barbaridad! Wow! (*Literally:* What a barbarity!)
barra (de chocolate) (chocolate) bar
bastante quite, very
basura garbage
batalla *n.* battle
batazo *n.* hit (baseball)
batido *n.* shake (drink)
bautismo baptism
bautizar to baptize
beber to drink
beca scholarship
belleza beauty
beneficio laboral work benefit
bigotes mustache
bisabuela great-grandmother
bisabuelo great-grandfather
blando soft
boda wedding
bodegón still life
boletín newsletter
bolsa bag

bombero firefighter
boquiabierto open-mouthed, shocked
borrador first draft
bosque *m.* woods
botella *n.* bottle
botón *n.* button
breve brief (in length)
brillante brilliant
brocha paintbrush
bruscamente abruptly
bucear to scuba dive
buceo *n.* scuba diving
bueno: ¡Qué bueno. . . ! How good . . . !
bufón buffoon
búho owl
bullicio noise, din
burla *n.* mockery
burlarse de to mock, make fun of
búsqueda *n.* search

caballero gentleman; knight
cabe: no cabe duda there is no doubt
cabina telefónica telephone booth
cadena chain; **cadena perpetua** life sentence
caer: caerle bien/mal (a alguien) to like/dislike (someone); **caerse** to fall down
caja box; cash register
cajero cashier
calentar (ie) to heat
calidad quality
callarse to shut up
calorías: alto/bajo en calorías high/low in calories
calvo bald
calzoncillos *pl.* boxer shorts; briefs
camarera waitress
camarero waiter
camarón shrimp
cambio: en cambio instead
camino a on the way to
camiseta T-shirt
campaña electoral political campaign
camping campsite
Canal de la Mancha English Channel
canoso white-haired, grey-haired
cansancio tiredness
capacitación *n.* training
capa de ozono ozone layer
capaz capable
caprichoso capricious, naughty
cara larga long face

cárcel *f.*   jail, prison
carcelero   jailer, warden
cariño   affection; **con cariño**   fondly
cariñoso   loving, affectionate
carnet *m.*   ID card
carpintero   carpenter
carrera   professional studies
carrito   cart
cartero   mail carrier
casa de ancianos   nursing home
casado   married
casamiento   marriage, wedding
casarse (con)   to get married (to)
casero   homemade
castigar   to punish
castigo *n.*   punishment
casualidad: por casualidad   by chance
cautiverio: en cautiverio   in captivity
celoso   jealous
cenar   to have dinner/supper
censura   censorship
cepillarse (el pelo, los dientes)
   to brush (one's hair, teeth)
cerrado   closed; narrow-minded
cerrar (ie)   to close
cesante *adj.*   unemployed
césped *m.*   lawn
chaleco   vest
chaqueta   jacket
charlar   to chat
chisme *m.*   piece of gossip
chismear   to gossip
chismoso   gossipy
chiste *m.*   joke; **chiste verde**
   dirty joke
chocar   to crash
chofer *m./f.*   chauffeur, driver
cicatriz   scar
ciego   blind
cielo   heaven; sky
ciencias políticas *pl.*   political science
científico   scientist
cierre *m.*   zipper
cierto   certain; **(no) es cierto**   it's
   (not) true; **por cierto**   by the way
cinturón   belt
cirugía   surgery
cita *n.*   appointment; quote
ciudadanía   citizenship
ciudadano   citizen
claro   clear; **tener en claro**   to have it
   clear in your mind
clase particular *f.*   private class
clavo: dar en el clavo   to hit the nail
   on the head

clérigo   clergy
clonización   cloning
cocinero *n.*   cook
código   code
codo *n.*   elbow
coger el sueño   to fall asleep
cola de caballo   pony tail
colar (ue)   to drain
colgar (ue)   to hang
colocar   to place
color café   brown
**colorín, colorado esta leyenda ha
   terminado**   and so the legend ends
combinar   to match
comenzar a (ie)   to begin, start to
comer   to eat; **comérselo todo**   to eat
   it all up
comestible *m.*   food
cometer   to commit
cómico *adj.*   funny
comienzo   beginning
como si   as if
compartir   to share
complacer   to please
completar una solicitud   to fill out an
   application
comportamiento   behavior
comprobar (ue)   to prove
comprometerse (con)   to get
   engaged (to)
compromiso   commitment,
   engagement
con: con cafeína   with caffeine; **con
   frecuencia**   frequently; **con gran
   esmero**   with great care; **con tal (de)
   que**   provided that
concienzudo   conscientious
concurso   contest
condena *n.*   sentence (jail)
condenado *n.*   convict
conejo   rabbit
confianza *n.*   trust
confiar   to trust
congelado   frozen
conjetura *n.*   conjecture
conmover (ue)   to move, touch
   (emotion)
conquista *n.*   conquest
conquistador   conqueror
conquistar   to conquer
consciente   aware
conseguir (i, i)   to obtain
consejero   advisor
consejo *n.*   (piece of) advice
conservador *adj.*   conservative

consiguiente: por consiguiente
   therefore
constar de   to consist of
consumir drogas   to use drugs
contabilidad   accounting
contador   accountant
contaminación   pollution
contaminante *adj.*   contaminating
contaminar   to contaminate, pollute
contar (ue)   to tell
contenido *n.*   content
contraer *irreg.*   to contract, catch
contratar a alguien   to hire someone
contribuir (y)   to contribute
convenir (ie, i): te conviene   it's better
   for you
convivencia   living together
convivir   to live together
cónyuge *m./f.*   spouse
coquetear   to flirt
cordón   shoelace
corona   crown
correo electrónico   e-mail
correr   to run
corriente *adj.*   ordinary
corto   short
cosechar   to harvest
cosquillas: hacer cosquillas   to tickle
costar (ue)   to cost
costumbre *f.*   custom, habit
creador   creator
crear   to create
creativo   creative
creencia   belief
creído   vain
cremallera   zipper
crianza   upbringing, raising
criar   to bring up, raise (a child)
crimen   homicide
cristal   glass (material)
cristiano   Christian
crítica *n.*   critique
criticar   to criticize; to critique
crítico *n.*   critic
cuadrado   square
cuadro   painting
cuando   when
cuanto: en cuanto   as soon as; **en
   cuanto a**   with reference to
cuchara *n.*   spoon
cuello *n.*   collar
cuenta *n.*   bill
cuerda   rope; string
cuerdo   sane
cuesta *n.*   hill

cuidar (a) niños   to baby-sit
culpa *n.*   guilt, blame
culpabilidad   guilt
culpar   to blame
cultivo *n.*   crop
cumplir   to fulfill
cuñada   sister-in-law
cuñado   brother-in-law
curriculum (vitae) *m.*   résumé
cursar (una clase)   to take, study
   (a class)
curso *n.*   course
cuyo   whose, of which

dañado   damaged
dar *irreg.* : **dar a luz**   to give birth;
   darle igual   to be all the same
   to someone; **darle la espalda a**   to
   turn one's back on; **darse cuenta (de)**
   to realize
de: de acuerdo a   according to; **de
   alto/bajo contenido graso**
   high/low fat content; **de hecho**   in
   fact; **de por vida**   for life; **de
   repente**   suddenly; **de todos modos**
   anyway; **de una vez por todas**   once
   and for all; **de vez en cuando**   every
   now and then; **estar de acuerdo**   to
   be in agreement
deber *n.*   duty; *v.*   should, ought to
debido a   due to
década   decade
decano   dean
decidir   to decide
decir *irreg.*   to say, tell; **el qué dirán**
   what others may say; **¡No me digas!**
   Don't tell me, You don't say, Wow!;
   Te lo digo en serio.   I'm not
   kidding.
dedicarse a   to devote oneself to
deducir   to deduce
degenerarse   to degenerate
dejar   to quit, stop; **dejar a medias**   to
   leave unfinished
delantal   apron
delincuencia   criminality
delincuente *m./f.*   criminal
delito   offense, crime
demandar   to sue
demás: los demás   others
dentro de (diez) horas/días/años/etc.
   in (ten) hours/days/years/etc.
deportista   athlete
derecho   Law

derechos humanos   human rights
derrotar a   to defeat
desafiar   to challenge
desaparecer   to disappear
desaparición   disappearance
desarrollo *n.*   development
desbordar   to overflow
descafeinado   decaffeinated
descansar   to rest
descendiente *m./f.*   descendant
descomponerse *irreg.*   to break down
descompuesto (*p.p.* of **descomponerse**)
   broken
desconocido *n., adj.*   stranger
descortés   impolite
descubridor   discoverer
descubrimiento   discovery
descubrir   to discover
descuidar   to neglect
desde luego   of course
desechable *adj.*   throwaway, disposable
desechar   to throw away
desecho *n.*   rubbish, waste
desempeñar   to fill; to occupy; to play
   (a part)
desempleado: estar desempleado
   to be unemployed
desequilibrar   to throw off balance
desequilibrio   imbalance
desesperado   desperate
desfile *m.*   parade
desgracia: por desgracia
   unfortunately
deshacer *irreg.*   to undo
deshacerse de *irreg.*   to get rid of
deshecho (*p.p.* of **deshacer**)   undone
desigualdad   inequality
desnudo   naked
desovar   to lay eggs (turtles)
desove *m.*   egg laying (turtles)
despacho   office
despedida de soltero/a
   bachelor/bachelorette party
despedir (i, i)   to fire, dismiss;
   despedirse de   to say good-bye to
desperdiciar   to waste
desperdicio *n.*   waste
despertarse (ie)   to wake up
desproporcionado   disproportionate,
   out of proportion
después *adv.*   later, then, afterwards;
   después de *prep.*   after; **después
   (de) que** *conj.*   after
destierro   exile, banishment
destruir   to destroy

desventaja   disadvantage
desvestirse (i, i)   to undress
detener *irreg.*   to arrest; to stop
detenidamente   thoroughly, closely
devolver (ue)   to return, give back
   (something)
día *m.* **feriado**   holiday
dibujar   to draw
dibujo *n.*   drawing
dictadura   dictatorship
dieta: hacer una dieta   to be on a
   diet
difícil   difficult
difundir   to spread (news)
dineral   great deal of money
dirán: el qué dirán   what others
   might say
dirección   address, management
director de cine   movie director
discriminar (a alguien)   to
   discriminate (against someone)
disculpar   to forgive
disculparse   to apologize
discutir   to discuss; to argue
diseñador   designer
diseño *n.*   design
disfrazar   to disguise
disfrutar   to enjoy
disgustarle   to dislike, displease
disminuir   to decrease, diminish
disponerse (*irreg.*) **a**   to get ready to
dispuesto   willing, ready
diurno *adj.*   day
divertido   fun
divertirse (ie, i)   to have fun, have a
   good time; **divertirse un montón**
   to have a ball, a lot of fun
divorciado   divorced
divorciarse (de)   to get divorced
   (from)
dolor   ache, pain
domicilio   domicile, residence
dominador   dominator
dominar   to dominate
dominio   mastery, command
dorar   to brown
dormir (ue, u)   to sleep; **dormirse**
   to fall sleep
dormitorio   bedroom
drogarse   to take drugs; to get high
ducharse   to take a shower
dudas: sin lugar a dudas   without a
   doubt
dudoso   doubtful
dulce *adj.*   sweet

duque *m.* duke
durante during
durar to last

echar to pour, put in; **echar a perder** to waste; **echar de menos** to miss; **echar un vistazo** to glance at
ecologista *m./f.* ecologist
economía sumergida underground economy
efecto invernadero greenhouse effect
eficaz effective
eficiencia efficiency
egoísta *m./f.* selfish
ejemplo: por ejemplo for example
ejercer to exercise; **ejercer autoridad** to exercise authority
ejército army
electricista *m./f.* electrician
elegir (i, i) to choose, select, elect
embarazada pregnant
emborracharse to get drunk
embrión *m.* embryo
emisora broadcasting station
empezar a (ie) to begin, start to
empleado employee
empleo job
empresa company, business
en: en absoluto not at all; **en ayunas** before breakfast; **en cambio** instead; **en caso (de) que** in the event that, if; **en cuanto** as soon as; **en cuanto a** with reference to; **en el extranjero** abroad; **en la actualidad** at the present time; **en plena forma** fully awake, alert; **en seguida** at once; **en torno** around
enamorarse (de) to fall in love (with)
encantador charming
encantarle to really like
encarcelar to incarcerate, imprison
encender (ie) to light
encontrar (ue) to find; to meet; **encontrarse a/con** to run into
encuentro *n.* finding; meeting
encuesta *n.* survey
enfadarse to get angry
enfermarse to get sick
enfermero *n.* nurse
enfermizo sickly
enfocar to focus
enlatado canned
enmienda amendment
enojarse (con) to become angry (with)

enorme enormous
enseguida at once
enseñanza *n.* teaching
entender (ie) to understand
enterarse de to find out about
entregar to hand in
entrenamiento *n.* training
entrevista *n.* interview
entrevistarse (con alguien) to be interviewed
entrometerse to intrude, meddle, interfere
entusiasmarse to become excited
envase *m.* container
envolver (ue) to wrap
envuelto (*p.p. of* **envolver**) wrapped
época era, period of time
equivocado wrong
equivocarse to err, make a mistake
escalar to climb
escaleras staircase
esclavo slave
escoger to choose
escrito (*p.p. of* **escribir**) written
escritor writer
esforzarse to make an effort
espalda: darle la espalda a to turn one's back on
especia spice (food)
espejo mirror
esperanza *n.* hope; **esperanza de vida** life expectancy
esperar to hope
espesar to thicken
espiar to spy
esposa wife
esposo husband
esquí: hacer esquí acuático to water-ski; **hacer esquí alpino** to downhill ski; **hacer esquí nórdico** to cross-country ski
esquina corner
estacionamiento parking lot
estampilla stamp
estar *irreg.:* **estar de acuerdo** to be in agreement; **estar de moda** to be in style; **estar pasado de moda** to be out of style; **estar rebajado** to be on sale
estupefaciente *adj./m.* narcotic
etapa era, period of time; state, phase
evitar to avoid
exigencia *n.* demand
exigente demanding
exigir to demand

éxito success
expectativa expectation; hope; prospect
experiencia laboral work experience
experimentado experienced
explotador exploiter
expulsar to expel
extinguirse to become extinct
extranjero *n.* foreigner; *adj.* foreign, alien; **en el extranjero** abroad
extrañar to miss
extraño *n.* stranger; *adj.* strange
extremo *n.* end

fábrica factory
fácil easy
factible feasible, possible
facultad academic department
falta de comunicación lack of communication
faltar to be lacking, missing; **faltar (a)** to be absent (from)
fascinarle to really like
fastidio: ¡Qué fastidio! What a nuisance/bother!
faz face (metaphorical)
felicidad happiness
feliz happy
ferrocarril railroad
ficha index card
fiel faithful; **serle fiel/infiel (a alguien)** to be faithful/unfaithful (to someone)
fijarse (en) to notice
filosofía philosophy
final: al final de at the end of
fines: a fines de at the end of (time)
flauta flute
flequillo bangs
flujo flow
fofo flabby
folleto pamphlet
fomentar to foment, stir up
foráneo foreigner
forma: en plena forma fully awake, alert
frac *m.* tuxedo
fracasar to fail
francés *n., adj.* French
frasco *n.* jar
frecuencia: con (gran) frecuencia frequently
freír (i, i) to fry
frenillos braces

rente a   to stand

_,ɔ̃r_ bean

frontera _n._ border
fronterizo on or near the border
fuego heat; fire
fuente _f._ fountain; **fuente de inspiración** source of inspiration
fuerza: por la fuerza by force, forcibly
fumar to smoke
fundación founding
fundador founder
fundar to found

ganancia earning, profit
ganas: se me fueron las ganas de I didn't feel like (doing something) anymore; **tener ganas de** to feel like (doing something)
gandules _pl. m._ pigeon peas
ganga good buy, bargain
gaseosa soda pop
gastar to spend
generación anterior previous generation
general: por lo general in general
genial brilliant (idea)
gerencia management
gerente _m./f._ manager
glorificar to glorify
golpe de estado _m._ coup d'état
gorra _n._ cap (hat)
gozar to enjoy
gracioso funny, amusing
gratis free of charge
grato pleasing, agreeable
grave serious
gritar shout
guapo good-looking
guardería daycare center
guerra war
guerrero warrior
guión _m._ script
gustar: me gustaría. . . I would like to . . .

había there was/were; **había una vez. . .** once upon a time, there was/were . . .
habichuela bean
habilidad innata innate ability

hacer _irreg._ to make; to do; **hacer alas delta** to hang-glide; **hacer cosquillas** to tickle; **hacer ecoturismo** to do ecotourism; **hacer esquí acuático** to water-ski; **hacer esquí alpino** to downhill ski; **hacer esquí nórdico** to cross-country ski; **hacer frente a** to stand up to; **hacer investigación** to do research; **hacer preguntas** to ask questions; **hacer una dieta** to be on a diet
hacia toward
hasta que until
hecho fact
hecho (_p.p._ of **hacer**) made, done; **de hecho** in fact
heredar to inherit
herida wound
hermana sister; **media hermana** half sister
hermanastro/a stepbrother/sister
hermano brother; **medio hermano** half brother
hervir (ie, i) to boil
hija daughter; **hija adoptiva** adoptive daughter; **hija única** only daughter
hijastra stepdaughter
hijastro stepson
hijo son; **hijo adoptivo** adoptive son; **hijo único** only son
histérico hysterical
hogar home
holgado loose
holgazán lazy
honradez honesty
honrado honest
hora: ¿A qué hora es. . . ? What time is . . . at?
horario schedule, timetable
hormiga ant
hormiguero anthill
hoy: hoy en día these days
huérfano orphan
hueso bone
huésped _m./f._ guest
humo smoke
humor: sentido de humor sense of humor

idioma _m._ language
iglesia church
igualdad de los sexos equality of the sexes

imagen _f._ image, picture
impar odd
impermeable _m._ raincoat
importarle to matter
imprescindible essential
impuesto _n._ tax
incendio _n._ fire
inclusive even
incómodo uncomfortable
inculcar to instill, inculcate
independizarse (de) to become independent (from)
índice _m._ rate
indígena _m./f._ native person; _adj._ indigenous, native
inesperado unexpected
infiel: serle infiel (a alguien) to be unfaithful (to someone)
influir en to have an influence on
informe _m._ report
ingeniería engineering
ingeniero engineer
ingenioso resourceful
inglés _n., adj._ English
ingresos _pl._ income
inmaduro immature
insistir en to insist on
insoportable unbearable
insulso bland (food)
intentar to try, attempt
interesar: interesarle to interest; **interesarse (por)** to take an interest (in)
íntimo amigo very close friend
inundación flood
invasor invader
inversión investment
invertir (ie, i) to invest
investigación _n._ research; **hacer investigación** to do research
irritarse to become irritated
irse _irreg._ **(de)** to go away (from), leave
isla island

jamás never
jarabe _m._ syrup
jarrón vase
jaula cage
jefe _m._ boss
jerga _m._ slang
jeringa syringe
jeroglífico hieroglyph
jornada working day
joya de fantasía costume jewelry

jubilado: estar jubilado   to be retired
judío *n.*   Jew; *adj.*   Jewish
jugar (ue)   to play; **jugar al (nombre de un deporte)**   to play (a sport)
juguete *m.*   toy
juguetón *adj.*   playful
junta militar   military junta
juntos *adv.*   together; **vivir juntos** to live together
jurado *n.*   jury
jurar   to swear
justo   fair, just
juventud   youth

lacio: pelo lacio   straight hair
lado: por un lado   on the one hand; **por otro lado**   on the other hand
ladrón   thief
lamentable: es lamentable   it's a shame
lamentar   to lament, be sorry
lanza   lance
lápiz de labios   lipstick
largo   long
lástima: es una lástima   it's a shame; **¡Qué lástima!**   What a shame!
lata *n.*   can
lavaplatos *sing./pl.*   dishwasher
lavarse (el pelo, las manos, la cara, etc.)   to wash (one's hair, hands, face, etc.)
lazo *n.*   tie, bond
lealtad   loyalty
lechería   dairy store
lechón   suckling pig
lector   reader
leer *irreg.*   to read
lengua materna   mother tongue
lenteja   lentil
lento   slow
leve *adj.*   light (weight)
leyenda   legend
libertador   liberator
libertad: freedom; **libertad condicional**   parole; **libertad de palabra/de prensa**   freedom of speech/of the press
licencia por maternidad/enfermedad maternity/sick leave
ligero *adj.*   light (weight)
linterna   flashlight
liquidación   sale
liviano *adj.*   light (weight)
llamarle la atención   to find something interesting

llanta *n.*   tire
llanura   plain
llevar: llevarle a alguien. . .   to take someone (+ time period); **llevar a cabo**   to carry out (a task)
locutor   announcer, commentator, speaker
logotipo   logo
lograr   to achieve
logro   achievement
luchar   to fight
luego   later
lugar: tener lugar   to take place
luna de miel   honeymoon
lunar   beauty mark
lunes: el lunes   on Monday; **el lunes pasado**   last Monday; **los lunes** on Mondays
luz: dar a luz   to give birth

machacar   to crush, mangle
madera   wood
madrastra   stepmother
madre *f.*   mother
madrina   maid-of-honor
madrugada   daybreak, early morning
maestría   master's degree
mago   magician
mal   evil
malcriar   to spoil, pamper, raise badly
maletín   briefcase
malhumorado   moody, ill-humored
mancha   stain
mandamiento   commandment
maní *m. (pl.* **maníes)**   peanut
manifestación   demonstration, protest
mano *f.* **de obra**   labor, manpower
manta   blanket
mapa *m.*   map
maquillarse   to put on makeup
maravilloso: es maravilloso it's marvelous
marca   brand name
marcha: ponerse en marcha   to start off (on a trip); to start up
mariposa   butterfly
más: más de lo debido   more than required; **más seguido**   more often; **más tarde**   later
masticar   to chew
matar   to kill
materia   subject, course; material
materno *adj.*   on your mother's side

matrícula   tuition
matricularse   to register
matutino *adj.*   morning
mayorista   wholesaler
mecánico   mechanic
media: media hermana   half sister
medicamento   medicine
médico *n.*   doctor
medida   measurement
medio: medio ambiente environment; **medio hermano** half brother
mejilla   cheek
mejor: es mejor   it's better
mejorar   to improve
membrete *m.*   letterhead
menor de edad   minor (age)
menos   less, lesser, least; **a menos que** unless; **echar de menos**   to miss; **por lo menos**   at least
mensaje *m.*   message
mentir (ie, i)   to lie
mentira *n.*   lie
menudo: a menudo   often, frequently
mercadeo   marketing
mermelada   jelly
mestizo   person of mixed European and American indigenous blood
mezclar   to mix
mientras: mientras (que)   while, as long as; **mientras más vengan, mejor** the more, the merrier
militar *m./f.*   military person
minusválido   handicapped
mochila *n.*   backpack
moda: estar de moda   to be in style; **estar pasado de moda**   to be out of style
modales de la mesa *m.*   table manners
modos: de todos modos   anyway
mojado   wet
mojados *n.*   wetbacks (derogatory slang)
molestarle   to be bothered by, find annoying
molesto   bothersome, annoying
moneda   currency; coin
monja   nun
monje *m.*   monk
montón   a lot; **divertirse un montón** to have a ball, a lot of fun
morir(se) (ue, u)   to die
moro *n.*   Moor, Moslem; *adj.*   Moorish
mostrador   counter (store, airline)
mostrar (ue)   to show

mucama chambermaid
muchas: muchas personas many people; **muchas veces** many times
mudarse to move
muerto (*p.p.* of **morir**) dead; **estar muerto** to be dead
muestra *n.* sample
mujeriego womanizer
multa *n.* fine
mundial *adj.* world, worldwide

nacimiento birth
nada nothing, anything
nadie no one
naturaleza muerta still life
navaja suiza Swiss army knife
navegante *m./f.* navigator
necesitado needy, poor
negar (ie) to deny; to negate
negarse (ie) a to refuse
negocio business
negocios *pl.*: **hombre/mujer de negocios** businessman/woman
nevar (ie) to snow
ni: ni. . . ni neither . . . nor; **ni (siquiera)** not even
nieta granddaughter
nieto grandson
niñera nanny
nivel del mar sea level
no obstante nevertheless
noche *f.*: **la noche está en pañales** the night is young; **noche de boda** wedding night
noticias news
novato novice, beginner
noviazgo courtship
nuera daughter-in-law
nuez nut (food)
número par/impar even/odd number
nunca never

o. . . o either . . . or
obra maestra masterpiece
obvio obvious
occidente *m.* West
ocio leisure time; relaxation
ocuparse (de) to take care (of)
odiar to hate
oferta y demanda supply and demand
oficina de reclamos complaint department

ola *n.* wave
oler to smell
olla *n.* pot
olor smell, odor
olvidarse (de) to forget (about)
olvido *n.* forgetfulness
ondulado wavy
orgullo *n.* pride (emotion)
oriundo *adj.* originated, derived from
osito de peluche teddy bear
ostra oyster
ovalado oval

padecer to suffer from
padrastro stepfather
padre *m.* father; priest
padres parents; fathers
padrino best man
pago *n.* **mensual/semanal** monthly/weekly pay
paisaje *m.* landscape
paja straw
paladar palate
paloma *n.* dove
palomitas *pl.* **de maíz** popcorn
pandilla gang
pandillero gang member
pantalla screen
pañales *pl.*: **la democracia/la noche/la fiesta está en pañales** the democracy/night/party is young
pañuelo scarf, handkerchief
papel role
paquete *m.* package
par even (number)
para que in order to, so that
pardos *adj.* hazel (eyes)
parecer: ¿no te/le/les parece? don't you think so?
pareja pair; partner; significant other; couple
parentela relatives
pariente *m./f.* relative; **pariente político** in-law
parte *f.*: **por una parte** on the one hand; **por otra parte** on the other hand
particular *adj.* private, personal
partido *n.* game; party (politics)
pasa *n.* raisin
pasado: el lunes/fin de semana/mes/año/siglo pasado last Monday/weekend/month/year/century

pasaje de ida *m.* one-way ticket
pasar una noche en vela to pull an all-nighter; to stay awake all night
pasarlo bien/mal to have a good/bad time
pasatiempo hobby
pasear el perro to walk the dog
pastilla pill
paterno *adj.* on your father's side
patillas sideburns
patinar to skate
patrocinar to sponsor
pavo turkey
pecar to sin
pecas freckles
pedazo piece, slice
pedir (i, i) to ask (for)
peinarse to comb one's hair
peligroso dangerous
pelirrojo redhead
pellizcar to pinch
peluca wig, toupee
pena: es una pena it's a shame; **pena capital (de muerte)** death penalty; **¡Qué pena!** What a shame!
pensar (ie) (+ *inf.*) to plan to (do something); **pensar en** to think about
perder (ie) to lose (someone/something); **echar a perder** to spoil, ruin
pérdida loss
perdonar to forgive
perfil *n.* profile
periódico newspaper
perjudicial harmful
personaje *m.* character
pertenecer to belong
pertenencias *pl.* belongings
pesa weight
pesado heavy; **ser un pesado** to be a bore
pescar to fish
pez vela sailfish
picar to chop
piel *f.* skin
pila battery
pincel paintbrush
piscina swimming pool
pista *n.* clue
placa license plate
plátano plantain
platicar to chat
pleno: en plena forma fully awake, alert

plomero plumber
pluma feather
pobreza poverty
pocas: pocas personas few people
poder (ue) *irreg.* to be able to, can;
  (no) puede ser it can/can't be
poderoso powerful
policía *m./f.* policeman/woman; *f.*
  police
política *n.* politics; policy
político *n.* politician; *adj.* political
poner *irreg.:* **poner la mesa** to set the
  table
ponerse *irreg.:* **ponerse** (+ item of
  clothing) to put on; **ponerse de
  acuerdo** to agree, reach an
  agreement; **ponerse en marcha**
  to start off (on a trip); to start up
por: por casualidad by chance; **por
  cierto** by the way; **por consiguiente**
  therefore; **por desgracia**
  unfortunately; **por ejemplo** for
  example; **por eso (por esa razón)**
  that's why, for that reason; **por lo
  general** in general; **por lo menos**
  at least; **por lo tanto** therefore; **por
  otro lado (por otra parte)** on the
  other hand; **por si las dudas (por si
  acaso, por si las moscas)** just in
  case; **por supuesto** of course; **por
  una parte/por la otra** on the one
  hand/on the other; **por un lado/por
  el otro** on the one hand/on the
  other
porción *n.* serving
porquería *n.* junk
porro joint (marijuana)
portar to carry
posgrado *adj.* postgraduate
postal: tarjeta postal post card
postura stand
precioso lovely, adorable
preciso: es preciso it's necessary
predecir *irreg.* to predict
preferible: es preferible
  it's preferable
preferir (ie, i) to prefer
premio prize
prendedor *n.* pin, brooch
prender to start (a motor)
preocuparse to become worried;
  preocuparse (de, por) to worry
  (about)
prepararse (para) to prepare oneself
  (for)

presencia: la buena presencia
  good appearance
presión *n.* pressure
preso prisoner
préstamo *n.* loan
prestar atención to pay attention
presupuesto *n.* estimate, budget
pretender (+ *inf.*) to try (+ *inf.*)
prever *irreg.* to foresee
previsto (*p.p.* of **prever**) foreseen
primero *adj.* first
primo cousin
primordial primary, fundamental
principio *n.* beginning; **a principios
  de** at the beginning of
prisa: tener prisa to be in a hurry
prismáticos binoculars
privar to deprive
probador dressing room
probar (ue) to taste; to try
probarse (ue) to try on (clothing)
producto lácteo dairy product
profecía prophesy
profesorado faculty
prohibir to prohibit
promedio *n.* average
prometer to promise
promoción advertising
propietario owner
propina gratuity, tip
propio *adj.* own
propósito purpose; **a propósito**
  on purpose
protector solar sunblock
proteger to protect
provecho: ¡Buen provecho!
  Enjoy your meal!; **sacar provecho**
  to take advantage of
proveedor supplier
provenir *irreg.* to come from
psicólogo psychologist
pudrir to rot
pueblo people, nation; town
puesto *n.* position (job); (*p.p.* of
  poner) put, placed, set (table)
pulir to polish
pulpo octopus
puntaje *m.* score (sports)
punto: punto de partida point of
  departure; **y punto** and that's that
puro *n.* cigar; *adj.* pure

quebrantar to break
quedar to leave behind

quedarle to fit
quejarse (de) to complain (about)
quemar to burn
querer (ie) *irreg.* to want; to wish; to
  love
química chemistry
químico *n.* chemist; *adj.* chemical
quiosco kiosk
quisiera. . . I would like to . . .
quitarse to take off (clothes)

raptar to kidnap
raro strange, unusual
rasgo feature
ratero *n.* pickpocket
realizar to carry out (a plan)
rebaja sale; **estar rebajado** to be
  on sale
rebanada (de pan) slice (of bread)
recargable rechargeable
receta recipe
rechazar to reject
rechazo *n.* rejection
recién casados newlyweds
reclamo claim, complaint
reclutar to recruit
recoger información to gather
  information
reconocimiento gratitude,
  recognition
recto *adj.* straight
recuerdo *n.* memory; souvenir
recursos: recursos humanos *pl.*
  human resources, personnel; **recursos
  naturales** *pl.* natural resources
redactar to compose (prose), write
redondo round
reducir to reduce
reemplazar to replace, substitute
reemplazo *n.* replacement
reflejo *n.* reflection
refrán proverb
regalo gift
reina queen
reírse (i, i) (de) to laugh (at)
relaciones: relaciones exteriores *pl.*
  foreign affairs; **relaciones públicas** *pl.*
  public relations
remojar to soak
remordimiento *n.* remorse, regret
renta income
repente: de repente suddenly
repetir (i, i) to repeat
reposo resting place, repose

rescatar rescue
rescate *m.* ransom; rescue
resolver (ue) to solve
respetar to respect
respirar to breathe
restringir to restrict
resuelto (*p.p.* of **resolver**) resolved
resumir to summarize
retratar to paint a portrait of; to photograph
retrato portrait
reunión meeting; gathering
reunirse (con) to meet (with)
revalorizar to revalue
revivir to revive
revolcar (ue) to knock over
revolver (ue) to mix
revuelto (*p.p.* of **revolver**) overturned, scrambled
rezar to pray
rígido rigid, stiff
riñonera fanny pack
riqueza riches
rizado curly
róbalo bass (type of fish)
robar to rob, steal
robo *n.* robbery, theft
rogar (ue) to beg
romper to break
roto (*p.p.* of **romper**) broken
rubio blond
ruido noise

sábalo shad (type of fish)
saber *irreg.* to know; **¿Acaso no sabías?** But didn't you know?; **¿A que no saben. . . ?** Bet you don't know . . . ?; **No saben la sorpresa que se llevó cuando. . .** You wouldn't believe how surprised he was when . . . ; **¡Ya sé!** I've got it!
sabio wise
sacar to get, obtain; **sacar buena/mala nota** to get a good/bad grade; **sacar provecho** to take advantage of
saco de dormir sleeping bag
sagrado sacred
salado salty
salario mínimo minimum wage
salir *irreg.* to leave, go out; **salir bien/mal (en un examen)** to do well/poorly (on an exam)

saltar to jump
salvar to save
salvavidas *m./f. sing./pl.* lifeguard
sangre *f.* blood
sano healthy
sátira satire
secarse (el pelo, la cara, etc.) to dry (one's hair, face, etc.)
secuestrador kidnapper; hijacker
secuestrar to kidnap; to hijack
secuestro *n.* kidnapping; hijacking
seda silk
seguida: en seguida at once
seguir (i, i) to follow
según according to
segundo *adj.* second
seguro: es seguro it's certain
seguro médico/dental/de vida health/dental/life insurance
selva forest
semana pasada last week
semilla *n.* seed
sencillamente simply
Sendero Luminoso Shining Path (Peruvian guerrilla group)
sensato sensible
sensible sensitive
sentarse (ie) to sit down
sentido: (no) tener sentido (not) to make sense; **sentido de humor** sense of humor
sentirse (ie, i) to feel
señal signal
ser *n.* being
ser *irreg.*: **serle fiel/infiel (a alguien)** to be faithful/unfaithful (to someone); **ser un pesado** to be a bore
serio serious; **¿En serio?** Really?; **Te lo digo en serio.** I'm not kidding.
servir (i, i) to serve
siempre always; **siempre y cuando** provided (that)
silvestre wild
sin: sin embargo nevertheless; **sin lugar a dudas** without a doubt; **sin que** without
sindicato *n.* union (workers)
smoking *m.* tuxedo
sobornar to bribe
soborno *n.* bribe
sobredosis *f.* drug overdose
sobrina niece
sobrino nephew

sofreír (i, i) to fry lightly
sofrito lightly fried dish
soga rope
solapa lapel
soler (ue) to do . . . habitually
solicitar un puesto/empleo to apply for a job
solicitud application
soltar (ue) to free
soltero single (marital status)
sombra shadow
somnífero sleeping pill
sonreír (i, i) to smile
sonrisa smile
sordo deaf
soroche *m.* altitude sickness
sorpresa: ¡Qué sorpresa! What a surprise!
soso bland
sostén bra
subir to raise
subrayar to underline
suceder to happen
suceso event
sucio dirty
sudadera sweatsuit, sweatshirt
suegra mother-in-law
suegro father-in-law
suela sole (shoe)
sueldo salary; **bajar/aumentar el sueldo** to lower/raise salary
sugerencia suggestion
sugerir (ie, i) to suggest
suma enormous, great
sumar to add
sumergida underground
sumiso submissive
superar to overcome; to surpass
suplicar to implore, beg
supuesto: por supuesto of course

tacaño stingy, cheap
tachar to cross out
taller workshop
tamaño size
tambor drum
tan pronto como as soon as
tanto so much; as much; **por lo tanto** therefore; **¡Tanto tiempo!** Such a long time!
tapar to cover

tarjeta card; **tarjeta verde** green card (residency card given to immigrants in the United States)

tarta pie

tatuaje *m.* tattoo

taxista *m./f.* taxi driver

tecla key (typewriter, piano)

tejer to weave; to knit

tela material, fabric, cloth

telenovela soap opera

tema *m.* theme, topic

temprano early

tendido stretched, spread out

tener *irreg.* to have; **(no) tener sentido** (not) to make sense; **tener en claro** to have it clear in your mind; **tener ganas de** (+ *inf.*) to feel like (doing something); **tener lugar** to take place; **tener prisa** to be in a hurry; **tengo que. . .** I have to . . .

teñido dyed

tercero *adj.* third

terminar: al terminar after finishing

ternura tenderness

terremoto earthquake

tesoro treasure

tía aunt; **tía política** aunt-in-law

tibio lukewarm

tiempo: ¿Cuánto tiempo hace que. . . ? How long have you . . . ?; **¡Tanto tiempo!** Such a long time!; **trabajar medio tiempo** to work part-time; **trabajar tiempo completo** to work full-time

tienda de campaña tent

tiernamente tenderly

tijeras scissors

tío uncle; **tío político** uncle-in-law

tira cómica comic strip

tirar to throw away

título degree

todavía still, yet; **todavía no** not yet

todo everything; **todo el mundo** everyone

todos everyone; **todos los días/domingos/meses** every day/ Sunday/month

tomar cursos de perfeccionamiento/ capacitación to take continuing education/training courses

torno: en torno around

torpe clumsy

tostar (ue) to toast

trabajar: trabajar de sol a sol to work from sunrise to sunset; **trabajar medio tiempo/tiempo completo** to work part/full-time

trabajo escrito written paper

traducir to translate

traición betrayal

traidor traitor

trampa *n.* trick, trap

tranquilo calm

transpiración perspiration

trasladar to transfer

trasnochar to stay up all night

trastorno *n.* inconvenience, upheaval

tratado treaty

través: a través de through

travieso mischievous

trenza braid

triangular triangular

trigo wheat

trillizos triplets

tristeza sadness

tronco trunk (of a tree)

trozo piece

turnarse to take turns

turquesa turquoise

ubicarse to be located

unirse to unite

uno a(l) otro each other

(los) unos a (los) otros one another (more than two)

útil useful

vacilar to kid around

vacuna vaccine

vaina pod (bean)

valer la pena to be worthwhile

valioso valuable

valor value; valor, courage

variedad variety

vasco *n., adj.* Basque

veces: a veces sometimes

vecino neighbor

vencedor conqueror

vencer to defeat

vencimiento conquest

vendedor salesperson

vender to sell

veneno poison

venir *irreg.* to come

venta sale

ventaja advantage

verdad: no es verdad it's not true

verdura vegetable

vergüenza: ¡Qué vergüenza! What a shame!

verter (ie) to shed (tears)

vespertino *adj.* evening

vestido de fiesta evening dress

vestimenta clothes, garment

vestirse (i, i) to get dressed

vez: de una vez por todas once and for all; **de vez en cuando** every now and then; **una vez** once

víctima *m./f.* victim

vida: de por vida for life

violación *n.* rape

violador rapist

violar to rape; **violar los derechos humanos** to violate human rights

viruela smallpox

vistazo: echar un vistazo to glance at

vitrina store window

viuda widow

viudo widower

vivienda housing

vivir to live; **vivir juntos** to live together

vivo *adj.* smart; alive

volver (ue) to return, come back; **volver a** (+ *inf.*) to do something again

ya already; yet; **ya no** no longer, not anymore; **¡Ya sé!** I've got it!; **¡Ya voy!** I'm coming!

yerno son-in-law

y punto and that's that

Index

Permissions and Credits

Text Sources

(continued from p. vi)
Chapter 4: page 86 (also IAE 30), Legend based on Otilia Meza, "La leyenda del maíz," *Leyendas del antiguo México: Mitología prehispánica* (México, D.F.: Edamex, 1985). **Chapter 5:** page 130, Data taken from Raymond Sokolov, *Why We Eat What We Eat* (New York: Summit Books, 1991). **Chapter 7:** page 170, Data taken from 1993 *Earth Journal Environmental Almanac and Resource Directory* (Boulder: Buzzworm Books, 1993). **Chapter 9:** page 211 (also IAE 34–35), Some data taken from Harry Rosenholtz, "On Top," *Cigar Aficionado*, vol. 1, no. 4 (New York: M. Shanken Communication, 1993). **Chapter 11:** page 256, Data taken from Instituto Indigenista Interamericano (III), *La coca: Tradición, rito, identidad* (México, D.F.: Instituto Indigenista Interamericano, 1989). **Chapter 12:** pages 277–278, Reprinted by permission of the author; 287–288, Some data taken from *The Hispanic American Calendar*, ed., Nicolas Kanellos (Detroit: Gale Research, 1992); 288–289, Some data taken from *Notable Hispanic American Women*, ed. Diane Tenglen and Jim Kamp (Detroit: Gale Research, April and June 1993); 292, Data taken from *Census Bureau Statistics* (1996) and *American Demographics* (Ithaca: Dow Jones and Co., February 1990).

Realia

Chapter 1: page 25, Reprinted with permission from Moto Paella, Madrid, Spain; 27, Reprinted with permission from *Guía de Ocio*, Madrid, Spain. **Chapter 2:** page 47, Copyright © Quino/Quipos. **Chapter 5:** page 112, Reprinted with permission from El Colmao Restaurant, Los Angeles, CA; 122, Reprinted with permissions from *Univisión*, New York, NY; 124, Reprinted with permissions from *Univisión*, New York, NY; 132, Reprinted with permissions from *Univisión*, New York, NY. **Chapter 6:** page 148, Copyright © Quino/Quipos; 206, Courtesy AquaBells/ *Magellan's*. **Chapter 9:** page 225, Reprinted with permission from Aeroméxico, New York, NY; 225, Reprinted with permission from Estancia el Carmen S.R.L.; 225, © Café de Colombia. **Chapter 10:** page 244, *Revista Mía de México*, Editorial Televisa/Publicaciones Continentales de México; 245, Copyright © Quino/Quipos; 251, Reprinted with permission from *La Nación*, Buenos Aires, Argentina. **Chapter 11:** page 261, Reprinted with permission from *MAD en México*; 265, Center for Disease Control, Atlanta, GA; 268, Copyright © 1994 *El País*. **Chapter 12:** page 275, Reprinted from American Demographics Magazine, February 1994. Copyright © 1994. Courtesy of Intertec Publishing Corp., Stamford, Connecticut. All Rights Reserved; 276, Univisión Publications; 286, Reprinted with permission of McDonald's Corporation; 293, Reprinted with permission from The United Nations High Commission for Refuges; 296, top middle, Reprinted with permission from Community Action, Inc. Haverhill, MA; 296, bottom left, Reprinted with permission from Ross, Martel & Silverman, Boston, MA; 296, bottom right, Cabletron Systems.

Illustrations

Anna Veltfort

Photo Credits

MÉXICO, AMÉRICA CENTRAL Y LAS ANTILLAS